ISBN 978-0-266-68983-6
PIBN 10381081

This book is a reproduction of an important historical work. Forgotten Books uses
state-of-the-art technology to digitally reconstruct the work, preserving the original format
whilst repairing imperfections present in the aged copy. In rare cases, an imperfection in
the original, such as a blemish or missing page, may be replicated in our edition. We do,
however, repair the vast majority of imperfections successfully; any imperfections that
remain are intentionally left to preserve the state of such historical works.

1 MONTH OF
FREE
READING

at

www.ForgottenBooks.com

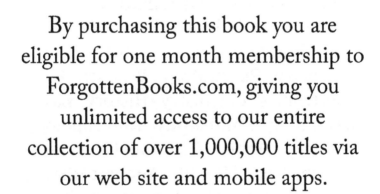

By purchasing this book you are eligible for one month membership to ForgottenBooks.com, giving you unlimited access to our entire collection of over 1,000,000 titles via our web site and mobile apps.

To claim your free month visit:

www.forgottenbooks.com/free381081

L'INSTRUCTION PUBLIQUE

EN

ALLEMAGNE

A LA MÊME LIBRAIRIE

HIPPEAU

L'INSTRUCTION PUBLIQUE AUX ÉTATS - UNIS, rapport adressé au ministre de l'instruction publique ; 2ᵉ édition. 1 vol. in-12 avec gravures. Prix :　　　　　　　　　　　　　　　4 fr.

L'INSTRUCTION PUBLIQUE EN ANGLETERRE. 1 vol. in-12 Prix :　　　　　　　　　　　　　　　　　　　　1 fr. 25

AUTRES OUVRAGES DU MÊME AUTEUR

HISTOIRE DE LA PHILOSOPHIE ANCIENNE ET MODERNE , 2ᵉ édition. 1 vol. in-8.

HISTOIRE DE L'ABBAYE DE SAINT-ÉTIENNE DE CAEN, couronnée par l'Académie des Inscriptions et Belles-Lettres. 1 fort vol. in-4.

ŒUVRES CHOISIES DE SAINT-ÉVREMOND. 1 vol. in-12.

LES ÉCRIVAINS NORMANDS AU XVIIᵉ SIÈCLE. 1 vol. in-12.

MÉMOIRES DU COMTE LEVENEUR DE TILLIÈRES sur Charles Iᵉʳ et son mariage avec Henriette de France. 1 vol. gr. in-18.

COLLECTION D'ÉCRIVAINS DU MOYEN AGE : *Le Bestiaire divin de Guillaume*, clerc de Normandie ; *la Vie de saint Thomas le martyr* ; *le Bel Inconnu* ; *Messire Gauvain, ou la vengeance de Raguidel* ; *Amadas et Ydoine* ; *le Bestiaire d'Amour* ; *la Conquête de Jérusalem*. 7 vol. petit in-8. — Sous presse : *le Chevalier au Cygne*.

LE GOUVERNEMENT DE NORMANDIE AU XVIIᵉ ET AU XVIIIᵉ SIÈCLE, documents tirés des archives du château d'Harcourt. 9 vol. grand in-8.

L'ITALIE EN 1865, souvenir d'une mission à Florence, à l'occasion du 600ᵉ anniversaire de Dante. 1 vol. in-8°.

DICTIONNAIRE DE LA LANGUE FRANÇAISE AUX XIIᵉ, XIIIᵉ ET XIVᵉ SIÈCLES. 1 vol. in-8.

Paris. — Imp. Viéville et Capiomont, rue des Poitevins, 6.

L'INSTRUCTION PUBLIQUE

EN

ALLEMAGNE

SALLES D'ASILE (*KINDERGARTEN*) — ÉCOLES PRIMAIRES

REALSCHULEN — GYMNASES

UNIVERSITÉS — ÉCOLES SPÉCIALES

PAR

C. HIPPEAU

Professeur honoraire de Faculté, Secrétaire du Comité des travaux historiques
et des sociétés savantes (Section d'histoire et de philologie).

PARIS

LIBRAIRIE ACADÉMIQUE

DIDIER ET Cie, LIBRAIRES-ÉDITEURS

35, QUAI DES AUGUSTINS, 35

—

1873

INTRODUCTION

La situation dans laquelle l'empire, en s'écroulant, a laissé la France, a eu pour résultat, après le moment de stupeur où l'avaient plongée les désastres inouïs qui l'ont inopinément accablée, de provoquer de toutes parts une enquête anxieuse sur les causes auxquelles on devait les attribuer. Nous avons tous compris qu'une grande part de responsabilité pesait sur le pays lui-même, et il est bon qu'on ait eu le courage de le lui dire.

Entraînée malgré elle dans une guerre qu'elle repoussait instinctivement, quoiqu'elle ignorât jusqu'à quel point l'impéritie et la folle confiance de ses chefs l'avaient peu préparée à soutenir la lutte, notre chère et malheureuse France, écrasée dès les premières rencontres par un ennemi quatre fois plus nombreux, ne s'abandonna pas au découragement. Elle avait, dans un autre temps, en repoussant une invasion du même genre, acquis une gloire immortelle. A la voix de ceux de ses enfants qui ne désespérèrent pas de la fortune, elle se leva encore avec une ardeur généreuse pour arrêter la marche triomphante du vainqueur. Si elle succomba dans une lutte inégale, elle put se dire, avec quelque orgueil, qu'en perdant tout elle avait du moins sauvé son honneur.

Mais si, pendant les mois douloureux qui s'écoulèrent jusqu'au jour où la capitulation de Paris rendit ses efforts inutiles, elle eut à enregistrer dans ses fastes de nombreux actes de dévouement et d'héroïsme, combien de tristes défaillances et de funestes méprises attestèrent que, chez les masses mises en mouvement, l'intelligence et l'instruction n'étaient pas à la hauteur du courage! Jamais on n'avait si bien compris combien avaient été imprévoyants et coupables ceux qui avaient résisté aux tentatives faites depuis un demi-siècle pour combattre l'ignorance et donner un libre essor à l'éducation nationale.

Il n'en fallait pas davantage pour que l'importante question des réformes à introduire dans l'instruction publique fût mise à l'ordre du jour. Abandonnée jusqu'alors aux méditations de quelques hommes spéciaux, elle est devenue aujourd'hui l'objet de l'attention universelle. Tout citoyen honnête s'est senti blessé dans son patriotisme, en voyant opposer aux progrès accomplis chez les autres nations dans l'enseignement populaire l'état d'infériorité dans lequel languissait celui de son pays. La presse s'en est justement émue, et la publicité donnée, grâce à ses efforts, aux réformes réclamées, a triomphé de l'indifférence de tous et du mauvais vouloir de quelques-uns. L'instruction populaire a pris une place importante parmi les préoccupations de l'Assemblée ·nationale, des conseils généraux et des conseils municipaux. Le désir de donner satisfaction à des vœux universellement exprimés a engagé le ministre de l'instruction publique à proposer quelques réformes bien modestes, mais qui ne peuvent qu'être suivies de plus importantes. Ce n'est pas moi qui lui conseillerai de s'arrêter dans la voie où il se propose d'entrer.

J'avoue franchement que les réformes que je crois nécessaires dépasseront probablement la portée de celles que l'on peut attendre de l'initiative ministérielle, obligée de compter sérieusement avec les faits accomplis, les positions acquises et les exigences des traditions, contre lesquelles une administration, quelque résolue qu'elle soit, ne peut essayer de lutter sans rencontrer des obstacles souvent insurmontables.

Il faut sans doute attacher un grand prix aux réformes partielles, et, par exemple, à une meilleure distribution du travail, à l'introduction de nouvelles méthodes, à des réductions dans les différentes branches de l'enseignement, à l'examen de celles qu'il serait utile de conserver de préférence. Mais je voudrais que l'on se préoccupât, plus qu'on ne le fait, de l'esprit général qui doit présider à la réorganisation dont on s'occupe, et que l'on considérât le plan d'éducation qui embrassera tous les degrés de l'enseignement, depuis la salle d'asile jusqu'aux établissements d'instruction supérieure, dans ses rapports avec les institutions qui doivent régir la France. L'organisation de l'instruction publique ne saurait être la même pour une monarchie que pour une république, pour un État où domine l'aristocratie que pour une nation passionnée pour l'égalité démocratique. Que l'on compare les systèmes d'éducation adoptés par l'Angleterre, l'Allemagne, la Suisse, les États-Unis, et l'on comprendra facilement que celui qui convenait à la France monarchique ne saurait s'appliquer, sans subir de grandes modifications, à la France républicaine.

Ce point de vue n'est nullement celui où se placent les politiques qui, tout en adoptant le *mot* république, entendent conserver la *chose* monarchie. Mais les hommes qui réclament l'obligation et la gratuité de l'instruction populaire ont parfaitement conscience des résultats que produirait l'accomplissement de cette double réforme. Les écrivains qui, dans ces derniers temps, ont signalé avec talent les imperfections de notre système d'éducation publique, ont eu raison de demander pour l'enseignement primaire une direction plus rationnelle, d'exiger des instituteurs formés dans nos écoles normales, objet d'une déplorable indifférence, une instruction plus étendue et une connaissance approfondie de la science pédagogique. Ils ont montré quelle force ont procurée aux nations qui ont apporté le plus de soin à l'organisation de leurs écoles, une large diffusion des lumières et l'extension donnée à la culture des sciences et des lettres.

II

C'est pour faciliter une étude comparative entre les systèmes d'éducation adoptés par les nations qui les ont dû mettre naturellement en harmonie avec leurs institutions politiques et leurs habitudes sociales, que j'ajoute aujourd'hui un nouveau volume à ceux que j'ai publiés sur l'instruction publique en Angleterre et aux États-Unis. La Prusse et l'Allemagne ont depuis longtemps acquis à ce point de vue une renommée qui donne un grand intérêt d'actualité à l'étude de leurs écoles de tous les degrés.

L'étude sérieuse que je viens d'en faire m'a prouvé que l'on a fort exagéré l'excellence de leur enseignement. Je ne veux pas contester, cependant, la supériorité que leur ont reconnue les autres nations de l'Europe. Ce n'est pas que je sois disposé à attribuer la victoire de Sadowa, le désastre de Sedan ou la

prise de Metz à la supériorité des écoles primaires
de la Prusse et à l'influence de ses instituteurs primaires; ce que je voudrais faire remarquer, c'est la
différence des résultats produits sur l'état des esprits,
la moralité publique, le degré de civilisation dans
les deux pays dont je me suis tant occupé, et qui
sont l'un et l'autre signalés par l'état florissant de
leurs écoles primaires, l'étendue donnée aux études
de tout genre et l'emploi des méthodes les plus per-
fectionnées.

Nous savons trop bien, malheureusement, ce
que vaut, au point de vue de l'humanité, de la
justice, du respect pour le droit des gens, de tous
les sentiments enfin que doit inspirer un état de
civilisation aussi avancé qu'on pouvait le croire,
l'Allemagne traînée à la remorque de la Prusse. Bien
des personnes se sont demandé avec effroi à quoi
servent la science, la littérature, la philosophie, à
quoi sert une instruction populaire fortement constituée, si leur influence ne peut empêcher des actes
qui semblent n'appartenir qu'aux époques de barbarie. Pourquoi le même développement intellectuel,
le même zèle pour l'instruction populaire, les mêmes
progrès dans toutes les branches des sciences, ont-
ils produit aux États-Unis des effets tout opposés?
Pourquoi les lumières et la civilisation y ont-elles
marché du même pas? Il faut en chercher l'explication dans la différence de cet esprit général dont je

parlais plus haut, et qui préside, dans chacun de ces pays, à l'éducation nationale.

Quand, au lieu de se laisser éblouir par les apparences, on veut-pénétrer au fond des choses, on voit qu'un vice radical a détruit, en Allemagne et particulièrement en Prusse, les heureux effets que l'on se croyait en droit d'attendre de leur haut degré de culture intellectuelle. Tandis qu'aux États-Unis l'éducation publique a pour but de former, pour une république, des citoyens éclairés et libres, l'Allemagne ne s'est longtemps occupée qu'à élever, pour des gouvernements aristocratiques ou monarchiques, des sujets soumis et obéissants. L'instruction publique y est née et s'y est développée sous la double influence de l'autorité absolue des princes et des ministres du culte auxquels elle était exclusivement subordonnée.

J'ai rappelé, en parlant des écoles primaires en Prusse, les paroles par lesquelles Luther a demandé l'instruction obligatoire et proclamé la nécessité de multiplier les écoles. J'ai fait remarquer qu'il fallait bien que tout citoyen pût lire et commenter la Bible et que c'est à quoi songèrent surtout, à l'exemple du hardi réformateur, les pasteurs préposés à la surveillance et chargés de l'inspection des écoles. Le grand Frédéric, le moins libéral des rois et le moins philosophe des hommes, malgré ses avances intéressées à Voltaire et aux philosophes de son temps, savait bien ce qu'il faisait en rédigeant lui-même les règlements et les programmes des écoles *primaires* et *bourgeoises*, placées sous la dépendance de l'État. C'est donc à l'abri de l'*autel* et du *trône*, comme nous le dirions aujourd'hui, qu'ont fleuri les établissements d'instruction publique des différents pays situés au delà du Rhin. Ainsi, sous les apparences les plus brillantes s'est constituée l'éducation publique, fondée sur une obéissance absolue à l'église établie, au pouvoir des rois et des princes. Elle a eu pour principes une admiration sans bornes du génie de l'Allemagne et de ses glorieuses destinées, un dédain profond pour les autres nations, et, en résumé, une disposition universelle des habitants à suivre aveuglément les ordres de leurs chefs, toutes les fois qu'ils voudront les pousser aux guerres d'invasion et de conquête.

On a vanté souvent la liberté avec laquelle les penseurs de l'Allemagne ont pu aborder et traiter toutes les questions philosophiques ou religieuses. Plus d'une fois, même, la hardiesse de leurs *constructions* métaphysiques et de leurs exégèses théologiques ont été pour les autres nations un objet d'effroi et de scandale. Mais n'oublions pas que toutes ces audaces ne se sont produites que parce que l'État les a permises, que l'Église les a tolérées et parfois encouragées. En abandonnant aux savants, aux poëtes, aux philosophes le monde du passé et celui de l'avenir, c'est avec des restrictions sévères qu'on leur a permis de s'occuper des choses du présent. Si donc nous trouvons en Allemagne la liberté ✓ philosophique, ce qui, à tout prendre, ne peut étonner dans la terre classique du protestantisme, nous y chercherions en vain la liberté politique.

Ce qui y domine, c'est le principe d'autorité s'imposant partout ; c'est l'esprit de soumission au pouvoir ; c'est, sous les dehors trompeurs d'une indépendance illimitée dans le domaine de la pensée, une obéissance passive dans le domaine de l'action, non pas à la loi, à la justice, au droit, mais à la force ; c'est le règne absolu de la consigne ; c'est, en un mot, le régime militaire appliqué à toutes les branches de l'administration.

Celle de l'enseignement public devait être, plus ✓ que toute autre, conçue dans le même esprit : grande liberté dans l'emploi des méthodes, dans la recherche des moyens les plus prompts et les plus efficaces, mais subordination absolue des instituteurs et des maîtres à la double surveillance de l'État et de l'Église.

L'éducation donnée dans les écoles populaires, aussi bien que le haut enseignement des universités, ne fait que développer et exalter ces sentiments, conformes d'ailleurs aux instincts propres des races ✓ germaniques. Ils expliquent suffisamment comment une nation se croyant appelée aux plus hautes destinées obéit si facilement aux chefs qui lui montrent comme le plus précieux de ses droits les invasions à main armée et les annexions territoriales, en se fondant sur ce seul motif qu'ils se sont mis en mesure d'être les plus forts et que ces conquêtes sont nécessaires à l'accroissement de leur puissance.

Il est en France et dans les autres pays bien des écrivains et des penseurs qui, tout en reconnaissant les résultats scientifiques produits par l'enseignement des écoles et des universités allemandes, ne peuvent s'expliquer comment une nation, occupant un rang élevé parmi les peuples les plus civilisés, a pu, dans la guerre faite à la France, manifester des instincts qui semblaient n'appartenir qu'aux époques les plus sombres du moyen âge.

Pendant que je cherchais moi-même la solution de ce terrible problème, l'auteur d'une nouvelle histoire d'Allemagne[1], M. Zeller, dans une préface qui a produit une vive sensation, en donnait l'explication d'une manière saisissante. Il signalait d'abord la lutte qui existe en Allemagne entre la civilisation générale, issue de l'antiquité grecque et transmise par l'Italie et la France au reste du monde, et une civilisation résultant des instincts nationaux et du génie allemand. C'est l'opposition

---

1. *Origines de l'Allemagne et de l'Empire germanique*, avec introduction générale et cartes géographiques, par Jules Zeller; t. Ier. Librairie académique Didier et Cie.

du teutonisme pur, de ce que nous avons appelé quelquefois la *teutomanie*, et de la civilisation que les Allemands appellent le plus souvent avec mépris *welche* et qu'ils qualifient de *romanisme*.

« On ne saurait, dit M. Zeller, se méprendre aujourd'hui sur le courant qui règne en Allemagne. La dernière guerre, nos voisins lettrés du moins l'ont assez répété, n'a eu pour but que de remplacer une civilisation par une autre, et ils ont salué leur victoire comme l'avénement d'une race et d'une ère nouvelle dans l'histoire de l'humanité. Toute la littérature allemande moderne accuse de la manière la plus évidente que ces idées et ces aspirations se trouvent au fond des doctrines philosophiques et politiques qui s'exposent dans les écoles et servent de base à l'enseignement. La linguistique fixe les frontières de l'Allemagne à celles mêmes de sa langue, et les étend à tous les pays où retentit le vocable *ia*; la géographie les porte de notre côté à la chaîne des Ardennes; la philosophie et la physique au lieu de *lois* n'ont plus reconnu que des *forces*. D'après ces principes, leurs savants soutiennent que l'on ne saurait arrêter le développement d'une force en voie d'expansion, et que les races supérieures ont le droit d'éliminer les races inférieures. »

Ce ne sont pas là des opinions isolées; M. Zeller le prouve par les extraits qu'il emprunte aux écrits d'hommes distingués appartenant à différentes ré-

gions de l'Allemagne : M. de Sybel, dont l'histoire
de l'Europe pendant la Révolution française a fait
tant de bruit, le célèbre historien Mommsen,
MM. Dubois-Raymond, G. Freytag, Bluntschli et
plusieurs autres. C'est dans cette pensée que les
hommes d'État du Nord travaillent avec tant d'ardeur à l'accroissement de leur effectif militaire, en
ayant soin toutefois d'évoquer le spectre de l'*ennemi
héréditaire*, c'est-à-dire de la France, lorsqu'ils ont
à lutter contre les résistances que leur opposent
quelquefois les populations du Midi, moins favorables à l'esprit de conquête. Les professeurs supposent dans leurs cours que nous n'avons désormais
qu'un seul besoin, une pensée unique, celle d'une
revanche par les armes. Ils ignorent ou feignent
d'ignorer que la nation est beaucoup moins occupée
de ce qui se passe en Prusse que de ce qu'elle doit
faire elle-même pour réparer ses pertes et travailler
à sa réorganisation intérieure. Pour tous les hommes
raisonnables qui comprennent ses intérêts présents
et sa mission future dans le monde, la seule revanche
qui soit digne d'elle, c'est une revanche morale.

III

La France, qui en deux années aura pu trouver le moyen de payer à ses vainqueurs l'énorme somme de cinq milliards, sait très-bien aujourd'hui que, pour conserver le rang qu'elle occupait parmi les nations et dont ses malheurs supportés avec une admirable constance n'ont pu la faire déchoir, elle n'a besoin que de développer les ressources que lui offre la fertilité de son sol, d'agrandir son commerce et son industrie et de donner à l'enseignement populaire tous les perfectionnements qu'il comporte.

C'est sur ce dernier point que je concentre mes faibles efforts. Je suis heureux de voir qu'ils n'ont pas été tout à fait inutiles ; et je considère comme un grand honneur d'avoir pu donner récemment à une illustre Académie, celle des sciences morales et politiques, l'occasion de traiter dans plusieurs de ses séances l'importante question de l'instruction publique. Les discussions intéressantes qui y ont eu lieu avaient été précédées d'un examen comparatif, que j'avais eu l'honneur de lui présenter, de l'enseignement secondaire en Allemagne et aux États-Unis. L'Académie qui, à la suite de cette lecture, a, sur la proposition de M. Guizot, résolu de parcourir successivement les différentes branches de l'enseignement public, a donné une attention particulière à l'enseignement moyen, qui, pour une grande partie des jeunes gens aspirant aux professions industrielles et commerciales, doit différer de celui des lycées[1]. Mais une question importante a été d'abord soulevée au sujet du système à suivre pour l'organisation de cet enseignement. Faut-il, comme on l'a fait en Prusse, ouvrir à la sortie des écoles primaires deux sortes d'établissements distincts et donnant une éducation différente, ou ne songer, comme on l'a fait aux États-Unis, à créer des écoles spéciales que pour les élèves qui auront, jusqu'à l'âge de 15 à 16 ans, participé à un enseignement général préparant indistinctement à toutes les carrières ?

Dans le premier Mémoire que j'avais lu à l'Académie, j'avais résumé les points principaux que j'ai traités dans les chapitres du présent livre, consacrés aux *Realschulen* et aux *Gymnases* d'Allemagne. Dans le second, je me suis appliqué à faire ressortir les différences qui existent entre l'Allemagne et les États-Unis, au point de vue de l'organisation géné-

---

1. Le *Journal officiel* a rendu compte des séances consacrées par l'Académie à l'examen de toutes les questions qui se rattachent à l'instruction publique et résumé les opinions émises par MM. Guizot, de Parieu, Levasseur, Franck, Hippolyte Passy, Baudrillart, Renouard et Michel Chevalier.

rale de l'enseignement faisant suite à celui des écoles primaires.

Voici dans quels termes j'ai présenté à l'Académie des considérations qui me paraissent pouvoir servir d'introduction à celles que contient le présent ouvrage.

Parmi les questions sur lesquelles un des plus illustres membres de l'Académie a engagé ses collègues à porter leur attention, se trouve celle qui touche à l'organisation même de l'enseignement dont doit être suivi celui de l'école primaire. Est-il avantageux, soit pour les familles, soit pour la société, d'ouvrir à la sortie de l'école primaire, élémentaire et supérieure, plusieurs routes *parallèles*, c'est-à-dire d'avoir des établissements *spéciaux* préparant directement à telle ou telle carrière, à telle ou telle fonction sociale, ou bien de retarder le moment où les élèves, ayant parcouru ensemble un certain cercle d'études communes, devront se séparer pour recevoir un enseignement spécial?

La question a été résolue en Allemagne dans le sens de la séparation immédiate, ou, pour me servir d'une expression consacrée, de la *bifurcation*, par l'établissement de deux sortes d'écoles, les *Realschulen* et les *Gymnases*, et aux États-Unis, dans le sens opposé, par l'adoption d'un système gradué d'études destiné aussi bien aux jeunes gens qui aspirent aux professions libérales qu'à ceux qui se préparent à entrer dans les carrières industrielles et commerciales.

Voici les motifs qui ont déterminé les différents États de l'Union à mettre en pratique le second système.

Les circonstances dans lesquelles s'est trouvée la noble et vaillante tribu qui vint, en 1620, débarquer sur la baie du Massachusetts, pour mettre à l'abri de la persécution sa foi religieuse et sa foi politique, ont été pour beaucoup dans la plupart des institutions qu'elle a fondées et en particulier dans l'organisation de l'instruction publique. Les *Pilgrim fathers*, qui, en touchant le sol de la délivrance, se jetaient à genoux pour adresser à Dieu leurs remercîments et leurs prières, obéirent à un premier devoir en construisant une église et en établissant auprès d'elle une école pour l'éducation de leurs enfants.

Ils n'étaient pas riches : l'église fut modeste, et la même école, ainsi que le même temple, dut réunir les enfants des deux sexes, qui grandirent ensemble et continuèrent à partager les mêmes études. Quand la colonie se fut accrue, quand de nouveaux émigrants vinrent occuper de nouveaux territoires et former des groupes de familles, devenus le centre d'autant d'États, une des premières lois qu'ils se donnèrent fut toujours celle qui proclamait l'obligation d'établir partout des écoles. Toutes leurs constitutions portent que chaque commune, après avoir pourvu aux frais du culte, devra s'imposer les dépenses que réclame l'éducation des enfants. Il y aura pour chaque commune ou *township* contenant 50 familles, une école primaire ; pour celle de 100 familles, une école de grammaire préparant les élèves à l'enseignement supérieur des colléges et des universités.

Lorsque, dans les premières années de ce siècle, à la voix de quelques hommes éminents, tels que Horace Mann et Henry Barnard, les États-Unis, en pleine possession de leur indépendance, s'occupèrent de donner à leur système d'éducation publique une organisation plus complète et plus large, ils le firent dans le même esprit qui avait inspiré les premiers colons du xviiᵉ siècle. Pour eux, l'instruction est la condition essentielle de l'existence d'un peuple libre. Ils veulent que tous les habitants, ayant comme citoyens les mêmes devoirs à remplir, soient mis par une éducation commune en état de les comprendre ; ils veulent que les établissements, dont les pères de famille font eux-mêmes les frais, soient gratuitement ouverts à tous les enfants des deux sexes de 5 à 16 ou 17 ans.

Ce que l'on nomme aux États-Unis *common schools*, *free schools*, embrasse donc notre enseignement primaire à tous les degrés, celui des *Realschulen* d'Allemagne, l'enseignement secondaire spécial ré-

cemment organisé en France et une grande partie de
celui de nos colléges et de nos lycées. L'élève passe
successivement par tous les degrés de l'enseignement élémentaire, comprenant la lecture, l'écriture,
l'orthographe, les principes de la grammaire, le
calcul, le dessin, la musique. L'école de grammaire,
grammar school, et l'école supérieure, *high school*,
ajoutent à cet enseignement celui des langues anciennes et des langues modernes, celui de la littérature, de l'histoire, de la géographie, de la
géométrie, de l'algèbre, de la chimie, de la physique
et de l'histoire naturelle. On considère aux États-
Unis comme inique et impolitique une répartition
du savoir qui accorde seulement aux pauvres et
aux habitants des campagnes une instruction primaire, souvent fort restreinte, et réserve aux
privilégiés de la fortune l'enseignement secondaire
et l'enseignement supérieur.

Je n'ignore aucune des raisons sur lesquelles se
fondent les sages esprits qui craignent, en France,
de susciter des ambitions dangereuses en élevant le
niveau des études pour les classes inférieures de la
société. Mais leurs arguments sont inapplicables aux
États vraiment démocratiques, dans lesquels tous
peuvent prétendre à tout, où il y a place pour tous,
où les institutions politiques ont précisément pour
but de combattre, d'affaiblir et de faire disparaître, autant que possible, les inégalités que l'on

serait, sous d'autres régimes, intéressé à conserver.

Il est d'une administration sage et juste, dit un surintendant des écoles, M. Léonard Bacon, de faire en sorte qu'aucun enfant ne soit privé d'une haute éducation. L'État n'a pas moins besoin d'établir et de soutenir un système d'écoles publiques que de se défendre contre des sauvages dont l'existence met la société en péril. L'enfant pauvre, le fils d'une pauvre veuve peut, par suite de son éducation, ajouter quelque chose au bien-être et à la puissance de l'État ! Si ses talents, faute d'occasion de se produire, se perdent comme une pierre précieuse dans l'Océan, l'État subit une véritable perte.

Dans cet enseignement donné libéralement à tous, l'étude des langues anciennes n'est pas et ne peut être, comme dans les gymnases et les lycées, le point central autour duquel viennent se grouper les autres branches de l'enseignement scientifique et littéraire.

Ce sont les mathématiques, les sciences physiques et naturelles, l'histoire, la géographie, la langue maternelle, les langues étrangères qui en constituent la partie fondamentale. Le grec et le latin, dont s'occupent aussi les *grammar schools* et les *high schools*, y sont enseignés en partie à cause de l'influence incontestée que l'étude des langues anciennes exerce sur l'intelligence, mais surtout parce que, devant être étudiés plus spécialement dans les colléges et les universités, l'entrée de ces universités serait fermée aux jeunes gens qui ne pourraient, faute de cette étude, satisfaire aux conditions d'admission déterminées par les programmes. L'enseignement des écoles publiques ne constitue pas seulement un système se suffisant à lui-même et ouvrant toutes les carrières professionnelles qu'embrassera le plus grand nombre des enfants, mais il est en même temps *préparatoire* pour ceux qui auront le pouvoir et la volonté de se vouer aux professions scientifiques. De cette manière, aucune porte n'est fermée, la voie est ouverte à tous les besoins et à toutes les aspirations, et personne n'est condamné d'avance, par la spécialité de son éducation première, à se renfermer dans un cercle plus ou moins étroit dont il ne pourra sortir que grâce à des efforts surhumains ou par suite de circonstances exceptionnelles.

IV

Si l'instruction reçue dans les écoles primaires n'était considérée que comme une préparation pour les écoles de grammaire, et si celles-ci ne faisaient que préparer aux écoles supérieures, le but que poursuivent les organisateurs de l'enseignement ne serait pas atteint. Il est donc nécessaire, d'une part, de traiter chacun des degrés de l'enseignement

public comme formant un cours complet d'instruction, quoique limité et proportionné, soit à l'âge des
enfants, soit aux nécessités sociales qui les force-
raient à s'en contenter; d'autre part, de disposer
les programmes de telle sorte que celui de la division supérieure soit la suite et la continuation de la
division qui la précède immédiatement, et que, depuis l'enfant de cinq ans recevant les premières leçons à l'école primaire, jusqu'au jeune homme et à
la jeune fille de dix-sept ou dix-huit ans, qui sortent de l'école supérieure, il n'y ait dans le système
des études ni lacune, ni solution de continuité. Ainsi
se trouvent conciliés les principes de l'égalité et la
loi de progression. Pour tous les enfants de l'Amérique, le point de départ et le point d'arrivée sont
les mêmes. Tous entrent dans le vaste domaine de
l'instruction publique en marchant dans le même
sentier et en suivant le même *curriculum* d'études.
La seule différence (et cette différence est le fait, non
de la législation, mais des conditions naturelles de la
vie), c'est que les uns s'arrêtent à un certain point
du voyage ; les autres, en plus petit nombre, à un
point plus éloigné; les autres, en nombre encore plus
restreint, atteindront le sommet et les dernières limites.

 . En sortant des *grammar schools* et des *high
schools*, les élèves peuvent entrer de plain pied dans
les colléges, qui, s'ouvrant seulement pour les jeunes

gens de seize à dix-sept ans, correspondent à nos classes de seconde, de rhétorique et de philosophie. Ils y arrivent dans les meilleures conditions pour y faire des progrès rapides. Ils ne sont pas fatigués et rebutés par six ou sept années consacrées à l'étude des grammaires latine et grecque, à la composition des thèmes et des vers latins. Ils ont été seulement exercés au travail de la traduction des principaux écrivains dans les deux langues. Ils se livrent alors avec d'autant plus de fruit aux hautes études littéraires, philosophiques et scientifiques qu'ils les ont choisies eux-mêmes librement, dans un but bien déterminé, et avec l'intention de les achever dans les facultés qui font suite à l'enseignement des colléges, comme ceux-ci font suite aux écoles publiques.

La conséquence du système de la gratuité appliquée aux *grammar schools* et aux *high schools*, c'est que le nombre des jeunes gens et des jeunes filles qui composent le personnel des établissements d'instruction publique est, en Amérique, beaucoup plus considérable que partout ailleurs. Au lieu de compter l'âge de l'école de six à douze ans, comme on le fait généralement en Europe, on le porte, dans les États de l'Union, de cinq à dix-huit, de sorte que l'on y compte, en moyenne, plus d'un écolier pour cinq habitants. Dans les pays de l'Europe où l'enseignement obligatoire ne laisse hors de l'école aucun enfant en âge d'y aller, on arrive à la proportion

de 1 sur 8, comme en Prusse, ou, au maximum, à
1 sur 7 dans les duchés saxons. Le nombre des écoliers, relativement à la population, est donc, en
Amérique, bien supérieur à celui des États européens les plus favorisés à cet égard. On évalue à
141 629 le nombre des écoles des trois degrés, à
7 250 000 celui des élèves qui parcourent en totalité ou en partie le cercle des études qu'ils embras-
sent, à 250 000 celui des instituteurs et des institutrices (celles-ci comptent pour plus des deux tiers),
et enfin à plus de 450 millions les sommes dépensées
chaque année, soit pour les traitements du personnel,
nel, soit pour l'acquisition ou l'entretien du matériel
des écoles[1].

Ce n'est qu'après l'enseignement général organisé
dans les *grammar schools* et les *high schools* que
commence l'instruction *spéciale* ou *professionnelle*.
Jusqu'alors, on a songé à former des hommes capables de remplir leurs devoirs de citoyens et de rendre des services à l'État, en quelque condition qu'ils
se trouvent par la suite. Arrivés à ce point, il faut
qu'ils trouvent des établissements où ils puissent
apprendre d'une manière spéciale ce qui convient à
l'ouvrier, à l'agriculteur, au commerçant, à l'industriel, au savant, à l'artiste, au médecin, au juriscon-
sulte. Les États-Unis y ont pourvu en organisant

1. Cette somme est aujourd'hui, d'après le *census* de 1870,
portée à 478 millions pour les établissements de tous les degrés.

avec le même soin, d'une manière aussi magnifique
et aussi splendide, leurs colléges, leurs universités,
leurs écoles d'arts et métiers, leurs écoles d'agriculture, leurs écoles industrielles, leurs écoles des
beaux-arts. Nulle part, dans le monde, ne sont réunis en aussi grande abondance les instruments de
travail nécessaires à la culture de toutes les branches des connaissances humaines : bibliothèques,
collections d'une richesse incomparable d'objets appartenant à la zoologie, à la botanique, à la minéralogie, à la géologie, laboratoires de chimie, instruments nécessaires à l'étude de la physique et de la
mécanique, observatoires d'astronomie, musées de
peinture, de sculpture et d'architecture; telles sont
les ressources, mises à la disposition des savants,
qui, dans des milliers d'établissements spéciaux,
réunissent autour d'eux les jeunes gens et les jeunes
filles ayant besoin de cultiver de préférence telle ou
telle branche du savoir humain.

V

En considérant l'ensemble des études qui constituent l'enseignement des écoles primaires, des *grammar schools* et des *high schools*, on a cru longtemps
et l'on croit peut-être encore aujourd'hui que cet
enseignement, s'attachant de préférence aux sciences

utiles, aux mathématiques, à la physique, à l'histoire naturelle, sacrifiant l'étude des langues anciennes à celle des langues modernes, et d'ailleurs plus grammatical que littéraire, ne peut donner un développement suffisant aux facultés supérieures de l'esprit, former le goût, inspirer l'amour pur et désintéressé de l'art ; que la jeunesse américaine n'y trouve qu'une éducation insuffisante, incomplète, superficielle ; que si la société tout entière possède une instruction moyenne assez respectable, elle ne compte qu'en bien petit nombre ces fortes individualités scientifiques, philosophiques, artistiques, que les études spéciales seules sont capables de former.

Ce qui pouvait être vrai à l'époque où les États-Unis ne possédaient encore que leurs *common schools* qu'il était de leur devoir de créer avant tout, a cessé de l'être depuis qu'ils ont, avec la même puissance et la même énergie, organisé, fortifié et complété les belles et nombreuses écoles spéciales dont je viens de parler et dont le monde savant peut déjà constater les admirables résultats. Mais on ne se méprendrait pas moins sur la nature et la valeur de l'enseignement général offert dans les établissements d'un ordre moins élevé, dont j'ai fait connaître l'ensemble, si l'on continuait à le considérer comme insuffisant ou superficiel, parce que l'étude des langues anciennes n'y occupe qu'un rang secondaire. Il n'est pas seulement remarquable parce qu'il prépare excellemment à l'enseignement classique des colléges et des universités, mais aussi parce qu'en donnant un savoir réel il contribue au développement régulier des facultés intellectuelles. Ce n'est pas en parcourant la liste des matières dont se composent ses programmes, qui sont à peu près les mêmes que ceux des *Realschulen* et de notre enseignement secondaire spécial, que l'on peut apprécier son importance : les programmes n'ont de valeur que par leur mise en œuvre, et tout enseignement n'est puissant que par la méthode qu'il emploie. Or, il n'est pas de pays où la science pédagogique soit plus généralement cultivée.

Que l'on n'oublie pas que l'instruction publique n'est pas exclusivement, comme dans d'autres pays, l'objet des soins d'un petit nombre de fonctionnaires, chargés par l'État de la surveillance et de la direction des écoles; que c'est, au contraire, l'affaire de tous les pères de famille, que tous s'y intéressent, soit directement, soit par leurs représentants, c'est-à-dire par des comités locaux auxquels sont appelés, par l'élection, des membres dont le nombre, pour tous les États, n'est pas moindre de 600 000. Il n'est pas un livre classique, pas une question de méthode, pas un journal d'éducation (et il s'en publie plus de 30 aux États-Unis) qui ne soit l'objet de l'attention de ces délégués. Chaque année, de volumineux rapports publiés par les surintendants des écoles publiques portent à la connaissance de tous la statistique de ces écoles, les améliorations qui y sont introduites, les observations fournies par les instituteurs, la solution de quelque question importante. Des réunions périodiques mettent en rapport les instituteurs et les institutrices, appelés à se communiquer leurs observations et leurs idées. Les programmes de l'enseignement ne sont donc pas de simples tables de matières : sur chacune des branches dont ils se composent sont rédigées pour les maîtres, auxquels ils sont envoyés à des milliers d'exemplaires, les indications les plus étendues sur les meilleurs procédés à employer pour enseigner la lecture, l'écriture, la grammaire, la géographie, l'histoire, les langues, les sciences.

Je n'ai pas besoin de rappeler quelle importance est donnée à ces *leçons de choses*, à cet enseignement par l'aspect, qui fait naître chez les enfants l'esprit d'observation, une des plus précieuses facultés de l'esprit, ni de signaler la préoccupation constante qui pousse les maîtres à saisir tout ce qui, dans le sujet de leurs leçons, est de nature à développer chez les élèves les vertus chrétiennes, l'habitude de l'ordre, l'amour du devoir, le sentiment moral. C'est assez dire que l'on n'attache de prix à l'instruction que parce qu'elle est un puissant moyen d'éducation, et ce but est atteint tout aussi sûrement par le système d'études suivi dans les *grammar schools* et les *high schools* des États-Unis, que par l'enseignement plus spécial que reçoivent les élèves des autres pays dans les *Realschulen* ou dans les *Gymnases*.

VI

Malgré mon admiration pour la puissante organisation donnée par les États-Unis à leurs établissements d'instruction publique, admiration qui ne m'empêche pas d'ouvrir les yeux sur les imperfections qu'on peut y signaler, je n'ai nullement la prétention de présenter le système américain comme le seul modèle à suivre. J'ai voulu mettre en présence d'un système d'instruction publique qui, à la suite de l'enseignement primaire, organise des établissements séparés et distincts, un autre système qui consiste à ne spécialiser les études qu'après un enseignement général conduisant aux études classiques proprement dites. Cette comparaison est tout à l'avantage des États-Unis.

Je ferai remarquer d'abord que la population de la Prusse et des États allemands, qui est de 45 000 000 d'habitants, est supérieure à celle des États-Unis, qui est aujourd'hui de 38 558 371 habitants. Je dis *aujourd'hui*, car l'effrayante progression que suit l'accroissement de la population dans ces 37 États et ces 10 territoires, dont la surface (8 millions 1/2 de kilomètres carrés ou 850 millions d'hectares) égale celle de l'Europe tout entière jusqu'à l'Oural, force la statistique à modifier sans cesse ses données [1]. Cette population était en 1860 de 31 183 641, ce qui fait en dix ans une augmentation de 6 931 847 habitants.

Le nombre total des établissements d'instruction publique de tous les degrés est de 141 629 ; il était en 1860 de 115 121 ; le nombre des élèves, qui est aujourd'hui de 7 209 000, était alors de 5 477 237 (accroissement : 1 732 860).

Il était en 1850 de 3 642 694.

Les dépenses de ces 141 629 établissements, qui sont en 1870 de 478 318 630 fr., étaient en 1860 de 173 590 560 fr., ce qui fait une augmentation de 304 728 070 francs. La dépense en 1850 était de 80 810 000 (augmentation en 20 ans : 397 508 630 francs!)

Comparons maintenant le nombre des élèves qui, dans les deux États, suivent les cours de l'enseignement secondaire et de l'enseignement supérieur.

---

1. Tous les chiffres que je produis ici sont empruntés au dernier recensement décennal officiel qui vient d'être publié par le gouvernement des États-Unis (1870-1872).

AUX ÉTATS-UNIS, ON COMPTE :

Dans les 2 536 *grammar schools*. . . . . 199 223   élèves.
—   1 024 *high schools* . . . . 76 250   —
—   1 504 académies . . . . 119 010   —
—   501 colléges . . . . 71 737   —
—   121 écoles normales. . . . . 18 831   —
—   26 facultés de droit. . 1 712 ⎫
—   66   —   méd. et phar. 7 035 ⎬ 12 792   —
—   92   —   théologie . . 4 045 ⎭
—   écoles de comm. et d'industrie. 12 999   —
—   14 grandes écoles d'agriculture. 1 696   —

Total. . . . . . 978 658   —

EN ALLEMAGNE, IL Y AVAIT EN 1870 [1] :

Dans les 463 *Realschulen*. . . . . 88 956 élèves.
—   588 gymnases . . . . 107 586   —
—   26 universités (facultés de théo-
          logie, de droit, de médecine
          et de philosophie) . . . . . 22 410 étudiants.
—   45 écoles normales . . . . . . 8 244 élèves.
—   79 écoles de commerce et in-
          dustrie. . . . . 14 678   —
—   307 écoles d'enseignement su-
          périeur pour les jeunes filles 44 221   —
—   17 instituts polytechniques. . 7 993   —

Total. . . . . . . 294 088 él. ou ét.

1. Ces détails sont empruntés au *Deutscher Universitäts-und Schul-Kalender auf die Zeit vom 1 Oktober 1871, bis 31 März 1873. Berlin, 1872.*

Ainsi, il y a aux États-Unis 978 658 jeunes gens et jeunes filles prenant part à l'enseignement secondaire et à celui des universités et des grandes écoles spéciales. L'Allemagne n'en compte que 294 088.

J'aurais voulu pouvoir établir la même comparaison entre les États-Unis et la France. Mais, au lieu de l'immense publicité que l'on donne en Amérique à tous les résultats de la statistique, nous sommes réduits à des renseignements rares et incomplets pour ce qui regarde notre pays.

On comptait en 1869 :

Dans l'enseignement primaire, 4 500 000 enfants de 6 à 10 ans.

Dans l'enseignement dés lycées, des collèges et les écoles d'enseignement secondaire spécial . . . . 72 899 élèves.
Dans l'enseignement libre ecclésiastique et laïque. . . . . 77 000 —

Total. . . . . . 149 899 —

Il faudrait ajouter à ce nombre celui des élèves de l'enseignement supérieur des Facultés et celui de toutes les grandes écoles spéciales de commerce, d'industrie, d'arts et métiers, des arts et manufactures, des écoles navale, militaire, polytechnique, des élèves des écoles normales, etc., etc.

En supposant que le nombre total de nos étudiants fût supérieur à celui des établissements correspondants d'Allemagne, nous serions encore bien loin de cet énorme chiffre de 978 658 étudiants des deux sexes, qui suivent aux États-Unis les cours d'enseignement secondaire et d'enseignement supérieur.

Tel est, pour les États-Unis, le premier résultat d'un système d'éducation qui ouvre libéralement l'accès, pour les différents degrés de l'enseignement secondaire, à tous les enfants sortis des écoles primaires.

Le nombre des élèves qui participent à cet enseignement exerce nécessairement une grande influence sur l'instruction générale du pays et par suite sur les progrès de la science dans toutes ses divisions.

Il n'est pas de nation qui attache autant de prix à l'instruction; il n'en est point où le goût et l'habitude de la lecture soient plus répandus. Ce besoin de lecture est amplement satisfait par l'établissement des bibliothèques privées et publiques et des bibliothèques scolaires, réunissant un nombre de volumes vraiment prodigieux. Il y avait en 1860 (toujours d'après le *census*) 27 730 bibliothèques, contenant 13 316 379 volumes. On en compte aujourd'hui 164 815, réunissant 45 528 938 volumes. Les colléges et les universités ont, pour leur part, 14 375 bibliothèques réunissant 3 598 597 volumes; celles des écoles du dimanche en comptent

8 346 153. 1241 cabinets de lecture (*circulating libraries*) mettent à la disposition du public 2 536 128 volumes. Les églises ont 4478 bibliothèques, 1 634 915 volumes.

Si l'on ajoute à ces moyens d'instruction ceux que procurent les journaux et les revues, on aura une idée encore plus complète de cette avidité d'instruction et d'information, qui sollicite les lecteurs des États-Unis. Ces journaux et ces revues étaient, en 1870, au nombre de 5 871, tirant chaque année plus d'un milliard et demi d'exemplaires. En 1860, il n'y en avait encore que 4 051 tirés à 927 951 548 exemplaires dans l'année, et ayant une circulation de 13 663 409 exemplaires.

Les journaux politiques occupent naturellement une grande place parmi ces publications périodiques. Ils sont au nombre de 4 433, tirés à plus de onze cents millions d'exemplaires dans une année. Mais il y a aussi 93 journaux d'agriculture, 142 pour le commerce et l'industrie, 407 journaux religieux, 503 de littérature, histoire, philosophie, etc., 207 pour les beaux-arts et l'industrie, etc.

Il faut faire entrer en ligne de compte, parmi les plus puissants et les plus importants moyens d'éducation et d'instruction, les écrits et les prédications des ministres appartenant aux 27 sectes religieuses de toutes les dénominations formant 72 459 associations, qui se partagent aux États-Unis l'enseigne-

ment religieux. Cet enseignement se donne dans
63 082 temples, et l'on compte dans ces édifices,
pour les fidèles qui peuvent s'y rendre, 21 665 062
siéges.

Tous ces chiffres ont leur éloquence : ils prouvent
mathématiquement qu'il s'agit ici d'une nation qui
n'est pas, comme on l'a répété si souvent, absorbée
par le souci des intérêts matériels. Bien des causes
réunies sans doute ont contribué à l'extension qu'a
prise l'enseignement des écoles publiques. On peut
cependant en attribuer une grande partie au système qui consiste à différer jusqu'à l'âge de 16 ans
le moment où les jeunes gens et les jeunes filles,
ayant reçu une instruction générale étendue et solide, peuvent suivre avec intérêt et avec fruit les
cours nombreux organisés dans les colléges, les
universités et les écoles spéciales.

On s'étonnera, sans doute, de voir que, dans l'introduction d'un livre consacré à l'Allemagne, j'aie
fait une si large place aux États-Unis. En voici la
raison :

Dans mes études sur l'instruction publique
chez les différents peuples, je ne perds jamais de
vue la France. En opposant au système d'études
pratiqué en Allemagne celui qui est suivi aux États-
Unis, je désire faire voir que nous devons tourner
nos regards vers l'Amérique du Nord plutôt que vers
l'Allemagne, si nous désirons trouver des leçons et

dès exemples qui permettent à la France, tout en demeurant fidèle à ses traditions et à son génie, d'améliorer et d'agrandir le domaine de son enseignement public.

Paris, 15 avril 1873.

C. HIPPEAU.

L'INSTRUCTION PUBLIQUE

EN

ALLEMAGNE

CHAPITRE PREMIER

ORGANISATION GÉNÉRALE DE L'INSTRUCTION PUBLIQUE

I

Lorsqu'au mois de mai 1831, M. Victor Cousin écrivit son remarquable rapport sur l'état de l'instruction publique dans quelques pays de l'Allemagne et particulièrement en Prusse, il ne put s'empêcher d'opposer avec douleur le nombre et l'importance des établissements qu'il venait de parcourir, à la condition misérable dans laquelle se trouvaient, à cette époque, ceux de France.

En présence de ces écoles primaires, de ces écoles bourgeoises (*bürgerschulen*), de ces écoles réelles (*realschulen*), de ces gymnases, de ces

universités si richement dotées et si florissantes,
il rappelait, non sans amertume, que la Restauration n'avait pu inscrire au budget de l'instruction
publique que la somme dérisoire de 50,000 francs.
Mais il savait en même temps que, sous l'influence
de la révolution de 1830, l'esprit public se portait
avec ardeur vers toutes les améliorations que ré-
clamait l'éducation populaire. Il savait que plusieurs
hommes distingués appelés alors au pouvoir, et
avant tous, son éloquent collègue de la Sorbonne,
M. Guizot, songeaient sérieusement à reprendre
l'œuvre si libéralement commencée et si brusque-
ment interrompue de nos premières assemblées
politiques. Les documents qu'il rapportait de ses
voyages devaient, dans sa pensée, apporter plus
d'un élement utile à la loi qui se préparait et qui,
en 1833, ouvrit à l'instruction publique une ère
nouvelle.

M. Cousin avait successivement visité les établissements scientifiques et littéraires de Francfort-sur-
le-Mein, les écoles, le gymnase, le séminaire
philologique de Weymar, l'université d'Iéna, le
collége de Schulpforta, les grands établissements
du royaume de Saxe et l'université de Leipzig ; il
avait enfin, pendant un séjour prolongé dans le
royaume de Prusse, étudié avec une exactitude
minutieuse, l'organisation générale de l'instruction
publique à ses trois degrés, l'instruction primaire,

l'instruction secondaire et l'instruction supérieure ou universités.

Ce livre eut un succès immense et mérité. Il eut ✗ d'autant plus de retentissement, que des rapports récents attestaient l'état déplorable dans lequel se trouvaient en France les écoles publiques. Tandis qu'en Prusse et dans les divers États d'Allemagne, toutes les communes étaient pourvues d'écoles dont la fréquentation était déclarée obligatoire, 13,984 communes de France, sur 38,135, c'est-à-dire plus d'un tiers, manquaient de tout moyen d'instruction, et par suite plus de la moitié des jeunes gens de vingt à vingt et un ans, inscrits au tableau de recensement ne savaient ni lire ni écrire. Je n'ai pas besoin de rappeler ici les faits douloureux énumérés dans le tableau de l'instruction publique en France publié en 1837 par M. Lorain.

M. Cousin avait compris et fort bien exposé la différence capitale qui existait en Allemagne et en Prusse, entre les établissements d'instruction pri- ✗ maire et ceux où, pour la classe bourgeoise, avaient été organisées l'instruction secondaire et l'instruction supérieure : les premiers appartenant particulièrement aux départements et aux communes, et les seconds relevant plus directement, soit de l'autorité provinciale, soit de l'État. Un autre fait, non moins important, était pareillement mis en lumière par l'auteur du rapport : c'est que l'instruction des classes populaires était presque entièrement dans la dépendance des ministres des différents cultes.

Ces caractères généraux signalés dans l'organisation des écoles publiques ont subi, depuis 1831, des modifications importantes. J'aurai plus d'une fois l'occasion de les indiquer. Il y a d'ailleurs entre l'Allemagne du Nord et celle du Midi des différences trop nombreuses, pour qu'il soit possible d'appliquer à la première les réflexions que suggère la seconde. La prépondérance qu'assurent en ce moment à la Prusse les succès de la guerre de 1870, l'influence qu'elle doit exercer sur l'organisation de l'instruction publique dans les pays soumis à son hégémonie, expliquent suffisamment pourquoi c'est sur elle que se portera particulièrement notre attention.

Elle occupera d'ailleurs d'autant plus de place dans cet exposé que c'est sur ses établissements que se sont modelés en grande partie ceux des autres parties de l'Allemagne.

II

Jusqu'en 1819, l'instruction publique avait fait partie du ministère de l'Intérieur. A cette époque, la Prusse obtint, sous le baron d'Altenstein, un ministère spécial auquel fut réuni celui des cultes.

La Prusse, avant la dernière guerre, comptait 18,491,871 habitants, dont 11,298,246 protestants, 6,906,917 catholiques, 254,785 juifs, 16,283 catholiques allemands, 12,706 mennonites, et 1,202 appartenant à l'Église grecque. Dans ce chiffre étaient compris 848,939 enfants de cinq à sept ans, et 2,731,536 de sept à quatorze.

Il y a en Prusse 1 académie des sciences, 1 académie des sciences techniques, 6 universités complètes, et 7 en comptant l'université incomplète de Munster ; 2 universités catholiques de philosophie et de théologie, 13 séminaires, dont 9 catholiques, 3 évangélistes, et 1 israélite ; 1 université israélite de littérature talmudique ; 5 séminaires pour l'enseignement (écoles normales) ; 1 académie des arts, 2 académies des beaux-arts, 6 écoles d'arts et métiers ; 1 institut de musique d'église ; 1 académie des ponts et chaussées et d'architecture, 1 académie des mines, 1 institut supérieur de commerce, 1 école forestière supérieure, 8 écoles d'agriculture ; 1 académie d'art militaire, 1 école de génie et d'artillerie, 3 écoles de guerre, 5 écoles de chirurgie militaire ; 1 institut central (école normale supérieure), 144 gymnases (lycées), 25 gymnases préparatoires, 63 realschulen, 10 Bürgerschulen supérieures ; 25 écoles provinciales d'arts et métiers, 3 écoles de dessin (pour les tisserands), 2 écoles de dessin pour le dessin ordinaire, 57 séminaires (écoles nor-

males) pour former des maîtres d'école, 25 instituts
de sourds-muets, 9 instituts pour les jeunes aveugles; 70 écoles supérieures pour les jeunes filles,
350 écoles moyennes de garçons et 370 écoles
moyennes de filles.

En 1857, la Prusse avait 25,463 écoles publiques
élémentaires, renfermant 2,828,692 enfants, dont
1,430,926 garçons et 1,397,766 filles. L'enseignement y était donné par 33,599 instituteurs et 3032
institutrices, ce qui donne une moyenne de 112
enfants par école et de 80 enfants par instituteur [1].

La Prusse est divisée en dix provinces dont chacune est subdivisée en départements qui comprren-
nent un cercle territorial plus ou moins étendu.
Chacun de ces départements se divise en cercles
plus petits que nos arrondissements, et chacun de
ces cercles est divisé en communes.

Chaque département a une espèce de conseil de
préfecture appelé *régence*, dont le président exerce
des fonctions analogues à celles de nos préfets.

Chaque province, ayant aussi son président, possède son université dont les chefs sont nommés par
elle-même, sous la surveillance d'un commissaire

---

1. J'emprunte cette statistique de l'instruction publique en
Prusse au remarquable rapport de M. Baudouin, inspecteur général
de l'instruction primaire, sur l'état de l'enseignement spécial et de
l'enseignement primaire en Belgique, en Allemagne et en Suisse,
publié en 1865.

royal désigné par le ministre de l'instruction publique et qui correspond directement avec lui. Toutes ces fonctions sont salariées. Ceux qui en sont revêtus n'y arrivent qu'après des examens sévères. Les universités relèvent directement du ministère. Elles sont, comme on le verra plus loin, des institutions de l'État.

Il n'en est pas de même des établissements d'instruction secondaire. Il existe, en effet, dans chaque province, une institution portant le nom de *Consistoire provincial*, divisé en trois sections comme le ministère de l'instruction publique lui-même : la première pour les affaires ecclésiastiques, ou consistoire proprement dit ; la seconde pour l'instruction publique, appelée collége pour les écoles, et la troisième, pour les affaires qui regardent la salubrité publique : on l'appelle collége médicinal. Ce consistoire provincial est salarié. Tous ses membres sont nommés directement par le ministre de l'instruction publique et des cultes. Mais il est présidé dans son ensemble et dans chacune de ses sections par le président suprême de la province, lequel est seul chargé de la correspondance soit avec le ministre de l'instruction publique, soit avec les autres ministres. Toute l'autorité est néanmoins entre les mains du consistoire, dont chaque section délibère séparément et décide à la majorité des voix sur toutes les affaires.

Ce consistoire est dans presque tous les États d'Allemagne en grande partie ecclésiastique. En Prusse, sur les trois sections dont il se compose, une seule, celle des écoles, se compose en majorité d'ecclésiastiques ; les deux autres sont laïques et scientifiques, ce qui assure à l'élément laïque une assez grande influence. Mais ce qui y domine par-dessus tout, c'est l'esprit de gouvernement ; l'idée de l'État y domine toutes les autres [1].

III

Auprès du collége des écoles est une commission d'examen composée ordinairement des professeurs de la province. Cette commission a deux objets : 1° Examiner les élèves de gymnases (lycées) qui veûlent passer à l'université ; 2° examiner ceux qui se présentent pour enseigner dans les gymnases.

Si les universités appartiennent à l'État seul, et l'instruction secondaire aux provinces, l'instruction primaire appartient en très-grande partie au département et à la commune.

Toute commune doit avoir, par la loi même de l'État, une école, et le pasteur ou curé du lieu est

---

1. V. Cousin. *Rapport sur l'état de l'instruction publique dans quelques pays de l'Allemagne et particulièrement en Prusse.* Paris, 1831, 1833.

l'inspecteur né de cette école, avec un comité communal d'administration et de surveillance composé de quelques notables.

Dans les communes urbaines où il y a plusieurs écoles et des établissements d'instruction primaire plus élevés que les écoles de campagne, les magistrats forment, au-dessus des comités particuliers de chaque école, un comité supérieur qui surveille toutes les écoles et en compose un système harmonique.

Il y a de plus au chef-lieu de canton ou de l'arrondissement, un autre inspecteur pour toutes les écoles du cercle, et qui correspond avec les inspecteurs et les comités locaux. Ce fonctionnaire dont la juridiction est plus étendue est presque toujours un ecclésiastique. Chez les catholiques, c'est le doyen.

Ainsi les deux premiers degrés d'autorité dans l'instruction primaire sont ecclésiastiques, en Prusse comme dans toute l'Allemagne; mais au-dessus de ces deux degrés, l'influence ecclésiastique finit entièrement et c'est l'intervention administrative qui commence.

L'instruction primaire est donc, en résumé, communale et départementale, et en même temps, elle relève du ministre de l'instruction publique. Toute l'instruction secondaire dépend du collége des écoles qui fait partie du consistoire des écoles

et qui est aussi nommé par le ministre de l'instruction publique. Enfin l'instruction supérieure, celle
des universités, aboutit au commissaire royal qui
agit sous l'autorité immédiate du ministre. Rien
n'échappe donc à l'action ministérielle, et en même
temps chacune des sphères de l'instruction publique
a en elle-même un certain degré de liberté et d'indépendance. Les universités élisent leurs autorités.
Le *Collége des écoles* propose et surveille les professeurs des gymnases et connaît de tous les points
importants de l'instruction primaire. Le commissaire général, avec le conseil de régence, ou plutôt
le conseil de régence, sur le rapport du commissaire et d'après la correspondance des inspecteurs
et des comités, décide de la plus grande partie des
affaires de l'instruction inférieure. Le ministre,
sans s'immiscer dans les détails infinis de l'instruction populaire, s'enquiert des résultats et dirige
tout par des instructions émanées du centre qui
tendent à maintenir partout l'unité nationale. Il ne
se mêle pas sans cesse des choses de l'instruction
secondaire; mais rien ne se fait sans sa confirmation, et il s'appuie toujours sur des rapports exacts
et complets.

Il en est de même des universités : elles se gou-
vernent elles-mêmes, mais d'après les lois qui leur
sont données. Les professeurs élisent leurs doyens
et leurs recteurs; mais eux-mêmes ils sont nommés

par le ministre, qui laisse le détail aux autorités locales et ne se réserve que la direction de l'en-semble et l'impulsion générale.

Ce qui distingue avant tout, comme nous le verrons plus tard, l'enseignement des universités, c'est la liberté laissée aux professeurs. Leur *libertas docendi* est à peu près illimitée, pourvu qu'ils se renferment scrupuleusement dans le programme qu'ils ont dû se tracer eux-mêmes.

Aux termes de la loi de 1819, constitutive de l'enseignement en Prusse, toute commune, si petite qu'elle soit, est obligée d'avoir une *école élémentaire*, complète ou incomplète, c'est-à-dire remplissant tout le programme prescrit par la même loi, ou les parties indispensables de ce programme. Toute école élémentaire du 1er degré se compose de trois divisions, dont l'enseignement complet dure six ans.

Toute ville est tenue d'avoir au moins une *école bourgeoise* (on verra plus loin en quoi consiste l'enseignement de ces écoles bourgeoises) ou plusieurs, selon sa population.

Les petites villes de moins de quinze cents habitants, qui ne pourraient suffire à la dépense d'une école bourgeoise, sont tenues d'avoir au moins des écoles élémentaires du degré inférieur suivant le nombre des enfants des deux sexes en âge d'aller à l'école.

Dans le cas où une ville ne pourrait entretenir séparément et dans des bâtiments distincts une école élémentaire et une école bourgeoise, il lui est permis de se servir des classes inférieures de l'école bourgeoise comme d'école élémentaire; de même, en cas de nécessité bien constatée, on peut employer à l'usage de l'école bourgeoise les classes inférieures du gymnase.

Dans les villes qui ont plusieurs écoles de divers degrés, l'autorité s'occupe de les organiser toutes conformément aux instructions ci-dessus, de telle sorte qu'elles se lient entre elles et forment un seul tout.

Ce sont les communes qui se chargent de tous les frais de construction ou d'appropriation des écoles, de l'achat du mobilier scolaire, de l'entretien de l'école et de ce qu'elle contient. En cas d'insuffisance de ressources, la province vient au secours de la commune.

IV

Les deux grands principes sur lesquels reposent essentiellement la constitution et les progrès de l'éducation populaire, la GRATUITÉ et l'OBLIGATION, sont depuis longtemps écrits dans les lois et consacrés par la pratique.

Tous les pères de famille, c'est-à-dire tous les

habitants d'une commune y ayant un ménage, sont tenus de payer la contribution fixée par les autorités communales pour la fondation et l'entretien des écoles. Nul ne peut se refuser à cette *taxe scolaire*, consacrée à un service qui tient le premier rang parmi les besoins de la commune sous le prétexte que les écoles de sa paroisse ou de sa confession sont en bon état. Il s'agit, en effet, de pourvoir à l'enseignement général de la commune, et toutes les écoles étant ouvertes à tous peuvent également profiter à chacun. Ce système, qui est celui des États-Unis, a l'immense avantage de ne pas établir de différence entre les habitants d'une même commune, dont les uns payeraient la rétribution scolaire et les autres en seraient exempts, moyennant un certificat d'indigence. L'impôt scolaire, perçu comme tous les autres impôts, étant payé par tous les habitants en proportion de leur fortune, donne à tous le droit de participer au bienfait des établissements qu'il permet de fonder et d'entretenir.

L'obligation imposée aux parents d'envoyer leurs enfants à une école publique ou privée, ou de leur faire donner dans leur maison l'instruction élémentaire, est reconnue non-seulement en Prusse, mais dans toute l'Allemagne, et en vérité cette obligation ne peut faire l'objet d'aucun doute pour toutes les personnes qui veulent sérieusement faire participer tous les enfants de leur pays aux bienfaits de l'instruction, parce qu'ils sont persuadés que c'est l'unique moyen d'assurer le bien-être matériel et d'élever le niveau moral d'une nation. N'est-ce pas au moyen de la participation commune de tous les esprits à la connaissance des droits et des devoirs qui incombent à tous les citoyens d'un État, qu'il est possible d'asseoir sur des fondements solides l'ordre politique et social?

Le devoir des parents d'envoyer leurs enfants aux écoles primaires est tellement enraciné dans toutes les habitudes légales et morales du pays qu'il est consacré dans un seul mot *Schulpflichtigkeit* (devoir d'école). Il répond dans l'ordre intellectuel au *Dienstpflichtigkeit* (service militaire). « Ces deux mots, a dit Victor Cousin, sont la Prusse tout entière. Ils contiennent le secret de son originalité comme nation, de sa puissance comme État et le germe de son avenir. Ils expriment, à mon gré, les deux bases de la vraie civilisation, qui se compose à la fois de lumières et de force. »

L'éloquent rapporteur ne prévoyait pas que la France expierait bien cruellement un jour le malheur de n'avoir pas été, comme la Prusse, dotée de cette double force : l'*enseignement obligatoire* et le *service obligatoire*. Si c'est là, comme il est permis de le croire, une des causes les plus réelles de son infériorité présente sur sa redoutable rivale, inspirons-nous du sentiment de notre patriotisme pour la faire disparaître.

La Prusse ne s'est point contentée d'écrire dans ses lois l'obligation morale pour les parents de donner à leurs enfants pour le moins une forte instruction élémentaire. En attachant à l'infraction de ces lois une pénalité sévère, elle n'a pas été arrêtée par la crainte d'attenter à la liberté des pères de famille. Dès le mois de janvier 1769, une circulaire du grand Frédéric leur avait imposé l'obligation de faire instruire leurs enfants. La loi de 1819 a établi les dispositions destinées à les y contraindre. « Les parents, y est-il dit, ou ceux de qui dépendent les enfants (et il faut comprendre sous ce titre les fabricants ou les maîtres qui prennent en apprentissage ou à leur service des enfants en âge d'aller à l'école) seront obligés de leur faire donner une instruction convenable depuis leur septième année jusqu'à l'âge de quatorze ans accomplis. Les comités et les autorités municipales feront tous les ans, après Pâques ou après la Saint-Michel, une enquête sur toutes les familles de leur circonscription qui, de notoriété publique, n'auraient pas pourvu à l'éducation particulière qu'ils doivent à leurs enfants, à défaut de l'éducation publique.

« Ils feront, à cet effet, un recensement de tous les enfants qui sont en âge d'aller à l'école. Les registres baptistères et ceux de l'état civil seront

ouverts au commencement de chaque année, et la
police devra les seconder, à cet égard, de tous ses
moyens.

« Les parents, tuteurs ou maîtres qui seront
trouvés en contravention seront d'abord rappelés à
l'accomplissement de leur devoir. Si les remontran-
ces ne sont pas suffisantes, on emploiera contre eux
des mesures de rigueur : les enfants pourront être
conduits à l'école par un agent de police. Les parents pourront être condamnés à des peines pro-
portionnées ou à des amendes, et, dans le cas où
ils seraient hors d'état de les payer, à la prison ou
à des travaux au profit de la commune. Les amendes seront prononcées par le comité de surveil
lance, prélevées au besoin avec l'aide de la police
et versées dans la caisse du comité. La police sera
chargée de l'application des autres peines.

« Toutes les fois qu'on prononcera la peine de la
prison ou des travaux pour la commune, on pour-
voira à ce que les enfants des condamnés ne restent
pas abandonnés pendant que leurs parents subiront
la peine qui leur aura été infligée.

« Les parents qui auront encouru ces condamna-
tions pourront, à la demande des comités de surveillance et comme surcroît de punition, être privés
de la participation aux secours publics. Cependant
les secours publics qui ont rapport à l'éducation
des enfants ne leur seront point retirés, mais

cesseront de passer par leurs mains. Ils seront incapables de prendre part à l'administration de la commune ou de remplir aucune fonction d'église ou d'école. Si toutes les punitions sont insuffisantes, on donnera aux enfants un tuteur particulier pour veiller à leur éducation, et un co-tuteur aux pupilles. »

« Dans chaque école, les noms des élèves absents sont inscrits sur un registre spécial, et chaque semaine l'instituteur est tenu d'envoyer sa liste au président du comité de surveillance. Pendant le cours de l'année scolaire aucun enfant ne peut se dispenser d'une seule classe sans la permission du directeur, qui peut l'accorder si l'absence ne doit durer qu'un jour ; mais si elle doit se prolonger plus longtemps, le directeur doit en référer au comité de surveillance qui seul a le droit d'en donner l'autorisation. »

Voilà sans doute des pénalités bien sévères. Elles attestent de la part du législateur une ferme volonté de combattre résolûment l'ignorance, de faire considérer l'instruction comme le plus grand des biens pour ceux qui la reçoivent, comme un devoir social pour les parents et les tuteurs, comme une condition essentielle de la force morale du pays. Que l'on se rassure, du reste, au sujet des conséquences que pourrait entraîner la sévérité de la loi.

« Ce système de pénalités, dit M. Baudouin dans

le rapport que j'ai déjà cité [1], n'est jamais ou presque jamais appliqué, parce qu'il n'y a pas lieu de
l'appliquer. Pendant le cours de l'année qui vient
de s'écouler (1864) le nombre des amendes infligées pour l'inobservation non motivée de la loi a
été, si ma mémoire est fidèle, de moins de dix pour
le royaume de Prusse tout entier, et la Prusse a
plus de dix-huit millions d'habitants : on peut donc
dire qu'il n'y a lieu d'appliquer aucune peine.

« Dans les Saxes et les Hesses, aucune absence
inexcusable n'a été constatée : c'est que l'instruction élémentaire fait partie aujourd'hui des institutions municipales, des habitudes, des besoins de la
population allemande. Les petits enfants voient
leurs aînés et les enfants de leurs voisins se rendre
régulièrement à l'école, sans mauvaise humeur,
sans répugnance, et en revenir paisiblement, gaie-
ment : ils sont déjà familiarisés avec l'idée d'aller à
l'école bien longtemps avant qu'ils soient soumis à
cette obligation.

« Ensuite, les parents, même les plus pauvres,
regardent l'instruction comme une nécessité, et,
en même temps, comme le bien le plus précieux
qu'ils puissent laisser à leurs enfants. Ils savent
qu'avec de l'instruction ces enfants pourront un
jour améliorer leur sort, trouver une position plus

1. Page 110.

lucrative ou plus honorable, et ils se privent volontiers, par devoir ou par affection, du profit qu'ils retireraient peut-être de leur travail pendant les cinq ou six heures qu'ils passent à l'école.

« L'instruction depuis longtemps répandue partout et généralisée a déjà fait ses preuves et donné des résultats presque palpables, que les populations des villes et des campagnes ont pu apprécier également. Au dehors le maintien des jeunes gens est meilleur et les rues ne sont plus remplies d'enfants, qui, comme il y a trente ans, vagabondaient tous les jours et faisaient des niches cruelles qui appelaient l'intervention de la police. Dans l'intérieur de la famille, plus grande est leur déférence à l'autorité paternelle, et ils ont aussi plus de respect pour les instituteurs qui ne sont plus obligés de recourir aux châtiments corporels.

« L'ivrognerie, qui était autrefois tellement fréquente qu'elle était devenue proverbiale, a presque disparu des mœurs de la génération actuelle.

« Enfin le nombre des crimes et des délits a sensiblement diminué. »

V

Cette question de l'*obligation* est assez importante pour que nous exposions comment elle a été résolue dans les autres parties de l'Allemagne.

Dans le royaume de Saxe, tout enfant qui entre dans sa sixième année doit aller à l'école, et la fréquenter pendant huit années entières sans interruption. (Loi de 1835 rappelée dans celle de 1851.)

Le pasteur de la paroisse à laquelle se rattache un district scolaire fait chaque année le relevé des registres de naissance et de baptême, et dresse la liste des enfants qui, étant entrés dans leur sixième année, se trouvent soumis à l'obligation scolaire. Huit jours avant la rentrée des classes, il fait, du haut de la chaire, lecture de la liste qu'il a dressée, et la remet au président du Comité de surveillance. Des dispenses peuvent être accordées en un petit nombre de cas. Nul ne peut retirer son enfant de l'école publique, sans justifier de son admission dans un autre établissement. Les parents peuvent d'ailleurs, à leur choix, ou faire élever leurs enfants chez eux, sous la direction d'un maître pourvu de diplôme, ou les placer dans une institution privée ; mais ils doivent prévenir l'autorité compétente et en avoir reçu l'autorisation.

Tout chef de famille qui n'envoie pas ses enfants à l'école publique, et qui ne leur fait pas donner chez lui ou ailleurs une instruction équivalente, encourt une amende de 25 gros à 5 écus (3 fr. 90 c. à 18 fr. 75 c.) ou la peine d'emprisonnement.

Si un enfant s'est absenté de l'école sans motifs trois fois dans un mois, son père ou son tuteur est

passible d'une amende de 25 gros à 2 écus 1/2
(3 fr. 90 c. à 9 fr. 35 c.) ou d'un certain nombre
de jours de prison.

Le chiffre de l'amende ou le nombre de jours de
prison varie et augmente proportionnellement aux
récidives.

Aucun enfant ne peut quitter l'école primaire
.pour entrer dans la vie pratique, se livrer à l'agriculture ou se mettre en service, s'il ne présente le
certificat de confirmation.

Les maîtres de maison, chefs de fabrique, etc.,
qui prennent des apprentis chez eux, contractent
l'engagement de les instruitre ou de les faire instruire par des contre-maîtres dans toutes les branches industrielles, professionnelles ou commerciales
pour lesquelles ils ont été engagés, et ils ne peuvent
les employer aux occupations domestiques que
lorsqu'elles ne nuisent pas au but spécial qu'ils se
sont proposé en entrant dans leur maison.

· Les maîtres sont responsables de la moralité de
leurs apprentis, et ils doivent leur laisser, les dimanches et fêtes, le temps nécessaire pour qu'ils puissent se rendre assidûment aux écoles du dimanche,
ou *écoles de perfectionnement.*

Tout fabricant qui occupe plus de vingt personnes, les femmes et les enfants compris, doit tenir
un état exact des enfants soumis à l'obligation scolaire, sur lequel sont inscrits leurs noms et leur âge,

le domicile de leurs parents, etc. L'autorité a le droit de se faire présenter les enfants pour s'assurer que l'obligation est régulièrement accomplie.

L'inobservation des prescriptions précédentes est punie d'une amende qui peut s'élever jusqu'à 18 fr., et l'autorité judiciaire qui a prononcé la peine, en avertit sans retard la police du domicile du contrevenant.

En Saxe comme en Prusse, les peines édictées par la loi sont presque toutes tombées en oubli. Elles sont en effet devenues inutiles, car tous les enfants vont à l'école; et l'on peut affirmer que, dans cette partie de l'Allemagne, il n'existe pas aujourd'hui *un seul* habitant qui soit entièrement dépourvu d'instruction.

Dans les quatre duchés de Saxe, l'instruction a été déclarée obligatoire : dans celui de MEININGEN, de temps immémorial; dans celui d'ALTENBOURG en 1807; depuis longtemps dans les grands-duchés de WEYMAR et de GOTHA. Il est inutile de dire que les moyens coercitifs édictés dans la loi ne reçoivent jamais leur application, tant le besoin de s'instruire a pénétré profondément dans toutes les classes de la nation. On en peut juger par quelques faits bien remarquables. Le duché d'Altenbourg, moins grand que la moitié d'un de nos départements, peuplé de 130,000 habitants environ, possède 1 gymnase, 1 lycée, 1 *reaschule*, 1 école normale, 1 *bürgers-*

chule supérieure pour les jeunes filles, et 180 *volksschulen* (écoles élémentaires), occupant 7 institutrices et 273 instituteurs, dont les traitements s'élèvent ensemble à 260,900 fr.

Le duché de Meiningen, peuplé de 165,000 habitants, possède 3 gymnases, 2 *realschulen*, 2 écoles normales, 1 école forestière, 1 maison pour l'instruction des orphelins, 1 école de sourds-muets, 4 écoles d'agriculture et d'économie rurale, 17 écoles bourgeoises, 3 écoles supérieures pour les filles, 8 écoles primaires israélites et 40 protestantes. Le traitement des instituteurs y varie de 750 à 1,928 fr., le logement non compris.

Quant aux duchés de Saxe-Weymar et de Saxe-Cobourg-Gotha, déjà si célèbres pour les grands écrivains qui y ont vécu et leurs hautes écoles d'enseignement, l'instruction primaire, comme on peut bien se l'imaginer, n'y est ni moins encouragée, ni moins répandue.

Le premier, avec ses 286,542 habitants, a 2 écoles normales, 1 séminaire de philosophie, 3 gymnases, 3 *realschulen*, 1 école des forêts fort estimée, 1 institut pour les aveugles et les sourds-muets, 80 écoles bourgeoises et 404 écoles primaires, occupant 642 instituteurs.

Le duché de Saxe-Cobourg-Gotha ne possède que 101,000 habitants. On y trouve 14 écoles d'arts et métiers, 2 gymnases, 1 progymnase, 2 *realschulen*,

1 école de commerce, 1 école d'agriculture, 1 iu-
stitut de sourds-muets, 2 écoles normales,.4 écoles
supérieures pour les jeunes filles. et 242 écoles élémentaires avec 360 instituteurs. Il faut ajouter à
ces établissements des quatre duchés au moins plusieurs centaines d'institutions privées; et ces quatre
duchés réunis ont une population de 732,540 habitants, c'est-à-dire un peu plus que n'en contient le
département du Pas-de-Calais, et un peu moins que
celui de la Seine-Inférieure.

Dans la HESSE-ÉLECTORALE, où l'instruction primaire a été rendue obligatoire par la loi du 22 octobre 1827, lorsqu'un enfant n'arrive pas à l'école
à l'heure voulue, l'appariteur doit aller le chercher,
et les parents sont tenus de lui donner une gratifica-
tion de 2 kreutzers (10 centimes) pour sa course.
Si le domicile de l'enfant est trop éloigné, l'appariteur n'est pas obligé de s'y rendre. Lorsque, dans le
courant d'un semestre les amendes successives forment une somme de deux florins (4 fr. 28 c.), et que
dans le trimestre suivant une absence est dénoncée
au conseil scolaire, l'amende est de 5 florins. Le
produit des amendes doit être employé à acheter
des livres de classe, qui sont donnés aux enfants
pauvres, et si, à la fin de l'année, il se trouve un excé-
dant, le conseil scolaire achète des vêtements que
l'on distribue à titre de récompense aux plus néces-
siteux.

En cas de non-payement de l'amende, la peine est convertie en journées de travail au profit de la commune, sans que le délinquant puisse être contraint de faire plus de trois jours de *prestations* par semaine.

Le refus de prestation entraîne la peine de trois jours d'emprisonnement, outre l'amende, qui doit toujours être payée intégralement et dont le receveur communal poursuit le recouvrement par les voies ordinaires.

VI

En BAVIÈRE, l'obligation date de 1856 ; tous les enfants doivent fréquenter assidûment les écoles allemandes : les écoles des jours variables, depuis l'âge de six ans jusqu'à treize, et celles du dimanche depuis treize ans jusqu'à seize ans accomplis.

Tous, sans distinction de sexe, doivent, dès qu'ils ont atteint cet âge, demander un certificat de congé, seule preuve authentique de l'accomplissement de l'obligation scolaire. Tous ceux qui, n'ayant pas subi avec succès l'épreuve de l'examen public, ne reçoivent pas ce certificat, doivent continuer à fréquenter l'école. Cette obligation s'étend aussi à l'enseignement religieux. Les enfants doivent depuis l'âge de six ans jusqu'à seize ans accomplis, assister les dimanches et fêtes aux instructions religieuses

2

qui sont adressées aux habitants de la paroisse. Comme ce sont encore les curés des paroisses qui tiennent les registres de baptême et de l'état civil, ce sont eux qui dressent les listes annuelles du contingent scolaire. Ces listes sont lues en chaire et remises à l'instituteur qui note les absences.

Sont punis d'un emprisonnement de trois jours au plus et d'une amende de 10 florins, les pères de famille, pères nourriciers ou adoptifs, tuteurs, maîtres et patrons, qui, sans excuse valable, négligeraient d'envoyer leurs enfants, enfants adoptifs, pupilles, domestiques et apprentis, à l'école, après avoir été avertis à diverses reprises par l'autorité compétente, prévenus par la police et condamnés à l'amende.

Un emprisonnement de trois jours peut aussi, sur la demande de la direction des écoles, être infligé à ceux qui manquent volontairement et fréquemment d'assister à l'instruction du dimanche pendant la période de temps prescrite par la loi.

« Aujourd'hui, dit M. l'inspecteur général Baudouin [1], il est impossible et il n'arrive jamais qu'un sujet bavarois puisse se soustraire à l'obligation d'envoyer ses enfants à l'école. Aussi la proportion de ceux qui ne savent pas lire, écrire et compter, n'est elle que de 5 p. 0/0. »

---

1. Rapport cité, p. 253.

L'instruction obligatoire, sanctionnée par les mesures administratives prescrites, qui sont en vigueur dans les autres États d'Allemagne, l'avertissement, l'amende et la prison, existe dans le royaume de WURTEMBERG, ayant une population de 1,822,926 habitants, tous de race allemande.

Le clergé de ce petit État, auquel le concordat de 1807 donne de grands pouvoirs, possède 9 établissements d'instruction religieuse, 6 séminaires ordinaires dont 4 protestants et 2 catholiques, 2 séminaires supérieurs, l'un protestant, l'autre catholique.

L'instruction y est répandue uniformément dans toutes les classes de la société, et les instituteurs y ont une position meilleure que dans les autres pays de l'Allemagne. Il possède 8 *realschulen* du premier ordre, 46 du second ordre et 2,337 écoles primaires, parmi lesquelles 1,455 protestantes, 870 catholiques et 12 israélites.

Le Wurtemberg a de plus, outre sa célèbre université de Tubinge, 1 école polytechnique, 1 école des beaux-arts, 1 école forestière, 1 école d'architecture, 1 école vétérinaire, 3 lycées sans cours de philosophie, 4 lycées complets, 3 écoles normales, 4 d'agriculture et 7 gymnases, 60 écoles latines ou progymnases.

En AUTRICHE, l'instruction primaire est obligatoire et presque gratuite. C'est une charge essentiellement communale, comme dans les autres États d'Allemagne. La pénalité attachée à l'infraction de l'obligation scolaire y est plus sévère que partout ailleurs, car l'autorité a droit non-seulement de donner des avertissements, de faire des réprimandes, d'imposer des amendes qui peuvent être converties en prestations au profit des communes et même d'infliger plusieurs jours de prison, mais encore de faire du certificat d'instruction une condition nécessaire pour entrer en apprentissage et pour se marier.

Aucun fabricant, restaurateur, brasseur, etc., ne peut employer dans son établissement des enfants au-dessous de dix ans, et par conséquent soumis encore à l'obligation scolaire, à moins qu'ils n'aient suivi pendant un an l'école du peuple ; et ceux qui occupent des enfants âgés de dix ans doivent les envoyer aux cours du soir.

Les pays allemands (Autriche propre, Salzbourg, Styrie, Carinthie, Carniole, etc.), ont en moyenne une école par 100 enfants ; par conséquent toutes les communes d'environ 500 âmes ont une école. Mais dans les provinces slaves et romanes, qui sont un peu éloignées de la capitale, un grand nombre de paroisses n'en n'ont pas encore, malgré le zèle que le gouvernement autrichien déploie depuis quelques années pour étendre partout l'instruction élémentaire.

VII

Le grand-duché de BADE, dont la population est de 1,357,200 habitants, possède, outre les universités célèbres de Fribourg et de Heidelberg, l'école polytechnique de Carlsruhe, et un nombre considérable d'établissements de tout genre. Mais, jusque dans ces derniers temps, les progrès de l'instruction primaire avaient été loin de marcher de pair avec ceux de l'enseignement secondaire et de l'enseignement supérieur, bien que, dès 1835, cette instruction eût été déclarée obligatoire.

Le gouvernement, surpris de voir que, malgré sa sollicitude pour les écoles primaires et les encouragements qu'il leur prodiguait, ses efforts étaient frappés d'impuissance, nomma en 1862 une Commission chargée d'en étudier la cause. A la suite d'un lumineux rapport du président de cette Commission, M. Kniess, la chambre des députés vota, à l'unanimité moins deux voix, le 6 juin 1864, une loi qui a déjà porté ses fruits et singulièrement amélioré l'instruction populaire. Si l'enseignement primaire avait, suivant l'énergique expression du rapporteur, végété dans une humiliante médiocrité, tandis que l'enseignement moyen avait fait depuis vingt ans des progrès remarquables, c'est que les écoles primaires, entièrement soumises au clergé,

2.

n'avaient été traitées que comme des écoles élémentaires de religion, et non comme des écoles publiques destinées à instruire le peuple et à former des *citoyens*. Dans chaque commune, le curé étant inspecteur local, tenant l'instituteur sous sa dépendance immédiate, se trouvait être le vrai chef, le seul maître d'école. Il s'ensuivait que, sur huit ou douze heures (d'après le plan d'étude) de leçons par semaine données aux enfants, l'enseignement religieux en prenait plus de la moitié. Cet état de choses a cessé, par suite des considérants présentés par la Commission, et dont il est utile de reproduire ici les termes :

« Tout village qui a une école primaire, y est-il dit, a aussi deux sortes d'inspecteurs : le Conseil d'école, composé de quelques habitants et l'inspecteur d'école, c'est-à-dire le curé (ou le pasteur) du village. Il résulte de la simultanéité de ces deux autorités égales dans la même localité des dissensions intestines, souvent des querelles ouvertes et des tiraillements administratifs qui troublent l'instituteur, dépeuplent l'école et abaissent graduellement le niveau de l'instruction. En effet, l'instituteur, nommé par l'État, doit obéir au maire qui représente l'autorité civile dans la commune ; mais en même temps il est obligé de tout faire pour conserver les bonnes grâces du curé qui, en sa qualité d'inspecteur, peut le destituer sans appel possible à

l'inspecteur. du district, attendu que celui-ci est
toujours un des curés du district et par conséquent
un des amis du curé de la commune. Le pauvre
instituteur, placé entre ces deux pouvoirs jaloux de
leur influence locale et toujours rivaux, même
quand ils s'entendent, est préoccupé, non pas de
faire faire de rapides progrès à ses élèves, mais de
louvoyer prudemment entre les deux, pour ne se
heurter ni à l'un ni à l'autre. Ne vaudrait-il pas
mieux laisser le curé tout entier aux soins de son
église et charger de l'inspection locale le maire et
les plus intelligents parmi les habitants du village?

Mais s'il est urgent de changer l'organisation de
l'inspection locale, il ne l'est pas moins de changer
celle de district.

Les fonctions d'inspecteur de district, en effet,
sont gratuites, et c'est un des curés du district qui
en est chargé.

Aux inconvénients que je viens de signaler et
que l'on retrouve dans la paroisse de l'inspecteur
de district, viennent s'en joindre de nouveaux.
L'inspecteur de district, avons-nous dit, doit visiter
les écoles du district, présider les conférences des
instituteurs, examiner les élèves des écoles normales, adresser des rapports fréquents à l'autorité
centrale, etc., etc., or il est matériellement impossible qu'il puisse suffire à l'accomplissement de
tant de devoirs. S'il s'occupe consciencieusement de

la direction de sa paroisse, de faire son catéchisme, de dire ses offices, de rédiger ses instructions, de visiter ses malades, il n'aura pas le temps de parcourir le district en tous sens pour inspecter les écoles, de présider les conférences, etc.

Le gouvernement, obligé de former de bons citoyens, des hommes capables d'apporter un jour leur part d'action à la direction générale des affaires communes, ne peut donc laisser subsister plus longtemps l'organisation actuelle et doit remettre l'inspection à des hommes spéciaux qui consacreront tout leur temps à leurs importantes et difficiles fonctions.

C'est dans ce sens que la question a été résolue dans la loi remarquable à tous égards qui régit aujourd'hui l'instruction primaire dans le grand-duché de Bade.

Le clergé, dépossédé de l'influence qu'il avait exercée depuis longtemps, s'opposa de tout son pouvoir à l'exécution de cette loi. Il déploya une activité infatigable pour empêcher la mise en pratique de l'article 20, qui lui enlevait l'inspection des écoles. Il déclara qu'il refuserait les sacrements à ceux qui oseraient élire les inspecteurs scolaires. L'archevêque de Fribourg publia aussi plusieurs lettres pastorales pour dénoncer à l'opinion publique l'impiété de la nouvelle loi, et le Saint-Siége même crut devoir menacer d'excommunication la

Commission avec son président et le gouvernement lui-même ! Les habitants du grand-duché s'empressèrent d'user du droit que leur conférait une loi, qui devait avoir pour résultat de relever l'enseignement primaire et de développer avec l'instruction populaire la prospérité du pays, et sur 1720 communes 60 seulement refusèrent d'élire les comités et les inspecteurs scolaires.

Un grand nombre de citoyens éclairés et recommandables appartenant à différentes confessions auraient désiré que l'on allât plus loin. Ils sollicitèrent le gouvernement d'enlever tout caractère confessionnel aux écoles primaires, de fondre les diverses écoles en une seule, dont tout enseignement religieux fût exclu, et dans laquelle par conséquent les pères de famille, à quelque religion qu'ils appartinssent, pussent envoyer leurs enfants.

La Commission n'a pas cru devoir proposer une mesure qui, partout où il existe différents cultes, sauvegarde la liberté de conscience et qui a généralement été adoptée par les pays chez lesquels la religion est le plus en honneur[1].

L'enseignement primaire n'a été rendu obligatoire pour tous dans les provinces rhénanes qu'en 1825 ;

---

1. J'aurai l'occasion de traiter plus spécialement, dans le chapitre consacré aux écoles primaires, la question des rapports qui existent entre l'Église et l'État, d'une part, et les établissements d'instruction publique, de l'autre.

et pendant longtemps l'intervention de l'État rencontra une opposition qui rendit difficile l'application de la loi scolaire. L'instruction est donc moins développée dans les provinces rhénanes que dans la partie septentrionale du royaume, et l'unité de l'enseignement y est aussi moins parfaite.

Il résulte de ce qui précède que partout où l'enseignement a été déclaré obligatoire les progrès de l'instruction et le développement moral, qui en est la conséquence, se sont produits d'une manière éclatante; et sur ce point, le spectacle que nous offre l'Allemagne est identique à celui que présentent le Danemark, la Suède, la Suisse et les autres pays chez lesquels ce principe salutaire a reçu une consécration légale. Si l'on compare ces résultats avec ceux que l'on peut constater en Belgique, en Angleterre, dans le canton de Genève, et (je le dis avec un profond regret) en France, ainsi que dans tous les pays qui reculent devant l'adoption de ce principe, il sera, ce me semble, impossible de ne pas reconnaître que les plus puissantes considérations militent en faveur de l'instruction primaire obligatoire.

Il ne faut pas se dissimuler que, partout où elle est combattue, ses adversaires cèdent, souvent sans le vouloir, à des préoccupations politiques que le temps seul fera disparaître. Il est même fâcheux que les débats suscités en ce moment en France par cette question fassent perdre un temps précieux que l'on pourrait consacrer à l'amélioration des écoles elles-mêmes et à l'étude des moyens de faire apprécier l'utilité de l'instruction à tous ceux qui malheureusement ne la comprennent pas encore. Notre enseignement public à tous les degrés réclame des modifications importantes et nombreuses. Les familles, si intéressées dans la question, se sont tenues jusqu'à présent dans un état d'indifférence dont il faut à tout prix les faire sortir. L'insuffisance des ressources que le budget de l'État peut mettre au service de l'instruction publique, quelle que soit sa bonne volonté, exige impérieusement que partout il soit fait appel à l'initiative privée et qu'une large part soit assurée aux communes et aux départements dans l'organisation des écoles et des colléges.

C'est à ce point de vue que la connaissance de ce qui se pratique en Allemagne, la manière dont sont divisées et réparties les différentes branches de l'enseignement, l'emploi des méthodes, le choix des maîtres, l'organisation des établissements pédagogiques, offrent un degré d'intérêt et d'utilité que personne ne pourra, je pense, révoquer en doute.

L'instruction populaire se compose, dans les États allemands, de trois séries par lesquelles passent les enfants, depuis le premier âge jusqu'à 15 ans : de 2 à 6, *salles d'asile ;* de 6 à 10, *écoles primaires ;* de 10 à 15, *écoles bourgeoises.* L'enseignement complet comprend la religion, la langue maternelle, l'écriture, l'arithmétique, la géographie, la physique, l'histoire naturelle, le dessin, la gymnastique, le travail manuel et le chant.

Ce système d'éducation, pratiqué depuis soixante ans sous la surveillance des autorités municipales chargées par la loi de pourvoir avant toute autre dépense aux besoins des écoles, a porté ses fruits. Toute la nation, qui les connaît et les apprécie, en est justement fière ; en présence de la prospérité croissante des établissements non moins célèbres par leur nombre que par l'excellence des méthodes et le mérite de leurs professeurs, les autres peuples ont dû nécessairement tourner leurs regards vers un pays où l'instruction est si répandue et l'amour de l'étude si universel.

Il faut bien le reconnaître, ce zèle pour l'instruction populaire, ce désir de savoir répandu dans toutes les classes de la société, cette haute culture intellectuelle, cet esprit d'investigation qui a permis de pénétrer librement dans le vaste domaine de la science, ont été singulièrement aidés par la révolution religieuse du xvie siècle. Le libre examen, qui est l'essence même du protestantisme et qui impose l'obligation de lire, d'étudier et de commenter les livres saints, a fait naître partout la nécessité de s'instruire, et les ministres du culte, loin de se trouver sur ce point en désaccord avec la société laïque, loin de redouter la diffusion des lumières et le développement de la raison individuelle, ont été les premiers intéressés à multiplier les écoles, à condition toutefois qu'ils les dirigeraient eux-mêmes, comme nous le verrons.

On connaît la lettre adressée par Luther, en 1624, aux conseils de toutes les villes d'Allemagne :

« Chers Messieurs, puisqu'il faut annuellement tant dépenser pour arquebuses, routes, escaliers, digues, etc., afin qu'une ville ait la paix et la commodité temporelles, à plus forte raison devons-nous dépenser en faveur de la pauvre jeunesse nécessiteuse, pour entretenir un habile homme ou deux comme maîtres d'école. Toute la force et la puissance de la chrétienté est dans sa postérité, et si l'on néglige la jeunesse, il en sera des églises chrétiennes comme d'un jardin qui est négligé au printemps. On trouve des gens qui servent Dieu par beaucoup de pratiques étranges ; ils jeûnent, portent des cilices, et font mille choses par piété ;

3

mais ils manquent au vrai service divin qui est de
bien élever leurs enfants, et ils font comme autrefois les juifs qui abandonnèrent le temple de Dieu
pour sacrifier sur les hauteurs.

« Crois-moi, il est bien plus nécessaire que tu
prennes soin de bien élever tes enfants que d'obtenir
l'absolution, de prier, d'aller en pèlerinage et
d'exécuter des vœux.

« Mon opinion est que l'autorité est tenue de
forcer les sujets d'envoyer leurs enfants à l'école.
Si elle peut obliger les sujets valides à porter l'ar-
quebuse, à monter sur les remparts et à faire tous
les services de la guerrre, à plus forte raison peut-
elle et doit-elle forcer les sujets d'envoyer leurs
enfants à l'école, parce qu'ici il s'agit d'une guerre
bien plus terrible avec le satané démon.

« Et moi-même, si je pouvais ou si je devais
renoncer à mon ministère de prédicateur et à mes
autres occupations, il n'est pas de métier que je fe-
rais plus volontiers que celui de maître d'école ou
d'instituteur. Car je crois qu'après la prédication
c'est là le ministère le plus utile, le plus grand et
le meilleur, et encore ne sais-je pas lequel des
deux doit passer le premier. »

Encouragée et fondée en quelque sorte à la voix
du réformateur par le clergé protestant, héritier de
la toute-puissance et des priviléges du catholicisme,
l'instruction populaire a été depuis cette époque

presque exclusivement placée sous sa direction.

L'instruction en Allemagne, comme dans tous les pays protestants, est donc essentiellement religieuse. « Le clergé, dit M. Cousin, se montre constamment zélé, passionné même, pour l'instruction publique ; en revanche les laïques ont une déférence naturelle pour l'autorité ecclésiastique ; une mutuelle confiance enracinée dans les mœurs met à la fois la religion sous la protection des lumières et les lumières sous celle de la religion. »

M. Cousin s'abandonnerait moins sans doute à son optimisme en présence de la lutte qui existe maintenant entre les deux autorités qui se disputent et se disputeront longtemps encore, en Allemagne, comme partout ailleurs, le gouvernement de l'enseignement populaire.

Dans presque toutes les réunions d'instituteurs qui ont lieu fréquemment en Prusse, cet antagonisme se manifeste quelquefois d'une manière assez violente. Le bulletin de la société Franklin, du 15 octobre 1871, a rendu compte d'une de ces réunions qui avait lieu à Berlin et à laquelle assistèrent plus de 3,000 instituteurs appartenant à tous les cultes et à tous les pays allemands. Les représentants de l'enseignement libre et laïque déclarèrent qu'il leur était impossible de supporter plus longtemps le joug de la réglementation prussienne, assurant à l'Église une prépondérance qui pèse au-

jourd'hui plus que jamais sur l'instituteur. Le
clergé trouva un champion ardent et convaincu
dans la personne d'un instituteur missionnaire de
Berlin qui, après avoir accusé les instituteurs laïques
d'avoir insulté « notre mère Eglise allemande et
évangélique », déclara nettement que l'Église allemande étant l'aînée de la pédagogie, celle-ci ne
pouvait exister en dehors d'elle, et que par conséquent l'école et l'église étaient liées par un nœud
indissoluble.

Nous sommes accoutumés en France à trouver
en général chez nos ministres protestants un libé-
ralisme et un esprit de tolérance qui les rappro-
chent étroitement de la société laïque, à laquelle
d'ailleurs leur titre de pères de famille les attache
encore plus entièrement, au nom de leurs intérêts
les plus chers. Mais le spectacle qu'offre la France, à
cet égard, nous sommes obligés d'avouer que nous
le chercherions en vain dans les pays où les religions dissidentes se trouvent en majorité, comme
elles le sont en Angleterre, en Prusse et dans
d'autres contrées de l'Allemagne. En France, le
clergé protestant partage bien volontiers la direction de l'instruction populaire avec la société laïque ; mais dans les pays dont je parle, ce n'est qu'au
prix des plus grands efforts que cette société parvient à s'y assurer une place ardemment disputée.
Ce n'est pas se hasarder beaucoup que de dire qu'en

Prusse, l'autorité ecclésiastique n'a pas d'autre idéal que celui de s'attribuer exclusivement le droit d'enseigner. Ce sont là des tendances qu'il est impossible de ne pas reconnaître et dont on ne saurait trop déplorer les effets.

En France, le clergé catholique, plus disposé à placer l'enseignement religieux sous l'autorité de la foi que sous celle de la science, n'a jamais attaché autant d'importance que le protestantisme à l'instruction populaire : l'exemple de l'Italie, de l'Espagne et de tous les pays où il a exercé un pouvoir non contesté atteste suffisamment son peu de souci pour combattre dans les masses l'ignorance qu'on l'a même plus d'une fois accusé de favoriser systématiquement. Depuis que les progrès de la société laïque ont eu pour résultat un immense besoin d'instruction, il a tout naturellement cherché à diriger le mouvement, auquel nulle opposition n'était possible et, à côté des écoles laïques, il a érigé des établissements inspirés et dirigés par lui.

Il avait le droit d'engager une lutte loyale contre les établissements fondés par l'État, et de s'efforcer même de les surpasser par l'excellence de ses méthodes et de son enseignement. Il pouvait exiger de ses instituteurs congréganistes un degré de savoir constaté aux yeux du public par l'obligation de subir les épreuves imposées aux instituteurs laïques. C'est ainsi que l'ont entendu les hommes in-

telligents qui ont créé des écoles préparatoires des
hautes études dirigées par des ecclésiastiques pourvus de tous les grades universitaires. Mais les
mêmes précautions n'ont pas été prises à l'égard
de l'instruction populaire. Les lettres d'obédience
ont été jugées suffisantes, et l'on a dédaigné les
diplômes délivrés par les jurys d'examen. Personne
n'ignore, d'ailleurs, qu'en attaquant par tous les
moyens l'enseignement laïque et universitaire, on .
n'a cessé de faire entendre aux familles qu'une
instruction religieuse et morale ne pouvait être
donnée aux enfants que dans les écoles entièrement
soumises à la surveillance du clergé.

Comment serait-il possible qu'en présence des
prétentions si souvent manifestées de rendre l'enseignement exclusivement ecclésiastique, il ne se
fût pas élevé partout des prétentions opposées, réclamant un enseignement exclusivement laïque ?

Lorsqu'à une époque comme la nôtre deux éléments sociaux égaux en nombre, en force, en influence, se trouvent en lutte, animés l'un et l'autre
du désir de supplanter l'élément rival, il est profondément triste de voir que celui qui triomphe
n'établit sa domination passagère que pour se la
voir enlever au moindre revirement de la fortune.
Il faudrait, dans un pareil état de choses, qu'un
pouvoir modérateur, fort de l'appui national, pût
ouvrir à la liberté une carrière assez large, pour

que les deux éléments rivaux renonçassent à des
prétentions exclusives, et concourussent en commun
à une œuvre dans l'accomplissement de laquelle est
engagé le salut du pays. Mais ce n'est pas ici le lieu
d'énumérer les conditions d'un accord si désirable
et malheureusement si difficile à réaliser. Ce qu'il
y a de certain c'est que la lutte existe, sans que
l'on puisse en prévoir la fin ; car ce n'est pas seulement dans le domaine de l'éducation publique que
se manifeste l'antagonisme qui divise la société en
deux partis, dont l'un ne voit le salut du pays que
dans un retour vers le passé et dont l'autre est
plein d'espérance pour les destinées nouvelles que
lui ouvrent les aspirations du monde moderne.

Quoi qu'il en soit, le bien produit en Allemagne
par cet accord entre le clergé, qui n'a pas hésité
à déclarer l'instruction obligatoire, et la société laïque, qui lui en a jusqu'à présent confié la direction
presque exclusive, n'a pas été perdu. Quelque puis-
sauts, en effet, que soient les motifs sur lesquels se
fonde la raison pour établir la nécessité de l'instruction, ils ne sauraient avoir autant d'autorité que ceux
qui s'imposent au nom de la religion. Maintenant,
quand bien même la foi cesserait d'être pour l'Allemagne le mobile qui l'a engagée à fonder des
écoles, elle n'en apprécierait pas moins les bienfaits
de l'instruction dont elle a appris à connaître les
effets civilisateurs. « Il en est, dit très-spirituelle-

ment M. Bréal, de la nécessité de l'enseignement comme de ces prescriptions de la morale qui ont été placées, à l'origine des sociétés, dans la bouche même des dieux et qui ont pénétré assez profondément dans les esprits pour qu'elles puissent aujourd'hui se maintenir au nom de la raison et de l'utilité générale. »

L'instruction publique en Prusse et en Allemagne comprend les établissements suivants :

I. — Les salles d'asile, ou écoles gardiennes, désignées sous le nom gracieux de jardins d'enfants, *Kindergärten*, occupant des bâtiments entourés de jardins où sont reçus les enfants de deux à six ans.

II. — Les écoles primaires ou élémentaires, ouvertes à tous les enfants obligés par la loi de les fréquenter, lorsqu'ils ont atteint leur sixième année.

III. — Les écoles bourgeoises, *Bürgerschulen*, continuant l'enseignement de l'école primaire et fréquentées pendant trois ou quatre ans par les enfants qui doivent en suivre tous les cours jusqu'à l'âge de quinze ans accomplis.

(Dans les villages pauvres ou trop petits pour avoir une *Bürgerschule*, les enfants restent à l'école primaire jusqu'à la confirmation. On doit en-

voyer dans ces petites localités des instituteurs
assez instruits pour donner un enseignement équivalent autant que possible à celui des écoles bourgeoises.)

IV. — Les écoles réelles, *Realschulen*, dont le
nom, quoi qu'en disent les Allemands, n'indique pas
très-clairement la nature, donnant un enseignement
qui correspond en plusieurs points à celui des établissements fondés récemment en France sous le
nom d'*enseignement secondaire spécial*. Elles sont
destinées principalement aux jeunes gens qui se
préparent à entrer dans les professions commerciales et industrielles, dans certaines branches de
l'administration, ou dans les écoles supérieures qui
y conduisent.

V. — Les établissements d'enseignement secondaire classique, ceux qui rendent les jeunes gens
aptes à suivre les cours publics des professeurs de
faculté nommés gymnases, *gymnasien*, et correspondant aux classes d'humanités et aux classes
supérieures de nos lycées.

VI. — Les écoles professionnelles, techniques,
commerciales et industrielles.

VII. — Au-dessus de tous ces établissements,
les *universités*, réunissant les quatre facultés de
théologie, de droit, de médecine et de philosophie.

Je passerai rapidement en revue ces différentes branches de l'instruction publique, en montrant leurs rapports avec chacun de nos établissements du même degré et les différences qui les en distinguent. Je consacrerai un chapitre spécial aux écoles d'enseignement pour les jeunes filles.

CHAPITRE II

SALLES D'ASILE, OU JARDINS D'ENFANTS (KINDERGÄRTEN)

On ne saurait attacher trop d'importance à ces maisons où les enfants du premier âge sont confiés à de jeunes directrices essayant de suppléer quelquefois d'une manière avantageuse, par une affection intelligente, aux soins que ne peut leur donner dans leur propre famille la tendresse maternelle que d'ailleurs rien ne peut remplacer complétement. Quand on songe à la toute-puissance qu'exercent sur l'avenir des enfants les premières impressions qu'ils reçoivent, on ne peut s'empêcher de faire des vœux pour voir se multiplier ces riants asiles où se manifestent les premières lueurs de l'intelligence, où le cœur reçoit ses premières inspirations, où se contractent enfin des habitudes qui doivent influer en mal ou en bien sur le reste de la vie.

Imagine-t-on tout ce que l'on peut faire, depuis l'âge de deux ans jusqu'à six, de ces jeunes natures tendres, impressionnables, qui, comme une cire flexible, se prêtent à toutes les formes qu'une main habile saura leur donner? La plupart des enfants qui, à l'âge de six ou sept ans, entrent dans les écoles primaires, y apportent des dispositions souvent dues au hasard des circonstances, du moins sans qu'une direction raisonnée et méthodique les ait préparés aux études qui vont leur être imposées. Quelle heureuse préparation ne trouveraient-ils pas dans les établissements où on leur apprend d'avance à partager avec des amis du même âge les jeux et les enseignements dont ils auront d'autant plus profité qu'ils n'en auront, grâce à d'ingénieuses méthodes, connu que les attraits et les charmes ! Quel inappréciable avantage ne leur procure-t-on pas en leur faisant aimer et désirer l'école pendant les années qui précèdent celles où ils devront y entrer !

Cette initiation ne peut être convenablement donnée que par les femmes. Elles seules peuvent imiter la mère,

Qui redevient enfant pour amuser le sien.

Elles seules peuvent se montrer à la fois dévouées, douces, enjouées, patientes et au besoin ingénieuses, pour diriger ces petits êtres si intéressants dont on ne peut s'occuper utilement que si l'on se sent pour eux dans le cœur une tendresse réelle. Ces qualités que les Allemands recherchent avant

tout dans les jeunes filles préposées au gouvernement de leurs *jardins d'enfants*, tous ceux qui
connaissent nos salles d'asile les trouvent à un très-
haut degré dans les institutrices françaises. C'est
du moins pour ma part un témoignage que je
puis leur rendre et que peut leur rendre, encore
avec plus d'autorité que je ne le pourrais faire, la
femme distinguée qui depuis plusieurs années a
formé pour les salles d'asile de Paris et des départements un si grand nombre de sujets [1].

L'aptitude des femmes pour l'enseignement est
incontestable. On l'a vu par ce que j'ai dit des
institutrices des États-Unis où elles forment les
deux tiers des personnes qui s'occupent d'enseignement.

Dans les conférences faites à la Sorbonne aux
instituteurs venus à Paris pour l'exposition universelle de 1867, des hommes versés dans la connaissance des méthodes et connaissant tous les
besoins de l'instruction primaire, ont dit d'excellentes choses et dans les meilleurs termes [2]. Les
conférences les plus intéressantes à mon gré sont
celles que l'on doit à une femme, à madame Pape-

---

1. Madame Pape-Carpentier, inspectrice générale des salles
d'asile, et directrice du Cours pratique établi à Paris.

2. Ces conférences ont été faites par MM. Maggiolo, Marcotte,
Sandoz, Rondelet, Pompée, Cadet, G. Pillet, Malgras, Gasquin,
Gallard, Charles Robert, Théry, Charbonneau et Eugène Rendu.

Carpentier. Son exposition sur *les leçons de choses*
est un vrai chef-d'œuvre.

C'est aux *Kindergärten* d'Allemagne que nos directrices de salles d'asile ont emprunté le système
d'éducation qui tend de plus en plus à s'introduire
dans les établissements ouverts à nos enfants du
premier âge.

La salle d'asile n'est pas encore une école d'enseignement, c'est avant tout une école d'éducation.
Elle aide au développement physique des enfants
par des exercices appropriés à leur âge, encourage
les premiers efforts de leur intelligence en offrant
des aliments à leur curiosité, en mettant sous leurs
yeux des séries graduées d'objets, sur lesquels leur
attention est appelée, et qui leur procurent aisément et sans fatigue des connaissances élémentaires
dont s'enrichit chaque jour leur mémoire. Leur
besoin de mouvement est satisfait par les marches
et les contre-marches qui accompagnent leurs exercices, dont le chant ou le son d'un instrument mar-
que la mesure. Ces chants eux-mêmes, pour lesquels
leurs voix enfantines se mettent à l'unisson, font
pénétrer dans leurs âmes des pensées morales et
religieuses naïvement exprimées, et qui par leur
fréquente répétition restent gravées dans leur esprit.
Précieuses semences de vertus, elles exerceront sur
tous les actes de la vie une influence salutaire.

C'est d'après ces principes que le vénérable Frœbel

a imaginé pour la première éducation de l'enfant une foule de moyens dont l'ensemble constitue un art auquel cet homme de bien a consacré sa vie entière.

Né en 1778 à Oberweissbach, petit village de la Saxe, dans lequel son père était pasteur d'une église, il est mort en 1852 à Marienthal, en Wurtemberg, dans l'école normale d'institutrices qu'il avait fondée. Sa méthode est basée sur l'observation attentive des instincts et des préférences que les petits enfants manifestent dès qu'ils peuvent se mouvoir, s'exprimer et s'occuper. On ne doit pas, dit-il dans son ouvrage intitulé *De l'éducation de l'homme*, contrarier les impulsions de la nature : ce sont des forces vives; il faut les utiliser, et, par conséquent, les étudier, les guider, et les entretenir.

L'enfant est une plante humaine qui a besoin avant tout d'air et de soleil pour croître, se développer et s'épanouir. Ne le tenez donc pas dans des salles dont la capacité est souvent insuffisante, ou dans des cours fermées de tous côtés par de grands murs et des habitations qui empêchent le renouvellement de la masse atmosphérique. Que les bâtiments dans lesquels on veut réunir un certain nombre de petits enfants soient percés de nombreuses fenêtres, afin que l'on puisse en renouveler l'air plusieurs fois par jour; qu'ils soient complétement dégagés pour que la lumière arrive sans obstacle et que l'air ambiant subisse l'influence bienfaisante de la chaleur du soleil, entourés de préaux couverts, sous lesquels ils puissent jouer en dépit du temps, et de petits jardins où ils aillent travailler ou s'ébattre toutes les fois que la saison le permettra.

II

Un *Kindergarten* se compose essentiellement d'un petit vestiaire, de plusieurs tables à ouvrage, d'une grande salle d'exercice pour les jours de mauvais temps, et d'un jardin.

Les salles à ouvrage sont garnies de tables légères d'environ 60 centimètres de largeur et espacées de 1 mètre. C'est autour de ces tables que cinq ou six enfants s'assoient avec une des jeunes filles qui suivent les cours de première année, pour faire les petits ouvrages auxquels on les occupe. Dans l'été, les tables et les bancs sont transportés dans le jardin par les enfants eux-mêmes et placés à l'ombre du préau.

Au commencement et à la fin de chacune des divisions de la journée, ils se rassemblent dans la salle des exercices et se disposent en rond.

Leurs jeunes directrices viennent se placer dans les rangs de manière que quatre à cinq enfants seulement se trouvent entre deux jeunes filles. Aussitôt le cercle entier s'ébranle, commence par marcher

et bientôt se met à sauter en chantant une pièce de
vers, dont chaque strophe donne lieu à un repos et
à une pose. Alors la maîtresse qui conduit le jeu
envoie un des enfants dans le cercle. On s'arrête,
et le petit acteur imite le soldat qui monte la garde,
ou le cordonnier qui travaille, ou le cheval qui pié-
tine, ou le batteur en grange, ou l'homme fatigué
qui se repose, le coude sur un genou et la tête appuyée sur la main; puis il revient à sa place et le
mouvement interrompu recommence jusqu'à ce
qu'une nouvelle strophe amène un nouveau repos
et de nouvelles poses. Frœbel a varié à l'infini ces
exercices dont il suffit de donner une idée.

Frœbel conseille de ne commencer l'enseignement de la lecture et de l'écriture que lorsque l'enfant en sent le besoin, en éprouve le désir, et c'est
ce désir qu'il s'efforce de faire naître en lui.

En attendant, il a imaginé de préparer l'esprit des
enfants à recevoir plus tard l'instruction gramma-
ticale, scientifique et artistique par des occupations
manuelles, c'est-à-dire par des constructions matérielles et des décompositions graduées, amusantes et bien dirigées. Il a divisé ce cours d'enseignement donné aux enfants en occupant leurs mains,
en trois années, de trois à six ans.

Dans la première on remet entre les mains des
enfants quatre boîtes qui renferment des cubes en
bois;

Dans la seconde trois boîtes, appelées *boîtes ma-thématiques*, qui contiennent des surfaces, des règles plates, de petits bâtons et des arcs de cercle en fil de fer ;

Dans la troisième, une boîte plus grande dans laquelle les enfants trouvent du papier blanc pré-paré, du papier de couleur, une aiguille en bois, une aiguille ordinaire, du fil et des écheveaux de soie de diverses couleurs.

Je renvoie à l'ouvrage où Frœbel a exposé sa méthode, et au savant rapport de M. Baudouin, auquel j'emprunte cet aperçu sommaire [1], pour l'é-tude des combinaisons innombrables que pendant ces trois années ils peuvent faire avec les maté-riaux de construction qui leur sont confiés. Ils les comptent, les décomposent, en font des escaliers, des chaises, un lit, un sopha, des maisons, des co-lombiers, des figures géométriques, des formes artistiques. Ainsi s'éveille chez eux le sens de l'ob-servation ; tout ce qu'ils voient et touchent les conduit à établir des comparaisons entre les formes, à en imaginer eux-mêmes de nouvelles, et il se trouve

---

1. *Rapport sur l'état actuel de l'enseignement spécial et de l'enseignement primaire en Belgique, en Allemagne et en Suisse*, p. 242 et suiv. Ce rapport, ainsi que ceux de MM. Demogeot et Montucci, imprimés avec un grand luxe, à l'imprimerie impériale, ne se trouvent pas dans le commerce : il serait à désirer que l'on en publiât des éditions populaires.

tout naturellement qu'après trois années de pareils exercices ils apprendront aisément la lecture, l'écriture, l'arithmétique, puisqu'ils auront déjà dessiné et calculé.

Il ne faut pas oublier que la jeune institutrice accompagne toujours les travaux des enfants de causeries amusantes, afin de ne pas fatiguer leur intelligence, de satisfaire leur curiosité instinctive et surtout de développer insensiblement leurs facultés morales.

Rien n'empêche d'ailleurs que ces exercices manuels ne soient conduits de front avec l'enseignement de la lecture, pourvu que les méthodes employées ne s'écartent pas des principes qui se fondent sur la nature des enfants, et qu'on leur rende attrayante et facile une instruction trop souvent ennuyeuse et rebutante. On y parvient par l'emploi de la méthode *phonomimique,* qui s'introduit avec avantage dans nos écoles primaires et dont j'ai pu constater les heureux résultats [1].

Il ne suffit pas de vouloir fonder ces pépinières

1. Il n'est plus besoin d'aller à Marienthal ou à Gotha pour voir appliquer les méthodes depuis longtemps en usage dans plusieurs villes d'outre-Rhin. Nous avons à Paris des établissements où elles sont mises en usage avec cette intelligence française qui peut inventer heureusement et qui perfectionne toujours les inventions empruntées à l'étranger. Telles sont les écoles dirigées par Mlle Gaudron, par Mme Delon, et surtout l'école annexe du cours pratique de Mme Pape-Carpentier.

où la plante naissante trouve toutes les conditions requises pour son développement. Il faudrait former au plus vite des sujets capables de les diriger. Toute école normale destinée à former des institutrices doit donc avoir à sa portée, indépendamment d'une école primaire, une salle d'asile où elles apprendront à connaître l'enfance, à l'aimer et à apprécier ses tendances et ses besoins. C'est ce qui a lieu à l'école normale de Gotha. Lorsque les jeunes filles qui se préparent à diriger des écoles primaires ou bourgeoises ont reçu les leçons de leurs professeurs, elles descendent ensemble au jardin où se trouvent réunis les enfants de trois à six ans. Elles leur appliquent le système d'éducation imaginé par Frœbel. Elles se partagent en deux groupes : les plus âgées, les plus exercées, forment le premier et s'occupent d'instruire et d'amuser les petits enfants de l'asile. Elles les font marcher en mesure, danser en rond, chanter leurs petites chansons, leur apprennent à prononcer correctement quelques petites phrases allemandes, courtes et bien définies, à raconter de petites historiettes, composées exprès pour leur âge. Celles qui forment le second groupe, les plus jeunes, observent avec attention comment font leurs compagnes; et lorsque celles-ci remontent au premier étage pour commencer les leçons du cours de seconde année, qui leur est exclusivement destiné, elles restent au rez-de-chaussée avec les petits enfants. Chacune d'elles en prend deux, les fait asseoir devant la petite table, et, au moyen des boîtes de Frœbel, les occupe aux petits travaux manuels dont les meilleurs résultats sont conservés dans les armoires du troisième étage, pour être vendus en loterie à Noël ou donnés en récompense à certaines époques de l'année. De toutes les préparations à leurs fonctions d'institutrices, celle-ci n'est ni la moins intéressante ni la moins utile. C'est là le premier degré de l'éducation pédagogique que doivent surtout leur donner les écoles normales. Le comité qui veille sur celle de Gotha travaille de plus à donner aux institutrices une instruction assez solide et assez étendue pour qu'elles puissent à la longue être substituées aux professeurs chargés, non sans de graves inconvénients, de l'enseignement des jeunes filles dans les cours supérieurs des écoles bourgeoises.

III

Ce serait se tromper que de considérer uniquement l'œuvre de Frœbel comme un ensemble des moyens proposés pour l'éducation intellectuelle et morale de l'enfance. Elle fait partie d'un vaste système de philosophie spiritualiste, qui en détermine le point de départ et le but final. Le génie métaphysique de l'Allemagne ne saurait se borner à recueillir des faits, à les énumérer, à les classer. Il se plaît à les rattacher à une théorie générale, à les faire découler de quelque loi suprême, gouvernant à la fois le monde idéal et le monde réel, Dieu, l'homme et la nature. Frœbel n'arrive donc à exposer ses principes d'éducation et ses méthodes qu'après avoir établi la loi qui, selon lui, régit toutes choses[1]. « Cette loi est unique, éternelle, dit-il : elle a pour base une unité agissant dans tout. Cette unité, c'est Dieu, de qui tout provient. Le but, la destination de chaque chose est de publier au dehors són être, l'action de Dieu qui opère en elle, la manière dont celle-ci se confond avec elle et en même temps de publier et de faire connaître Dieu. L'éducation de l'homme n'est autre chose que la voie, ou le moyen qui conduit l'homme, être intelligent, raisonnable et conscient, à développer et à manifester l'élément de vie qu'il possède en lui. Tout l'art de l'éducation se fonde sur l'exercice de cette loi, qui seule conduit à l'épanouissement de l'être

---

1. Je recommande la lecture du livre qui a pour titre *L'Education de l'Homme*. Il a été traduit avec beaucoup de talent par la baronne de Crombrugghe. (Paris, Hachette, 1861. 1 vol. in-8.) Malgré le mysticisme dont sont empreintes un grand nombre de considérations, souvent assez subtiles, on y trouve les préceptes les plus sages, les vues les plus ingénieuses sur l'éducation dans ses rapports avec le développement naturel des facultés intellectuelles.

intelligent, et seule peut l'amener à accomplir sa destinée.

« Le but de l'éducation est de former l'homme à une vie pure, sans tache, sainte, selon sa vocation ; en un mot, de lui apprendre la sagesse. Elle doit l'amener à se bien connaître, à vivre en paix avec la nature et en union avec Dieu.

« Tout ce qui est intérieur — l'être, l'esprit, l'action de Dieu dans les hommes et dans les choses, — se fait reconnaître par des manifestations extérieures. Pourtant, de ce que l'éducation et l'enseignement se rattachent surtout aux manifestations extérieures de l'homme et des choses, de ce que la science les invoque comme de libres témoignages qui font conclure de l'intérieur à l'extérieur, il ne s'ensuit pas qu'il soit permis à l'éducation ou à la science de conclure isolément de l'intérieur à l'extérieur : au contraire, l'être de chaque chose exige que l'on juge simultanément l'intérieur par l'extérieur et l'extérieur par l'intérieur.

« Que les parents, les éducateurs et les instituteurs connaissent cette vérité, qu'ils se la rendent familière, qu'ils la recherchent jusque dans les moindres détails ; elle leur apportera pour l'accomplissement de leurs devoirs la certitude et le repos. Qu'ils se persuadent bien que l'enfant, qui extérieurement paraît bon, souvent dans le fond n'est pas bon ; que dans toute sa conduite extérieure il n'est

mû ni par l'amour, ni par la connaissance, ni par
l'estime du bien ; tandis que l'enfant qui paraît rude,
opiniâtre, volontaire, dont tout l'extérieur n'annonce
rien moins que la bonté, a pourtant parfois en lui-
même une inclination véritable pour tout ce qui
est bien, une volonté inébranlable pour le bien ;
seulement elle ne s'est pas encore développée et
manifestée. C'est pourquoi toute éducation et tout
enseignement doivent être indulgents, flexibles,
souples, se borner à protéger et à surveiller, sans
parti pris et sans système arrêté.

« Nous donnons aux jeunes plantes et aux jeunes
animaux l'espace et le temps que réclame leur développement, persuadés qu'ils ne peuvent croître et
se développer que selon certaines lois particulières
à chacune de leurs espèces. C'est en raison du
repos que nous leur accordons, du soin que nous
mettons à éloigner d'eux toute influence nuisible,
que nous les voyons croître et se développer. Pourquoi ne traitons-nous pas les enfants de la même
manière? Si vous les comprimez, si vous les renfer-
mez dans des conditions en opposition évidente avec
leur nature, ils languissent autour de vous, accablés
d'infirmités morales ou physiques, tandis qu'eux
aussi ils auraient pu devenir des êtres complétement
développés et s'épanouir dans le jardin de la vie.

« Dans toute bonne éducation, dans tout enseignement vrai, la liberté et la spontanéité doivent

être nécessairement assurées à l'enfant, à l'écolier. La contrainte et l'aversion refouleraient en lui la liberté et l'amour. Là où la haine appelle la haine, et la sévérité la fraude, où l'oppression fait naître l'esclavage, et la nécessité la domesticité, là où la dureté engendre l'obstination et la tromperie, l'action de l'éducation ou de l'enseignement est nulle. »

Ce n'est ici qu'un simple préliminaire, ce sont quelques prémisses dont Frœbel tire les conséquences les plus élevées et les plus austères. Elles lui permettent de rattacher l'éducation du premier âge à la solution du grand problème de la destinée humaine. L'enfant, héritier de toutes les traditions scientifiques, morales et religieuses des siècles qui ont concouru à former celui dans lequel il a pris naissance, doit, à son tour, transmettre à ceux qui viendront après lui ce trésor d'acquisitions précieuses. C'est ce qui sanctifie le travail, c'est-à-dire l'exercice de l'activité incessante à laquelle est dû le développement des facultés physiques, intellectuelles et morales. Tous les degrés de ce développement sont également essentiels. L'homme, en effet, est moins l'homme par ce fait d'avoir atteint l'âge auquel on est homme, que parce qu'il a parcouru l'un après l'autre les degrés de nourrisson, d'enfant, de jeune garçon et d'adolescent en remplissant fidèlement les exigences de l'enfance, de l'adolescence et de la jeunesse.

IV

J'ai tenu à donner une idée des principes élevés dont s'est inspiré l'organisateur des salles d'asile, de ce qu'il a nommé lui-même les *Jardins d'enfants*, comme un exemple de l'esprit qui anime les grands éducateurs dont les leçons ont contribué à former les instituteurs allemands. Quand des hommes tels que les Basedow, les Pestolozzi, les Oberlin, les Herder, les Frœbel leur servent de guides et de modèles, ils ne peuvent que se faire une haute idée de l'œuvre qu'ils accomplissent, et il n'est pas étonnant que le pays dans lequel les plus hautes spéculations de la philosophie ont pour objet l'éducation de la jeunesse, soit devenu la terre classique de la pédagogie, de cette science qui n'a pas en France de professeur et dont plus d'un esprit léger ne prononce le nom qu'avec un dédaigneux sourire [1].

Il ne faudrait pas oublier cependant que, si le nom appartient à l'Allemagne, c'est à la France que l'Allemagne a emprunté la science elle-même. Les principes émis sur cet intéressant sujet par nos

1. On verra plus loin que cette science pédagogique, fondée sur des principes rationnels, a trouvé d'ardents antagonistes parmi les membres du clergé protestant, qui voudraient enlever l'enseignement populaire à la société laïque pour le placer exclusivement sous la dépendance de l'autorité ecclésiastique.

grands écrivains, depuis Montaigne jusqu'à nos
jours, n'ont pas été perdus pour les penseurs : c'est
avec raison que M. Michel Bréal rappelait dernièrement [1] que c'est à l'*Emile* de J.-J. Rousseau qu'ont
été empruntées la plupart des idées dont s'est nour-
rie et fortifiée l'éducation allemande.

« Il y a deux parts, dit-il, dans les œuvres de J.-J.
Rousseau : d'un côté les théories révolutionnaires
du *Contrat social*, les peintures malsaines de la *Nouvelle Héloïse* et des *Confessions*. C'est la part que
nous avons faite nôtre et qui a passé dans le sang
des générations nouvelles. Mais il y avait en outre
un côté généreux et vivifiant : l'amour de l'humanité et particulièrement de l'enfant, la confiance
dans ses facultés et le respect de son activité intellectuelle. Cette partie-là, qui était le germe de vie
déposé dans les œuvres de Rousseau, nous l'avons
laissée aux étrangers. »

Frœbel s'est évidemment inspiré de Rousseau
dans tout ce qu'il a écrit sur l'éducation de l'enfant,
sur ses premières impressions, sur la liberté qui doit
être laissée à ses mouvements, et principalement
sur la nécessité de suivre pour son instruction les
indications de la nature. C'est ce que les mères
comprennent à merveille ; c'est ce qui fait d'elles

---

1. *Quelques mots sur l'instruction publique en France*, par
Michel Bréal. Paris, Hachette, 1872.

d'admirables éducatrices. Les procédés simples et
naïfs que leur suggère l'amour maternel ont une
fécondité et une puissance sur lesquelles on ne
saurait trop appeler l'attention des instituteurs du
premier âge. C'est grâce à ce que l'on pourrait appeler la *méthode maternelle* que l'enfant à l'âge de
sept ans a acquis plus de connaissances qu'il n'en
acquerra pendant le reste de sa vie, et que l'on a
pu dire « qu'il y a une distance plus grande d'un
nourrisson à l'enfant qui parle, que d'un écolier à
Newton. »

« C'est au moyen des procédés inspirés par la
nature, dit Frœbel [1], que toutes les mères amènent
l'enfant à connaître toutes choses, même celles qu'il
ne saurait voir à l'extérieur. Peu à peu la mère lui
apprend à se connaître lui-même et à réfléchir.
*Montre-moi ta petite langue; montre-moi tes petites
dents;* elle l'habitue aussi à faire usage de ses membres. *Pousse ton petit pied là dedans,* lui dit-elle en
lui présentant un bas ou un soulier. C'est ainsi que
l'instinct et la tendresse de la mère guident l'enfant
vers le monde extérieur qu'elle approche à son tour
de lui. Veut-elle lui faire distinguer l'union de la
séparation, l'objet éloigné de celui qui est voisin,
elle attire son attention sur les rapports qu'ont
entre eux et lui les objets dont elle lui fait connaître

---

1. *L'Éducation de l'Homme*, p. 53.

les propriétés et l'usage. *Le feu brûle,* dit-elle en approchant prudemment le doigt de l'enfant de la flamme, afin de lui faire sentir l'action du feu, sans pourtant qu'il s'y brûle ; elle le préserve ainsi pour l'avenir d'un danger qui lui était inconnu. Elle dira aussi en appliquant légèrement la pointe d'un couteau sur sa main : *Le couteau coupe.* Puis voulant appeler l'attention de l'enfant, non-seulement sur les objets dans leur état passif, mais encore sur leur usage et leurs propriétés, elle ajoute : *la soupe est chaude, elle brûle ; — le couteau est pointu, affilé, il pique, il coupe, n'y touche pas.* L'enfant, passant de la connaissance de l'objet à celle de son action, arrive aisément de cette manière à comprendre la signification réelle des mots *couper, piquer, brûler,* sans qu'il soit obligé d'en faire l'expérience sur lui-même.

« La mère montre à son enfant la manière de se servir des objets qu'elle lui désigne. Reliant toujours la parole à l'action, elle dira à l'enfant qui se dispose à manger : *ouvre ta bouche pour manger ;* elle lui fera connaître le but de son action lorsque, en le couchant, elle dira : *dors, dors.* Elle lui fait distinguer les diverses sensations du goût et de l'odorat, soit en lui disant : *Oh ! que cela est bon !* ou *fi ! que c'est mauvais !* Lui présentant une fleur d'agréable parfum : *Oh ! que la fleur sent bon,* dit-elle en simulant une aspiration ; ou bien,

4.

se détournant vivement de la fleur qu'elle veut éloigner de l'enfant : *Oh! la mauvaise odeur!* dit-elle avec dégoût.

« C'est ainsi qu'agit la mère qui, dérobant à tout œil profane le sanctuaire de son amour, élève son enfant dans la retraite, développant tour à tour chacun de ses membres et de ses sens de la manière la plus simple et la plus conforme à la nature.

« Malheureusement, avec notre sagesse raffinée, nous perdons souvent de vue le principe et le but du développement de l'homme. Abandonnant les véritables guides, la nature et Dieu, pour chercher secours et conseils dans la prudence et la science, nous n'arrivons qu'à bâtir des châteaux de cartes qu'un souffle jette à terre. »

Il est certain que si l'enfant, en sortant de la maison paternelle pour entrer à l'école, tombe de l'étude raisonnée des choses dans celle des règles plus ou moins abstraites qu'il trouvera dans des livres qu'il ne pourra comprendre sans de pénibles efforts et de grandes fatigues, il ne peut que prendre en dégoût des études qui l'ennuient et qui coupent court à tous les progrès qu'il devait au développement naturel de ses facultés.

V

C'est encore en s'inspirant de l'auteur de l'*Émile* que les Allemands ont introduit dans leurs écoles *cet enseignement par l'aspect*, qui, en parlant d'abord aux sens de l'enfant, donne une première satisfaction à sa curiosité et à son besoin de connaître et le conduit tout naturellement de la vue du monde réel à l'intelligence des idées qu'il exprime. Mais les tableaux et les images, qui représentent les choses, ne valent pas les choses elles-mêmes, et voilà pourquoi cet enseignement par l'aspect dans les écoles allemandes ne vaut pas ces *leçons de choses* usitées dans les écoles des États-Unis et qu'il serait d'autant plus utile d'introduire dans les nôtres que ce sont encore nos grands éducateurs français, Montaigne, Fleury, J.-J. Rousseau, qui les premiers en ont proclamé l'utilité et l'excellence. Ce n'est pas seulement à la salle d'asile qu'il faut appliquer cette méthode qui fait naturellement suite aux premières notions que l'enfant doit à l'enseignement maternel. Elle ne conviendrait pas moins aux écoles primaires et à l'enseignement moyen, où elles remplaceraient avantageusement les méthodes vicieuses qui, dirigeant presque uniquement l'attention sur les mots et sur l'arrangement des phrases, n'ont souvent pour résultat que d'enseigner aux élèves l'art d'écrire avant qu'on lui ait fait connaître les objets sur lesquels il doit écrire. Les *leçons. de choses* composeraient un fonds solide, une forte assise de connaissances positives et réelles, qui lui permettraient ensuite de parler ou d'écrire sciemment et pertinemment sur toutes choses.

Verbaque provisam rem non invita sequentur.

Ces *leçons de choses,* nous en trouvons tout le mécanisme exposé dès le dix-septième siècle, dans l'excellent livre de Claude Fleury : *Du choix et de la conduite des études.*

« Comme les premiers objets dont les enfants sont frappés sont le dedans d'une maison, ses diverses parties, les domestiques et les services différents, les meubles et les ustensiles de ménage, il n'y qu'à suivre leur curiosité naturelle pour leur apprendre agréablement l'usage de toutes choses et leur faire entendre, autant qu'ils en sont capables, les raisons solides qui les ont fait inventer, leur faisant voir les incommodités dont elles sont les remèdes. On les accoutumerait ainsi à admirer la bonté de Dieu dans toutes les choses qu'il nous fournit pour nos besoins, l'industrie qu'il a donnée aux hommes pour s'en servir ; à sentir le bonheur d'être nés dans un pays bien cultivé et dans une

nation instruite et polie..... On les accoutumerait
à faire des réflexions sur tout ce qui se présente :
ce qui est le principe de toutes les études. Car on
se trompe fort quand on s'imagine qu'il faut aller
chercher bien loin de quoi instruire les enfants.
Ils ne vivent ni en l'air, ni parmi les astres, moins
encore parmi les espaces imaginaires, ils vivent
sur la terre dans ce bas monde, tel qu'il est aujour-
d'hui.

« Il faut donc qu'ils connaissent la terre qu'ils
habitent, le pain qu'ils mangent, les animaux qui
les servent et surtout les hommes avec qui ils doivent vivre et avoir affaire.

« A mesure que l'âge avancerait, on leur en dirait davantage et on ferait en sorte de les instruire
passablement des arts qui regardent la commodité de
la vie, leur faisant voir travailler et leur expliquant
chaque chose avec grand soin. On leur ferait donc
voir, ou dans la maison ou ailleurs, comment on fait
le pain, la toile, les étoffes ; ils verraient travailler
les tailleurs, les tapissiers, les menuisiers, les char-
pentiers, les maçons et tous les ouvriers qui servent aux bâtiments. Il faudrait faire en sorte qu'ils
fussent assez instruits de tous ces arts pour entendre le langage des ouvriers et pour n'être pas
aisés à tromper. Cette étude serait un grand diver-
tissement pour eux; et comme les enfants veulent
tout imiter, ils ne manqueraient pas de se faire des

jeux de tous ces arts en s'efforçant de les imiter. »

C'est précisément ce qu'explique Frœbel plus longuement, mais moins simplement et moins clairement que l'écrivain français. Mais ces sages préceptes ce ne sont pas les Français qui les ont les premiers mis en pratique. Lorsqu'on leur expose les méthodes d'éducation employées en Allemagne, qu'ils se sont accoutumés à admirer sur parole, c'est à elle qu'ils font honneur d'une invention dont eux-mêmes avaient eu le mérite. C'est ainsi que pendant longtemps nos historiens littéraires avaient attribué à l'Allemagne, à l'Italie, à l'Angleterre, des compositions épiques ou lyriques, une foule de contes et de fabliaux, qui n'étaient que des imitations, fort imparfaites souvent, de nos troubadours et de nos trouvères, dont les manuscrits, longtemps oubliés, sont sortis depuis plusieurs années de la poussière des bibliothèques.

Les *leçons de choses* conseillées par Claude Fleury en 1766, Mme Pape-Carpentier nous les montre, d'après un récit de M. de Cormenin, admirablement organisées à Florence en 1847, dans un établissement fondé par le prince Demidoff[1].

« De véritables tableaux appendus dans la salle de l'école primaire instruisent les jeunes enfants

---

1. *De la Méthode des Salles d'asile*, première conférence faite à la Sorbonne.

qui sortent de l'asile, et ils y reçoivent des leçons
de dessin, de coupe de pierres et de simple architecture. D'autres ateliers d'imprimerie, de cordon-
nerie, de soierie et différents états professionnels
sont ouverts dans la maison aux enfants sortis de
l'asile qui manifestent leur goût pour l'un d'eux.
On les a pris presque en naissant et, par une pré-
voyance ingénieuse, on complète là leur apprentissage. Rien n'est négligé pour qu'ils ne prennent
des *êtres*, des *choses*, des *arts* que des idées nettes et .
exactes, et successivement, sans trouble ni confu-
sion de mémoire.

« Ainsi l'on place sous leurs yeux, à mesure
qu'ils peuvent les comprendre, les objets des trois
règnes de la nature, le végétal, le minéral, l'animal ; on tient ces divers objets dans des armoires
séparées ; chaque armoire a son casier, on y voit
des épis de blé, d'orge, de froment, des herbages,
des légumes, des fruits. On les nomme devant eux,
on les leur montre, on les décrit (aux États-Unis on
les leur fait décrire, ce qui vaut mieux), ils s'accou-
tument à les distinguer, à les reconnaître, à les
dénommer eux-mêmes et tout de suite. Pareillement
des échantillons de pierres, de terres, de plâtres,
de marbres, de soufre, de métaux d'or, de cuivre,
de plomb, d'argent, de bitumes, y sont classés
dans un ordre méthodique ; on les leur fait toucher,
on en dit l'origine, on en explique brièvement la

transformation et l'application aux divers usages de la vie.

« Il en est de même des animaux empaillés et représentés aux enfants, tels que la nature les a faits, moins la vie. Ils savent leurs noms, leurs mœurs, leurs instincts, leurs manières d'être, leurs qualités, leurs dangers. Aux enfants de l'école primaire on découvre l'anatomie de l'homme intérieur, la composition des corps, le jeu des organes, leur place, leurs fonctions, leur économie. On fait assister l'homme devant eux, étude sérieuse et qui les force à méditer. Les leçons de mécanique complètent leur enseignement. On fait jouer à leurs yeux les rouages des machines. On leur décrit le mécanisme des montres, des moulins, des bateaux à vapeur, des locomotives, des métiers à filer, à tisser, à fabriquer les draps, les toiles, les étoffes. Cela s'enseigne comme par récréation, sans efforts et sans contrainte.

« Je crois que l'on ferait bien d'exciter les municipalités, chacune selon ses ressources, à se procurer de pareilles collections des trois règnes de la nature[1]. »

Ces indications et ces conseils, hélas ! sont restés pour nous sans effet. Instruisons-nous, du moins, en voyant que d'autres pays les ont mis à profit, et

---

1. *Des salles d'asile*, par **M. de Cormenin.**

encourageons les efforts généreux qui se produisent autour de nous pour triompher des résistances que l'esprit de routine, plus puissant chez nous que partout ailleurs, oppose aux améliorations les plus sages et les plus utiles.

Je ne crains pas de m'être arrêté trop longtemps sur l'éducation du premier âge, et sur les méthodes employées dans les salles d'asile, dans ces *jardins d'enfants*, objet des prédilections de l'Allemand Frœbel. Elles peuvent s'appliquer merveilleusement à l'enseigement primaire et à l'enseignement moyen, et ce serait rendre un grand service à nos instituteurs et à nos institutrices, que de les mettre au courant de leurs procédés. Ils leur permettraient de donner aux enfants, sans fatigue et sans ennui, une instruction réelle et, ce qui vaut mieux encore, de les accoutumer à observer, à juger, à raisonner, non pas sur les mots ou les idées, mais sur tout ce qui les entoure, c'est-à-dire sur les merveilles de la création et la toute-puissance de leur divin auteur. J'aurai plus d'une fois l'occasion de revenir sur cette importante question de la méthode, dans les observations auxquelles donneront lieu les écoles primaires et les écoles bourgeoises, que je vais successivement étudier.

CHAPITRE III

ENSEIGNEMENT PRIMAIRE
OU ÉCOLES POPULAIRES (VOLKSSCHULEN)
ÉCOLES NORMALES

En Allemagne et en Prusse, comme dans tous les pays où les différentes classes de la société sont fortement hiérarchisées, on divise l'enseignement, non d'après les matières dont il se compose, mais d'après le personnel auquel il est destiné.

Il y a des écoles pour les pauvres (*Armenschulen*)[1], des écoles pour les enfants du peuple un peu aisés (*Volksschulen*), des écoles pour les bourgeois (*Bürgerschulen*), des écoles pour les bourgeois riches et les nobles (*Gymnases*); enfin, pour le petit nombre de ceux qui ont parcouru tous les degrés de l'enseignement secondaire, les *universités*.

Cette organisation, sans doute, ne constitue pas des cadres tellement exclusifs qu'il serait impossible aux enfants appartenant aux familles pauvres de dépasser les limites dans lesquelles se circon-

1. Les Anglais ont leurs *ragged schools*, les écoles de *déguenillés*.

scrit l'instruction élémentaire. Mais on peut dire que ce sont là des cas exceptionnels, et que la Prusse (pas plus que les autres nations de l'Europe, du reste), n'a jamais songé à établir un système d'écoles gratuites, dont l'accès serait ouvert aux enfants de toutes les conditions, afin d'atténuer, autant que possible, les inconvénients qui résultent des inégalités sociales.

Au contraire, les hommes qui pensent que plus les peuples sont instruits, plus ils sont difficiles à gouverner, ont été toujours et sont encore aujourd'hui d'avis, que l'on ne doit leur distribuer l'instruction que d'une main avare; que la prudence exige que l'on maintienne les misérables dans leur état d'ignorance, que l'on se contente de donner aux fils et aux filles des ouvriers ou des paysans un enseignement restreint à quelques notions essentielles, et que les écoles supérieures et les colléges doivent être réservés uniquement aux enfants de la classe moyenne. Quant à ces derniers eux-mêmes, c'est par un raisonnement semblable que chez nous on aurait voulu, à une certaine époque, leur rendre difficile l'entrée des lycées pour éviter l'inconvénient de donner chaque année, à la société, cette foule de déclassés qui, enivrés de leur titre de *bacheliers*, ne pouvaient être, disait-on, que des fauteurs de révolutions !

Les États-Unis, dont j'aurai si souvent à rappeler

l'exemple, en donnant gratuitement à tous leurs
enfants, garçons et filles, riches ou pauvres, un
enseignement complet, dont le niveau atteint celui
des meilleurs établissements d'instruction secondaire en Europe, n'ont pas été arrêtés par ces considérations aussi vaines qu'erronées. Un vif et sin-
cère sentiment démocratique a inspiré les organisateurs de leurs écoles. Elles s'élèvent de degrés en
degrés depuis les classes élémentaires jusqu'aux
écoles supérieures, de manière à former une suite
de cours permettant à tout élève de passer de
l'école primaire élémentaire à l'école primaire supérieure, de l'école supérieure au collège et du
collège aux écoles spéciales; avec cet immense
avantage qu'il peut trouver, dans chacun des degrés ouverts devant lui, une instruction suffisante,
s'il veut s'en contenter, et un enseignement préparatoire pour les degrés qui y font suite, s'il veut
poursuivre le cours de ses études jusqu'à la fin.
Nous ne trouvons cette organisation si sage et si
bien entendue, ni en Allemagne, ni chez les peuples
de l'ancien continent. C'est cependant pour atteindre ce but que doivent tendre tous nos efforts.
Il ne serait, ni en France, ni ailleurs, aussi difficile
d'y parvenir qu'on le pense, et on y arrivera cer-
·tainement dès que le besoin de donner satisfaction
aux tendances et aux besoins de l'esprit moderne se
fera plus sérieusement et plus généralement sentir.

II

J'ai déjà fait observer plus haut que si l'instruction populaire en Prusse et dans l'Allemagne est
depuis longtemps florissante, si le nombre des illettrés y est moins considérable que dans tout
autre pays, c'est parce que l'église elle-même s'est
chargée d'y pourvoir. Elle a compris, comme Luther, que c'est là le moyen le plus sûr d'attacher
les peuples à la cause de la Réforme, et que l'étude
de la Bible, en étant la condition première, il faut
mettre tous les enfants en état de la lire et de la
commenter. L'État, intimement uni aux ministres
du culte, leur a laissé d'autant plus volontiers la
direction des écoles populaires, qu'il trouvait lui-
même son compte dans une éducation fondée à la
fois sur le respect de la religion et sur une obéissance absolue à l'autorité. Il est nécessaire d'in-
sister sur ce point, afin que l'on se fasse une idée
exacte des causes auxquelles sont dus les progrès
de l'instruction en Allemagne, et que l'on puisse
en même temps apprécier le caractère et l'esprit
général de la nation à laquelle a été appliqué le
système de l'éducation publique.

On s'expliquera l'empressement avec lequel les
princes des divers États et les ministres des différents cultes ont favorisé le développement universel

de l'instruction primaire, déclarée par eux obligatoire, et travaillé, en multipliant les universités, à
élever le niveau de l'éducation scientifique des
classes supérieures. L'on pourra comprendre aussi
certains côtés du caractère allemand que les événements récents ont révélés à la France, justement
étonnée de voir chez la même nation, dont elle
avait admiré si longtemps le génie et presque envié
la puissance intellectuelle, des procédés qui semblent n'appartenir qu'aux âges d'ignorance et de
barbarie.

En voyant de plus près une nation que l'on ne
jugeait guère en France que d'après ses poëtes, ses
historiens et ses penseurs, on a compris que l'instruction, répandue largement dans toutes les classes
de la société, ne suffit pas pour rendre un peuple
digne d'admiration et de respect; que cette instruction, en elle-même si désirable et si précieuse, n'a
de valeur que celle qu'elle doit aux principes qui la
dirigent, au but qu'elle se propose, à l'usage qu'on
en sait faire.

Nous donc, qui tenons le savoir en si grand
honneur, nous qui demandons pour tous les enfants de la France l'instruction gratuite et obligatoire, parce que nous voyons dans la diffusion et
l'accroissement des lumières la condition essentielle
de la prospérité et de la grandeur morale de notre
pays, nous avons intérêt à connaître pourquoi la

docte Allemagne a fait un si déplorabl
d'une culture intellectuelle que nul ne lui
et d'une organisation de l'instruction popu
sur beaucoup de points, pouvait servir de
des peuples placés dans des conditions i
vorables. Un examen impartial et consc.
aussi éloigné d'une hostilité dédaigneuse
engouement irréfléchi, nous permettra d(
part du bien et du mal.

En Angleterre et aux États-Unis, le dr
seigner (je parle ici surtout de l'enseigne:
pulaire) est entièrement libre. Il appartien
il n'a d'autres limites que celles qui lui so:
par les lois générales du pays. En Fran
reconnu jusqu'à un certain point; mais :
gislation lui impose certaines restrictions (
met, d'ailleurs, dans son application, à la
lance-de l'État. En Prusse, il n'existe q
volonté de l'État, qui le confère ou le ret
gré, ce qui place les instituteurs, quels qu'i
sous la dépendance absolue des pouvoirs
Ainsi l'a établi celui que les Prussiens ap}
grand Frédéric, dans son ordonnance du
1763, reproduite par la loi de 1819, don
connaître les principales dispositions.

III

Mais l'instruction populaire n'est pas seulement soumise à la toute puissance de l'État; elle est, qu'on ne l'oublie pas, entièrement placée sous la direction et sous la haute surveillance de l'autorité ecclésiastique. Cette suprématie de l'Église, établie au seizième siècle, continuée pendant le dix-septième, combattue avec force par la philosophie du dix-huitième, est aujourd'hui, après avoir subi bien des vicissitudes, aussi forte que jamais, malgré les efforts de la société laïque à qui sont dues les conceptions pédagogiques pour lesquelles les églises protestantes, aussi bien que les églises catholiques, ont toujours témoigné un intérêt médiocre. Pour elles, tout doit être, dans l'école, subordonné à l'enseignement de la religion; pour elles, l'école ne doit être qu'une annexe de l'Eglise.

Tel est l'esprit général qui domine dans les législations de la plupart des pays allemands plus ou moins inspirés par les exemples de la Prusse [1].

1. Cette subordination à l'Église et les efforts de la société laïque pour s'en affranchir sont exposés avec des détails extrêmement intéressants par M. Eugène Rendu, dans l'ouvrage ayant pour titre : *De l'Éducation populaire dans l'Allemagne du Nord et de ses rapports avec les doctrines philosophiques et religieuses* (1 vol. in-8, 1835).

Le Code général de ce royaume (*Algemeines Landrecht für die Prussischen staaten*), publié en 1794, avait, avant la loi de 1819, conféré aux ministres de l'Église le droit de surveillance et d'inspection sur toutes les écoles. Quand, vers le milieu du siècle présent, les découvertes de la science, la hardiesse des exégèses théologiques, les spéculations de la libre pensée, mirent presque partout en péril la suprématie de l'Église, l'appui de l'État lui fut nécessaire pour lui conserver ses droits et ses priviléges et l'aider à résister à l'invasion du scepticisme en rendant toute sa force à l'enseignement religieux des écoles. C'est à quoi travaillèrent ardemment, en Prusse, le ministre des cultes, de l'instruction publique et des affaires médicales, M. Raumer, et dans les autres États, les ministres effrayés de voir attaquer à la fois le pouvoir absolu des princes et l'influence du clergé.

En proclamant l'instruction obligatoire, le clergé avait surtout proclamé l'obligation de l'enseignement religieux. On pense, en Allemagne, que si l'esprit laïque pénétrait dans l'école, l'instruction populaire perdrait tout naturellement aux yeux du clergé une grande partie de son prix, et que si elle échappait à sa direction, elle trouverait parmi les ministres du culte plus d'antagonistes que de partisans.

En Saxe, la loi du 6 juin 1835 a réservé spéciale-

ment aux pasteurs la discipline des écoles. L'enseignement de la religion, l'histoire de l'Église, l'étude
raisonnée de la Bible y doivent occuper une grande
place. Élèves et maîtres sont l'objet d'une surveillance sévère, et des mesures sont prises pour
que les uns et les autres assistent régulièrement aux
offices et prennent part à l'enseignement religieux
du dimanche. Une ordonnance royale de 1850 a
maintenu aux écoles, désignées sous le nom d'*écoles
chrétiennes,* leur caractère confessionnel. Le ministre de l'instruction publique ne peut placer un
maître dans une école primaire et dans une école
normale ou suspendre les effets d'une révocation
prononcée que d'accord avec l'autorité ecclésiastique.

Dans la Hesse électorale, c'est aussi aux pasteurs
que le règlement de 1825 donnait la direction de
l'école. « Cette direction, y est-il dit, est une partie
essentielle de leur haute mission. Choix des méthodes, examens des élèves, surveillance des maîtres,
tout entre dans leurs attributions. » La pédagogie
et l'école, disait, à ce propos, M. le conseiller
Vimar, ont prétendu dans ces derniers temps briser
leurs anciennes racines pour se constituer une vie
propre et indépendante. La pédagogie a voulu n'exister que pour soi, et l'école, comme on a dit,
s'émanciper de l'Église... Qu'en est-il résulté ?
que dans les choses qui agissent directement sur

la vie de l'individu pour la rattacher à la vie de la nation et surtout dans les choses de la croyance, au réveil de laquelle le monde s'émeut aujourd'hui, dans toutes ces choses, se révèle une ignorance grossière et une déplorable faiblesse. »

Dans le duché de Saxe-Weymar où l'influence rationaliste, exercée par Gœthe, Schiller, Herder, Fichte, Hegel, Schelling, a fortement amoindri la puissance du clergé, elle ne l'a pas néanmoins détruite. C'est toujours lui qui est chargé de l'inspection des écoles et c'est toujours sous sa surveillance que s'y donne l'instruction religieuse.

Je n'ai pas besoin de pousser plus loin cette revue : il suffit d'avoir montré que, dans les pays protestants comme dans les pays catholiques, dans le nord comme dans le midi de l'Allemagne, le plus grand soin est apporté à l'instruction religieuse des écoles ; que le corps ecclésiastique par le droit d'inspection qui lui est attribué, par ses conférences paroissiales, par son enseignement dogmatique, dans lequel sont agitées toutes les questions qu'embrasse le christianisme, par l'étroite surveillance qu'il exerce sur les maîtres, par les conditions qu'il impose à tous ceux qui se préparent à entrer dans la carrière, tient en sa main le sort des instituteurs et la direction des écoles[1].

1. Voir l'ouvrage de M. Eugène Rendu, cité plus haut.

IV

On conçoit qu'un état de subordination aussi absolu devrait exclure tout esprit d'indépendance et d'initiative chez les instituteurs. Leur condition dans les villages et les petites villes est assez misérable pour avoir donné lieu de leur part à des réclamations et à des plaintes qui n'ont eu d'efficacité que dans les pays où l'État s'affranchissant lui-même de l'église a, comme dans le grand duché de Bade, essayé d'améliorer leur position en confiant à des laïques l'inspection des écoles.

Personne ne nie en Allemagne la nécessité de donner l'enseignement de la religion pour base à l'éducation populaire. Mais est-il indispensable pour cela, demandent les instituteurs, que le clergé en ait la direction exclusive? Ne serait-il pas convenable, au contraire, de séparer dans les écoles publiques l'enseignement de la lecture, de l'écriture, de la géographie, de l'histoire, des sciences naturelles, du dessin, de la musique, etc., de celui de la religion? Dans les pays où les élèves appartiennent à des familles qui professent des cultes différents, n'est-il pas naturel que les ministres de diverses communions se partagent le soin de donner, chacun en ce qui le concerne, une satisfaction légitime aux besoins de l'instruction religieuse? N'est-ce pas dans l'intérêt même de cet enseignement et par respect pour la liberté de conscience que les États-Unis ont interdit expressément dans leurs établissements tout enseignement religieux dogmatique? Et l'influence des pasteurs est-elle moins grande chez eux sur les esprits parce qu'ils laissent à l'instituteur l'enseignement scientifique pour se charger exclusivement de tout ce qui appartient au domaine de la foi?

Ce n'est pas ainsi que raisonnent en Allemagne les membres du clergé qu'effrayent certaines tendances de l'esprit scientifique et les tentatives d'émancipation qui se manifestent de tous côtés dans la société laïque. De là tous les efforts pour retenir ou reprendre un pouvoir qu'ils ne peuvent se décider à partager; de là cette lutte déplorable partout engagée entre les deux éléments qui se disputent la direction des écoles populaires.

Qu'on ne s'y trompe pas, du reste. Si la pression de l'opinion publique devenait assez forte pour diminuer l'influence des pasteurs, ce ne serait pas au profit de la liberté que s'opérerait un semblable revirement. L'instruction publique ne cesserait pas d'être entièrement soumise à l'autorité de l'État, trop jaloux de ses droits pour s'en dessaisir volontairement. Ce n'est pas en Prusse du moins qu'il faut s'attendre à trouver l'application des principes d'après lesquels a été organisée l'instruction publique dans les pays libres.

V

Il est tout naturel que l'État et l'Église, qui ont toujours fait les plus grands efforts pour créer et organiser les écoles populaires, se croient autorisés à en conserver la surveillance et la direction. L'instruction publique est fille du protestantisme et les pasteurs doivent voir avec peine tout ce qui tend à diminuer leur autorité sur les instituteurs. M. Cousin qui trouve fort légitime les prétentions de l'église évangélique de Prusse[1], conteste celles qu'à manifestées à plusieurs époques le clergé catholique de France. « Il devrait, dit-il, jouer le plus grand rôle dans l'instruction populaire; mais il a négligé et même répudié une pareille mission. C'est un fait déplorable qu'il faut reconnaître : le clergé est généralement en France indifférent ou hostile à l'instruction du peuple. Qu'il s'en prenne à lui-même si la loi ne lui donne pas une grande influence dans l'instruction primaire; car c'était à lui à devancer la loi et à s'y faire d'avance une place nécessaire. La loi, fille des faits, s'appuiera donc peu sur le clergé; mais si elle l'écartait entièrement, elle ferait une faute énorme; car elle mettrait décidément le clergé contre l'instruction

---

1. *Rapport sur l'état de l'instruction publique*, p. 25 (1833).

primaire, et elle engagerait une lutte déclarée scandaleuse et périlleuse. » M. Cousin ne voulait donc pas que l'on donnât au curé, comme l'avait fait la Restauration, la présidence des comités communaux, mais il tenait à ce qu'il y prît place à côté des maires. Il n'était d'avis ni de livrer les comités aux ecclésiastiques ni de les en exclure, et tout en reconnaissant que le christianisme devait être la base de l'instruction du peuple, il soutenait que l'école devait être placée sous la surveillance de l'autorité municipale.

Il est assez piquant de montrer que les hommes, qui s'occupaient en 1833 de l'organisation de l'enseignement primaire, apportaient à l'œuvre qu'ils avaient entreprise une fermeté et une hauteur de vues que nous regrettons de ne plus retrouver de nos jours. « L'organisation de la France en mairies et en préfectures avec des conseils municipaux et départementaux, dit M. Cousin, est la base du gouvernement et de l'ordre général. Cette base est restée debout au milieu de tant de ruines; s'y appuyer me paraît prudent et politique. Cette organisation vient d'être rajeunie et vérifiée par l'établissement de conseils municipaux et départementaux, électifs et populaires. Songez encore que ce sont les conseils municipaux et départementaux qui payent, et que vous ne pouvez équitablement en attendre quelque chose qu'autant qu'ils auront une

grande part à la gestion des dépenses qu'ils auront
votées. Ces conseils viennent du peuple et ils y
retournent; ils sont sans cesse en contact avec lui.
Ils sont le peuple lui-même légalement représenté,
comme les maires et les préfets sont ces conseils
personnifiés et centralisés pour l'action. Je regarde
donc comme un point incontestable l'intervention
nécessaire des conseils municipaux et des conseils
de département dans la surveillance de l'instruction
populaire. Comme il doit y avoir une école par commune, de même il doit y avoir pour toute école
communale un comité spécial de surveillance,
lequel doit être pris dans le conseil municipal et
présidé par le maire. Qu'on n'aille pas me dire que
ceux qui sont bons pour gérer les intérêts de la
commune ne sont pas bons pour surveiller l'école
communale; car, pour cette surveillance, il ne faut
que du zèle, et les pères de famille les plus notables
d'un lieu ne peuvent manquer de zèle pour leur plus
cher intérêt. En Prusse on ne voit à cela aucune
difficulté, et toute école communale a son *Schul-
vorstand* électif en très-grande partie. Au dessus
de ces comités locaux doit être un comité central
au chef-lieu du département, pris dans le conseil de
département et présidé par le préfet. Le comité
local de chaque commune, correspondant avec le
comité départemental, c'est-à-dire bien entendu
le maire avec le préfet, cette correspondance ex-

citerait le zèle de l'un et de l'autre comité. Par elle,
le comité départemental saurait quel est chaque
année le recrutement des maîtres d'école qu'exige
tout le département et par conséquent le nombre
de maîtres que l'école normale départementale doit
fournir et celui des élèves qu'elle doit admettre. Il
aurait sans cesse à exciter le zèle des comités
locaux pour établir des écoles et les améliorer, afin
de pourvoir le mieux possible au sort des élèves de
son école normale. Rien n'est plus simple que cette
organisation ; c'est en matière d'instruction primaire ce qui se passe dans l'administration ordinaire : je veux dire l'action combinée des conseils
municipaux et des conseils départementaux, des
maires et des préfets. »

C'était une idée heureuse et juste que d'intéresser directement les conseils électifs et les pères
de famille à la prospérité des écoles. Seulement
aujourd'hui ce ne serait plus avec les préfets, mais
avec les recteurs et les inspecteurs d'académie que
devraient s'entendre les conseils communaux et
départementaux. Je ne crains point de rappeler encore un passage dans lequel le même écrivain
expose des idées décentralisatrices dont la réalisation serait à mon avis un grand bien pour l'instruction primaire [1].

1. *Rapport sur l'état de l'instruction publique*, p. 56.

« Loin de craindre de donner de trop larges attributions aux pouvoirs provinciaux, je voudrais, sur tout ce qui n'est pas politique, leur abandonner mille choses que l'on fait mal au centre, parce qu'elles ne tiennent point à la vraie centralisation, qui doit être essentiellement politique ; et puis les hommes ne s'intéressent qu'aux choses où ils ont de l'influence, et l'on ne prend de la peine qu'à la condition d'avoir en retour quelqu'autorité. Enfin je considère les conseils provinciaux avec de fortes attributions, comme d'utiles pépinières de députés, comme des fabriques d'hommes d'État, et les hommes politiques ne se forment que dans le maniement d'affaires un peu importantes. Selon moi, l'instruction primaire doit être en grande partie confiée à ces conseils. Comment, d'ailleurs, l'instruction populaire ne serait-elle pas dans les attributions du pouvoir le plus populaire de l'État, nommé presque directement par le peuple et en communication perpétuelle avec lui ? »

On ne dirait pas mieux aux États-Unis : si ces principes trouvaient leur application sous le régime de la monarchie constitutionnelle, combien à plus forte raison s'accordent-ils avec les institutions républicaines ?

VI

L'Allemagne a compris de bonne heure la nécessité de préparer par une instruction forte et sérieuse les hommes qui doivent être préposés à la direction des écoles. Elle a donc, autant que possible, multiplié les écoles normales primaires, ou *séminaires pédagogiques*, dont l'organisation est excellente.

Il y a en Prusse de *petites écoles* et de *grandes écoles normales primaires*. Les premières sont destinées pour la plupart à former exclusivement des maîtres d'école de village pour les communes les plus pauvres. On peut citer comme un modèle de ce genre la petite école normale de Lastadie à Stettin. Il y a quelque chose de profondément naïf et touchant dans les considérants auxquels a donné lieu la création de cet utile établissement. On n'y enseigne, est-il dit, que les choses nécessaires aux petites communes pauvres de campagne, qui cherchent pour leurs enfants des maîtres d'écoles chrétiens et utiles et ne peuvent leur offrir qu'un chétif revenu. Cette école veut être une *école chrétienne* fondée sur l'évangile. Elle désire ressembler à un ménage de campagne fort simple et en même temps ne faire autant que possible de tous ses habitants qu'une seule famille. Dans ce but, tous les élèves habitent avec les maîtres la même maison et man-

gent avec eux à la même table. Les jeunes gens
que l'on reçoit de préférence, sont ceux qui sont
nés èt qui ont été élevés à la campagne, qui savent
par principes ce qu'on enseigne dans une bonne
école de campagne, qui ont un esprit droit et une
humeur gaie. Si avec cela ils savent un métier ou
le jardinage, ils trouveront dans les heures perdues
l'occasion de s'exercer et de s'instruire encore.
L'instruction a pour but d'apprendre aux jeunes
gens à réfléchir, et, en les exerçant à la lecture, à
l'écriture, au calcul et au chant, de les mettre en
état de s'instruire eux-mêmes et de se former davantage. Car le paysan aussi doit apprendre à penser ; mais l'éclairer ne veut pas dire le rendre savant.
Dieu veut que tous les hommes soient éclairés et
qu'ils parviennent à la connaissance de la vérité.
A l'école de Lastadie est jointe une école de pauvres
où les jeunes gens trouvent l'occasion de revenir
en enseignant sur ce qu'ils ont appris et de s'exercer dans l'enseignement d'après un plan fixe. Cette
école consiste en une seule classe afin que les élèves
voient comment doit être composée et conduite une
bonne école de pauvres, et comment tous les enfants
peuvent être occupés à la fois. Le nombre des élèves
est fixé à douze.

Dans le règlement de la petite école normale de
Pyritz en Poméranie, chaque élève admis devait
s'engager *en serrant la main du maître* et en si-

gant son nom, à se diriger d'après les maximes
suivantes :

1° Ordre dans la conduite et le travail et la plus
grande simplicité en tout, afin que les élèves appartenant à la classe pauvre et destinés à devenir instituteurs des pauvres restent volontiers dans cet
état, et n'apprennent pas à connaître des besoins
qu'ils ne pourront ni ne devront satisfaire. C'est
pourquoi ils doivent se servir eux-mêmes.

2° Quant à l'enseignement dans l'école, il faut
toujours en faire faire la répétition par les élèves
les plus avancés; il faut, autant que possible, que
les élèves s'enseignent les uns aux autres ce qu'ils
ont appris du maître, afin qu'ils se perfectionnent
en s'enseignant.

3° Que l'âme de leur communauté soit la piété et
la crainte de Dieu; mais une véritable piété chrétienne, une crainte de Dieu qui repose sur une connaissance éclairée afin que les élèves rendent en
tout honneur à Dieu et mènent une vie simple et
calme, résignée et contente dans la peine et le travail, suivant l'exhortation de l'Apôtre : Rendez ma
joie parfaite, vous tenant tous unis ensemble,
n'ayant tous qu'un même amour, les mêmes sentiments, afin que vous ne fassiez rien par esprit de
contention ou de vaine gloire; mais que chacun,
par humilité, croie les autres au-dessus de soi. »

Les grandes écoles normales forment des institu-

teurs à la fois pour les écoles *élémentaires* et les
écoles *bourgeoises ;* ce qui montre d'abord que l'instruction qui leur est donnée doit être assez étendue.
Ce sont les provinces et l'État qui pourvoient à leur
entretien. Tant que les élèves sont à l'école normale
ils ne peuvent être appelés ni dans l'armée active ni
dans la landwehr. Ils tirent au sort comme les autres jeunes gens de vingt ans dans la classe appelée ;
ils sont dispensés de tout service jusqu'à l'achève-
ment de leur temps à l'école normale, ordinairement trois ans. Alors, que le sort les ait désignés pour
la ligne ou pour la réserve, ils sont tenus à un service de six semaines pour se former aux exercices
militaires. Ils ne peuvent être placés comme maîtres d'école qu'après avoir satisfait à ces conditions.
Devenus maîtres d'école, ils sont dispensés du service dans l'armée active et du premier ban de la
landwehr. Ils sont placés dans le second. Dans
toutes les nominations de maîtres d'écoles dépen-
dantes de l'État, on a particulièrement égard aux
élèves sortis de l'école normale supérieure de la
province et porteurs de certificats de capacité ; et,
tant qu'il s'en trouve, on ne prend pas de sujets
préparés d'une autre manière aux fonctions d'instituteurs.

VII

Les épreuves d'admission aux écoles normales sont sérieuses. Les candidats doivent d'abord subir des examens préparatoires devant le curateur des écoles (*Schulpfleger*) et deux instituteurs de la ville, sortis les premiers de l'école normale et bons musiciens : on s'assure ainsi des dispositions des candidats qui ne peuvent tenter l'examen d'admission définitif qu'après avoir obtenu un certificat pour le premier.

Cet examen est fait par les professeurs de l'école normale eux-mêmes en présence du directeur de l'école et des conseillers de la régence, chargés de la surveillance de l'instruction primaire dans la province.

Voici quelles sont pour le royaume de Prusse les matières de l'examen :

I. RELIGION. Le candidat doit savoir parfaitement le grand cathéchisme luthérien ou catholique, suivant sa foi et l'école dans laquelle il désire entrer ; en posséder non seulement la substance et l'esprit, mais encore la division et la lettre ; et comme la religion a pour base la Bible, il doit connaître aussi les faits les plus importants de l'ancien et du nouveau Testament et pouvoir les raconter de vive-voix, sans omettre rien d'essentiel.

II. ALLEMAND. La prononciation du candidat doit être nette et parfaitement intelligible, sa lecture facile, coulante et bien accentuée. Les règles de la grammaire doivent lui être familières. On lui donne à faire l'analyse logique d'un fragment littéraire écrit en prose. Il doit enfin savoir écrire sans fautes d'orthographe ou de grammaire, au moins sans fautes grossières, une narration ou une description sur un sujet donné et rédiger une lettre relative à quelque circonstance de la vie commune.

III. ARITHMÉTIQUE. Les quatre premières règles sur les nombres entiers, les fractions et les nombres décimaux seulement, mais maniés avec aisance et précision.

IV. MUSIQUE. — Le candidat doit solfier un motif facile et le chanter de suite en faisant entendre clairement tous les mots du texte; chanter à première vue dans l'antiphonaire et savoir par cœur les principales hymnes de l'année, jouer sur le violon sans fausses notes, un air, de difficulté moyenne, enfin avoir une assez grande habitude du piano pour pouvoir déchiffrer avec sureté et jouer avec pureté un choral d'église.

V. GÉOGRAPHIE. Les éléments de la géographie, les limites géographiques les plus importantes, l'usage des globes terrestres; une connaissance détaillée des différentes parties de l'Europe avec leurs rapports commerciaux et particulièrement les divisions politiques et administratives du royaume de Prusse.

VI. Histoire. La biographie des hommes remarquables de la Prusse et les faits les plus importants de son histoire.

VII. Physique. Ses éléments, les principales lois de la chute des corps, de l'hydrodynamique, de l'acoustique, de la chaleur, du magnétisme, de la lumière et de l'électricité.

VIII. Histoire naturelle. La botanique avec les familles, l'anthropologie, et des notions de géologie.

Le candidat admis présente un certificat attestant qu'il est âgé de dix-huit ans et contracte un engagement qui le met à la disposition du gouvernement pendant plusieurs années.

Les élèves sont internes et soumis à une discipline sévère qui rappelle souvent les ordres religieux dont ils tiennent lieu, et dont ils occupent en général les monastères. Ils se lèvent à quatre heures en été, au printemps et à l'automne à cinq heures, en hiver à six heures du matin, se réunissent matin et soir pour lire l'Écriture sainte et faire la prière en commun, puis se rendent dans leurs salles d'études respectives pour revoir les matières enseignées

la veille et préparer celles qui doivent faire l'objet
des leçons de la journée.

L'enseignement comprend toutes les matières
dont se composent les cours préparatoires, mais
complétées et étudiées d'une manière plus scientifique. Je n'ai pas besoin de dire que tout ce qui
concerne l'étude de la religion et de l'histoire sainte
est l'objet d'un soin tout particulier. La plupart des
directeurs d'écoles normales sont des curés ou des
pasteurs fort instruits; ce sont eux ordinairement
qui font ces cours. L'enseignement ne se borne
pas à l'étude du catéchisme; il s'élève jusqu'aux
problèmes les plus délicats de la foi. Les histoires
de la Bible, les paraboles de l'Écriture sainte, les
versets des psaumes, les discours du Christ, servent
de canevas aux leçons de la première année. Mais
bientôt le professeur arrive à l'histoire de l'établissement du christianisme. Il étudie la concordance
des Évangiles, la Réforme; il expose les divers
systèmes philosophiques et religieux, l'humanisme,
l'athéisme, le déisme, le panthéisme, le natura-
lisme, le positivisme, etc., toutes les questions, enfin,
dans l'étude desquelles se complaît le génie allemand et dont le bon sens français se garderait bien
d'introduire l'enseignement dans ses écoles normales primaires. En revanche, il serait à désirer
que nos directeurs d'écoles normales s'occupassent
sérieusement d'une science qui devrait figurer au

premier rang parmi celles que doivent posséder les
instituteurs de la jeunesse, et qui occupe dans toute
l'Allemagne une place importante dans l'enseignement. Cette science n'est autre chose que l'art d'enseigner, l'art de diriger l'éducation physique,
l'éducation intellectuelle et l'éducation morale des
enfants, c'est-à-dire la pédagogie. Dans un pays
où tous les citoyens s'intéressent aux questions re-
latives à l'instruction publique, personne n'ignore
que les progrès dans toute espèce d'études dépendent surtout des méthodes employées. De nombreuses publications donnent sur ce point toutes
les indications désirables aux maîtres et aux pères
de famille. C'est l'objet principal des entretiens des
directeurs d'écoles normales, et c'est pour les discuter et les approfondir qu'ont lieu entre les instituteurs ces conférences dans lesquelles ils viennent,
à des époques déterminées, mettre en commun les
résultats de leur expérience.

Les Allemands n'attachent pas moins d'importance aux exercices gymnastiques qui viennent
enfin d'être, à leur exemple, rendus obligatoires dans
nos écoles primaires et dont les élèves des écoles
normales doivent posséder à fond les principes.
Quant à la musique, il est probable que nous atten-
drons longtemps encore avant d'en voir l'enseignement poussé aussi loin que chez les nations d'Outre-
Rhin. On commence par y apprendre aux élèves les

règles de l'acoustique, et l'on continue par des exercices rhythmiques difficiles ayant pour but principal de faire acquérir une grande sûreté dans l'attaque de la note. Comme ils avaient déjà appris à chanter dans les écoles primaires et bourgeoises, on leur met entre les mains dès la première année les chœurs de Haendel, la Création d'Haydn, les Oratorios de Mendelsohnn, etc.; puis vient l'étude de l'harmonie, et avant de quitter l'école, ils doivent être en état de composer de petits morceaux en vers libres pour un orgue de force ordinaire. Les programmes relatifs aux études de l'histoire universelle, de la géographie, de la physique, de la chimie et de l'histoire témoignent de l'étendue qui est donnée à ces divers enseignements. L'on ne craint pas d'élargir le cercle des connaissances que doit posséder l'instituteur dans les pays où l'on se fait une juste idée du rôle qu'il est appelé à remplir et de la place qu'il doit occuper dans la société. Il y est l'objet d'égards respectueux de la part des parents et des élèves, et un sot préjugé n'engage pas les gouvernements à amoindrir sa position dans la crainte de le voir transformé en homme politique.

Il faut reconnaître cependant que c'est pour des raisons du même genre que des tentatives ont été faites dans ces derniers temps sur plusieurs points pour circonscrire dans d'étroites limites l'enseignement des écoles normales allemandes.

Les règlements proposés pour les séminaires de Côpenik [1], de Bunzlau, de Breslau (Silésie), de Fulda (Hesse électorale), ont été conçus dans la pensée qu'un savoir trop étendu n'aurait pour résultat que de soustraire l'instituteur à l'autorité religieuse. On bannissait des écoles normales tout ce qui pouvait y être enseigné sous les rubriques de pédagogie méthodique, didactique, catéchétique, anthropologie, psychologie, etc. ; on y substituait la science de l'école (*schulkunde*), c'est-à-dire le tableau simple et précis de l'école évangélique chrétienne, d'après son origine et ses progrès : l'essentiel était de donner aux élèves des notions sur leurs devoirs *comme serviteurs de l'État et de l'Eglise*. Il fallait enfin ne pas laisser trop de latitude à la *subjectivité* du maître [1], et par conséquent lui épargner la peine de penser par lui-même.

Les méthodes d'enseignement, dont les élèves de l'école normale possèdent la théorie, ne seraient pour eux qu'une science incomplète s'ils ne trouvaient autour d'eux les moyens d'en faire l'application.

Une école primaire est ordinairement annexée à l'établissement. Les élèves doivent, pendant la dernière année, s'y rendre fréquemment pour y faire la leçon sous la surveillance de leurs maîtres. Ceux-ci les écoutent avec attention, et leur font après la

1 Eugène Rendu, ouvrage cité.

classe des observations sur la manière dont ils se sont acquittés de la classe. Souvent aussi les élèves se séparent en plusieurs divisions, et chacun d'eux fait à son tour à ses camarades un cours de mathématiques, de géographie, d'histoire, comme s'il se trouvait en présence d'une classe remplie d'enfants.

Lorsque leurs études enfin sont terminées, ils subissent un examen de sortie en présence d'un conseiller de la province et d'un délégué de l'évêque ou de l'Église consistoriale.

Cet examen est partout très-sérieux : il porte sur toutes les matières enseignées pendant les trois années d'études. On y joint une leçon faite par le candidat sur un sujet tiré au sort. Aussitôt après l'examen et séance tenante, un certificat portant les numéros 1, 2 ou 3, suivant l'appréciation du jury, est délivré au jeune maître par le directeur, en présence des examinateurs et des deux délégués, qui le signent avec lui. Un second certificat relate quel degré d'instruction avait le candidat lorsqu'il est entré à l'école normale, comment il a profité de ses trois années d'études, quelle partie d'enseignement peut lui être confiée, et quelle est son habileté pratique. Des instituteurs privés ou libres peuvent aussi recevoir des commissions communales l'autorisation d'enseigner; mais ils ne peuvent ouvrir une école. Cette autorisation ne leur confère que le droit de donner des leçons dans des familles. En général, les instituteurs sont laïques, même dans les provinces rhénanes ; au contraire, dans ces mêmes provinces, les institutrices sont presque toutes congréganistes, mais elles doivent subir les mêmes examens que les instituteurs et les institutrices laïques.

On ne s'étonnera pas de l'importance donnée aux écoles normales et des connaissances que l'on exige des instituteurs. Tout l'avenir des écoles ne dépend-il pas du degré d'instruction plus ou moins élevé de ceux qui doivent les diriger? Tant que l'on s'est imaginé en France que l'enseignement populaire, organisé enfin par la loi de 1833, ne devait avoir pour objet que la lecture, l'écriture et les premières opérations de l'arithmétique, il a paru tout simple de n'exiger des maîtres formés dans les écoles normales qu'un savoir réduit aux proportions les plus modestes. Les modifications introduites dans le programme des études en ont peu à peu élargi le cercle. Mais qu'on est loin encore d'avoir compris l'importance de ces établissements qui doivent assurer le recrutement des premiers instituteurs de la jeunesse! En les préparant pour les écoles primaires, les Allemands ont voulu qu'ils fussent pourvus des connaissances qui leur permettraient de diriger les écoles du degré supérieur, écoles bourgeoises ou écoles réelles.

Les directeurs et les professeurs des écoles normales sont, pour la plupart, des hommes distingués, des savants, qui ne croient pas déroger en s'appliquant à former des maîtres instruits, ayant des vues élevées et philosophiques, et parfaitement au courant des meilleures méthodes d'enseignement. Avec de tels hommes, la tenue des écoles, la direction intellectuelle et morale des enfants, laissent peu à désirer. Le respect des élèves et la déférence de leurs parents assurent à l'instituteur une position honorable et lui donnent une influence qui ne peut être que profitable aux progrès de l'instruction populaire.

On compte aujourd'hui dans la Prusse seulement, 93 écoles normales (*Schullehrer semenarien*) pour les instituteurs, et 28 pour les institutrices. Sur les 93 écoles d'instituteurs, réunissant 4381 élèves et 540 professeurs, 63 appartiennent au culte évangélique, 26 au culte catholique, 3 au culte juif, 1 réunit des élèves de différents cultes.

Ces écoles sont distribuées ainsi qu'il suit[1] :

I. — PROVINCE DE PRUSSE.

11 écoles : 7 évangéliques, 4 catholiques.
653 élèves, 88 professeurs.

1. Régence de Kœnisberg : 3 évangél., 1 cath. (178 élèves), 2 pour les institutrices.

---

1. D'après le *Deutscher Universitäts-und Schul-Kalender*, de 1872.

2. Gumbinen : 2 évang. (174 élèves), 2 pour les gouvernantes et les institutrices.

3. Dantzig : 1 év., 1 cathol. (148 élèves), 1 pour les institutrices.

4. Marienverder : 1 év., 1 cathol. (153 élèves), 2 pour les institutrices.

II. — Province de Brandebourg.

9 écoles : 8 évangéliques, 1 juive, pour les institutrices.

648 élèves, 65 professeurs.

1. Berlin : 2 év., 1 juive (138 élèves).
2. Postdam : 3 év. (277 élèves).
3. Francfort : 3 év. (233 élèves), 2 pour les instituteurs.

III. — Province de Poméranie.

8 écoles évangéliques.

348 élèves, 33 professeurs.

1. Régence de Stettin : 3 évangéliques, 2 écoles préparatoires, (153 élèves), 1 pour les institutrices.
2. Coslin : 3 év. (123 élèves).
3. Stralsund : 2 év. (72 élèves).

IV. — Province de Posen.

6 écoles : 2 évangéliques, 3 catholiques, 1 mixte.

408 élèves, 33 professeurs.

1. Posen : 1 év., 2 cathol., 1 mixte (271 élèves).

2. Bromberg : 1 év., 1 cathol. (137 élèves), 2 pour les institutrices.

V. — PROVINCE DE SILÉSIE.

11 écoles : 5 évangéliques, 6 catholiques.

733 élèves, 60 professeurs.

1. Breslau : 2 év. 2 cathol. (277 élèves), 3 pour les institutrices.
2. Liegnitz : 2 év., 2 cathol. (214 élèves), 3 pour les institutrices.
3. Oppeln : 1 év. 3 cathol. (242 élèves).

VI. — PROVINCE DE SAXE.

9 écoles : 8 évangéliques, 1 catholique.

583 élèves, 57 professeurs.

1. Magdebourg : 3 év. (197 élèves).
2. Mersebourg : 4 év. (280 élèves), 2 écoles préparatoires.
3. Erfurt : 1 év., 1 cathol. (106 élèves).

VII. — PROVINCE DE SCHLESWIG-HOLSTEIN.

3 écoles évangéliques.

250 élèves, 26 professeurs.

VIII. — PROVINCE DE HANOVRE.

11 écoles : 8 évangéliques, 2 catholiques, 1 juive.

470 élèves, 64 professeurs.

IX. — Province de Westphalie.

7 écoles : 3 évangéliques, 4 catholiques.

352 élèves, 27 professeurs.

1. Munster : 2 cathol. (69 élèves).
2. Minden : 1 év., 2 cathol. (165 élèves).
3. Arnsberg : 3 év. (117 élèves).

X. — Province de Hesse-Nassau.

6 écoles : 3 évangéliques, 2 catholiques, 1 juive.

355 élèves, 38 professeurs.

1. Cassel : 2 év., 1 cathol., 1 juive (227 élèves).
2. Wiesbaden : 1 év., 1 cathol. (128 élèves).

XI. — Provinces Rhénanes.

8 écoles : 4 évangéliques, 4 catholiques.

492 élèves, 36 professeurs.

1. Köln : 1 cathol. (100 élèves), 1 pour les institutrices.
2. Dusseldorf : 2 év., 1 cathol. (248 élèves).
3. Coblentz : 2 év. 1 cathol. (144 élèves), 2 pour les institutrices.

XII. — Province de Lauenbourg.

1 école préparatoire.

12 élèves, 2 professeurs.

XIII. — Alsace-Lorraine.

3 écoles évangéliques.

87 élèves, 11 professeurs.

Il existe dans les autres États de l'Allemagne 52 écoles normales, ayant 3 853 élèves et 459 professeurs.

ROYAUME DE BAVIÈRE.

Onze écoles normales : 7 catholiques, à Bamberg, Eichstatt, Freising, Lauingen, Speier, Straubing et Würzbourg. Elles réunissent 816 élèves avec 103 professeurs.

ROYAUME DE SAXE.

Douze écoles normales, à Annaberg, Bautzen, Borna, Callnberg, Dresde, Grimma, Nassen, Plaüen, Waldenbourg, Zschopau ; réunissant 1394 élèves avec 100 professeurs.

ROYAUME DE WURTEMBERG.

Trois écoles normales, à Esslingen, Gmünd et Nürtingen ; réunissant 158 élèves avec 27 professeurs.

GRAND DUCHÉ DE HESSE-DARMSTADT.

Deux écoles normales : 1 catholique à Bensheim, 1 évangélique à Friedberg ; 164 élèves, 19 professeurs.

GRAND DUCHÉ DE BADE.

Trois écoles, à Ettlingen, Karlsruhe et Meersbourg ; ayant 273 élèves et 32 professeurs.

MECKLEMBOURG-SCHWERIN : 1 école à Neukloster ; 60 élèves, 15 professeurs.

MECKLEMBOURG-STRELITZ : 1 école à Mirow; 27 élèves, 3 professeurs.

OLDENBOURG : 2 écoles, 1 évangélique à Oldenbourg, 1 catholique à Wechta; 328 élèves, 25 professeurs.

SAXE-WEIMAR-EISENACH : 2 écoles, à Eisenach et à Weimar; 147 élèves, 22 professeurs.

SAXE-ALTENBOURG : 1 école à Altenbourg; 32 élèves, 6 professeurs.

BRUNSWICK : 3 écoles, 2 à Brunswick et 1 à Wolfenbüttel; 87 élèves, 29 professeurs.

SAXE-COBOURG-GOTHA : 3 écoles, à Gotha ; 103 élèves, 29 professeurs.

SAXE-MEININGEN-HILDBURGHAUSEN : 1 école, à Hildburghausen; 128 élèves, 7 professeurs.

PRINCIPAUTÉ DE LIPPE : 1 école, à Detmold ; 24 élèves, 9 professeurs.

PRINCIPAUTÉ DE SCHAUMBURG : 1 école, à Bückebourg; 9 élèves, 4 professeurs.

PRINCIPAUTÉ DE REUSS : 2 écoles, à Schleiz; 85 élèves, 8 professeurs.

SCHWARZBOURG-RUDOLSTADT : 2 écoles, à Rudolstadt et à Frankenhausen, 45 élèves et 13 professeurs.

SCHWARZBOURG-SONDERSHAUSEN : 1 école, à Son-
dershausen ; 38 élèves, 6 professeurs.

BRÊME : 1 école, 50 élèves, 5 professeurs.

HAMBOURG : 1 école avec 60 élèves, 5 professeurs.

Ces 52 écoles normales, avec leurs 3 863 élèves et
leurs 459 professeurs, ajoutées aux 93 écoles que
possèdent les États prussiens, avec leurs 4 381 élèves
et leurs 540 professeurs, donnent pour l'Allemagne
tout entière : 145 écoles normales, 8 244 élèves et
999 professeurs.

VIII

Pourvus d'une instruction plus étendue et plus
variée que celle que donnent nos écoles normales
primaires, les élèves des écoles normales allemandes
ont naturellement le droit d'être appelés par préférence à la direction des écoles publiques. En vertu
d'une circulaire de 1826, l'instituteur sorti de l'école
normale, avec son certificat, doit, après avoir été
pendant trois ans placé à la tête d'une école primaire, se présenter à un nouvel examen. Le premier avait eu spécialement pour but de s'assurer si
les élèves avaient saisi complétement l'instruction
reçue dans l'école normale, s'ils la possédaient,
s'ils l'avaient bien comprise ; les examens nouveaux

doivent constater en général la solidité des connaissances, la direction et l'indépendance des vues,
et particulièrement l'habileté et la capacité pratique. Il y a plus : tous les ans, les directeurs
d'écoles normales primaires doivent, pendant les
vacances, visiter une partie du département ou de
la province pour lesquels ont été nommés les
maîtres formés dans leurs établissements, afin de
constater la manière dont ils s'acquittent de leurs
fonctions.

Ces épreuves et ces précautions ne peuvent qu'assurer à l'enseignement primaire des maîtres réellement capables. Malheureusement, les traitements
qui leur sont affectés ne répondent pas toujours,
surtout dans la Prusse, et à leur mérite et aux soins
donnés à leur instruction. Ces traitements, dans
certaines villes et même dans quelques villages,
sont entièrement payés par la caisse communale,
lorsqu'il y a des fondations suffisantes, et, dans
ce cas, la rétribution scolaire est perçue par le
receveur communal. Ailleurs, ils se composent
de la rétribution scolaire, qui est toujours très-
faible, et d'un subside complémentaire payé par
la commune. Dans les campagnes, les instituteurs
avaient entre 600 et 800 francs, suivant les ressources des localités. Ils sont plus élevés dans les
villes.

Le royaume de Saxe, qui possède une école nor-

male catholique et neuf protestantes, établies à·
Annaberg, Bautzen, Borna, Dresde, Grimna, Nos-
sen, Plauen, Waldenbourg et Chemnitz, avec des
écoles préparatoires annexées à chacune d'elles,
apporte encore plus de soin à l'éducation des instituteurs ; mais leurs traitements ne sont pas davantage en rapport avec le mérite des maîtres. Le
minimum est de 562 fr. à la campagne et dans
les villes dont la population est au-dessous de
5 000 âmes ; il est de 675 fr. dans les villes de 5 000
à 10 000 âmes, et de 750 fr. dans les villes de plus
de 10 000 habitants. Il est vrai que des augmenta-
tions successives sont accordées (ce qui est une excellente mesure) de cinq ans en cinq ans aux instituteurs qui le méritent, et elles sont calculées de
manière qu'après vingt ans de service, le traitement *minimum* d'un instituteur de village ne peut
pas descendre au-dessous de 1 000 francs.

Dans un pays qui attache un si grand prix à l'enseignement populaire, on finira par comprendre
qu'il est indispensable de placer les hommes estimables qui en sont chargés dans une situation
meilleure. Comment un instituteur, ordinairement
père de famille, peut-il vivre honorablement, si une
rémunération suffisante ne le met pas à l'abri du
besoin ? Aussi ne doit-on pas être surpris d'apprendre
que le recrutement de ces utiles fonctionnaires devient depuis quelque temps, en Prusse, de plus en

plus difficile. Ce n'est que par nécessité que l'on
se décide à entrer dans une carrière si laborieuse et
si faiblement rétribuée. Toutes les fois qu'un instituteur trouve le moyen de se procurer d'une autre
manière des moyens d'existence, il s'empresse d'a-
bandonner l'école pour s'adonner à une profession
plus lucrative. Ce n'est certainement pas là le résultat qu'ont voulu obtenir les organisateurs de
l'instruction primaire. Il est cependant inévitable,
dans les pays où triomphe le régime militaire et
où le budget de l'instruction publique est diminué
de tout ce qui s'ajoute au budget de la guerre. (Nous
en savons quelque chose en France!) Ce qui se passe
en Prusse se fera ressentir probablement avant peu
dans tous les cercles qui composaient autrefois la
Confédération germanique, dont les ressources seront de plus en plus épuisées par la nécessité de
tenir sur pied de nombreux contingents armés. Les
souverains des petits États, qui ont mis jusqu'à
présent leur gloire à créer de nombreuses écoles et
des universités si renommées, auront beaucoup de
peine à les entretenir avec la même magnificence.
Les fondations privées seront moins fréquentes et
moins importantes, et les communes appauvries
pourront à peine ajouter aux rétributions payées par
les familles un complément déjà insuffisant. Sur ce
point, l'Allemagne conquérante aura fait plus de
tort qu'on ne le pense à l'Allemagne savante et let-

trée. Voilà ce qu'elle aura gagné en s'associant aux ambitieux projets de la Prusse[1].

Les matières dont se compose l'enseignement primaire dans les écoles allemandes sont à peu près les mêmes que celles des établissements du même genre dans les autres pays. Ce qui les distingue, ce qui assure leur supériorité et fait d'elles un sujet digne d'étude, c'est l'application des procédés et des méthodes qui ont dû naturellement se produire dans un pays où la science pédagogique a été l'objet des plus sérieuses méditations de la part de ses penseurs. C'est en Allemagne, en effet, ainsi que je l'ai déjà reconnu, que les méthodes d'éducation les plus ingénieuses, adoptées, mises en usage et consacrées par une longue expérience, exercent une influence d'autant plus salutaire qu'elles sont entrées dans les habitudes et les mœurs de tous les instituteurs de la jeunesse.

Ils ont depuis longtemps banni des écoles élémentaires tout ce qui n'est pas conforme au développement naturel et régulier des facultés intellectuelles de l'élève. Ailleurs, on s'obstine à considérer l'étude des théories grammaticales comme devant former la base de l'enseignement des enfants

---

1. Le *Schlesische Schulzeitung* fait connaître qu'en 1872 il manque au personnel de l'enseignement primaire en Prusse, 595 instituteurs et 1 174 maîtres adjoints. Parmi les maîtres en exercice, 1792 ne sont pas pourvus des diplômes nécessaires.

du premier âge, à surcharger leur mémoire de défi-
nitions techniques et de règles générales, dont le sens
et la portée leur échappent et qui ne peuvent avoir
d'autre résultat que de leur inspirer la fatigue et le
dégoût. Mais les bons instituteurs allemands savent
qu'il convient de réserver l'enseignement grammatical pour une époque où la raison entre en exercice,
et de parler d'abord aux sens en ne leur offrant
que des objets perceptibles et saisissables. Point de
leçons apprises par cœur et machinalement réci-
tées, mais des réalités offertes aux yeux et sur
lesquelles, au moyen de questions habilement po-
sées et autant que possible résolues par les élèves
eux-mêmes, on les habitue à voir, à bien voir, à
observer, à juger, à comparer, c'est-à-dire à mettre
en usage une des facultés les plus riches en résultats utiles et le plus universellement applicables, dans
l'avenir, à toutes sortes d'études. C'est dans de
libres entretiens que le maître leur apprend à parler purement leur langue maternelle, leur enseigne
la géographie et l'histoire, leur communique les
premières notions de la physique et des sciences
naturelles, les habitue à calculer de tête, non pas en
leur faisant apprendre des traités d'arithmétique,
mais en les habituant à évaluer les nombres ou les
dimensions des objets d'après les objets eux-mêmes
mis successivement sous leurs yeux.

Le dessin, la musique, la gymnastique font essen-

tiellement partie de l'enseignement primaire. Le
chant est considéré par les Allemands comme un
puissant moyen d'éducation. L'instituteur, qui sait
toujours jouer du violon ou toucher de l'orgue,
chante aux enfants des airs faciles et les habitue
aussi à chanter des chœurs à trois et quatre parties,
dont l'exécution par trois ou quatre cents voix enfantines offre un grand charme. Commencée dès
les premières années, l'étude de la musique se continue pendant toute la durée de l'éducation, et
c'est ainsi que se forment et se perpétuent ces habitudes qui ont fini par donner au sens musical de
la jeunesse allemande tout entière un degré de perfectionnement que n'ont pu atteindre les autres
nations.

Les instituteurs des États-Unis, toujours empres-
sés d'emprunter partout les procédés les plus ingé-
nieux, n'ont pas manqué de demander à l'Allemagne
tous ceux qui peuvent contribuer aux progrès de
leurs écoles. Comme leur liberté ne trouve dans la
tyrannie des règlements ou les préjugés de la routine aucun obstacle, ils ont pu étendre et perfectionner ce qu'ils jugent à propos d'emprunter aux
autres nations. Je puis donc renvoyer le lecteur à
l'ouvrage que j'ai consacré à l'instruction publique
aux États-Unis, pour tous les détails que je me con-
tenterai de donner ici d'une manière sommaire sur
les méthodes d'enseignement usitées en Allemagne.

Conçues dans un esprit plus large, elles y produisent aussi des effets supérieurs [1].

Les connaissances solides et variées que possèdent les instituteurs formés dans les bonnes écoles normales ont tout naturellement élevé le niveau de l'enseignement des écoles primaires. L'ambition du maître ne s'est pas bornée à lire couramment, à acquérir une belle main, à posséder les quatre règles, à tracer quelques figures géométriques et à bien chanter. Il est au courant des principales découvertes de la science; il n'est étranger à aucune des productions les plus remarquables de la littérature nationale; il est habitué à réfléchir, à comparer, à juger et à exprimer convenablement ses idées. Il considère avec raison la lecture et l'écriture, non comme un but, mais comme un moyen d'instruction et surtout d'éducation. Les qualités qu'il possède, il est en mesure d'en déposer les germes dans les jeunes esprits auxquels il s'adresse. Ces *leçons de choses*, qui produisent des effets si salutaires dans les salles d'asile, deviennent pour lui le moyen le plus efficace d'agir sur l'intelligence et le cœur de ses élèves. Il leur apprend d'une façon attrayante une foule de détails sur toutes les branches de l'histoire naturelle, sujet

1. Voir principalement les chapitres IV, V et VI de mon Rapport.

inépuisable de conversations et de rapprochements pleins d'utilité et d'intérêt.

L'enseignement de l'histoire par des récits habilement choisis, de la géographie par des voyages sur les cartes murales dont toutes les classes sont fournies, ouvre un champ aussi étendu aux réflexions morales qui laissent dans l'esprit des enfants des impressions durables. Songeons-y bien. De nombreuses années consacrées à l'étude de la grammaire et aux exercices qui n'ont pour objet que des mots et des phrases, pourraient laisser l'esprit aussi vide et l'entendement aussi étroit que si l'on n'avait reçu aucune instruction. En appliquant, au contraire, à la connaissance des faits et des réalités que présentent la société et le monde le temps que l'on consacre à faire apprendre par cœur le rudiment, on est sûr de donner à tout le développement futur des facultés intellectuelles une base solide, et à la raison un aliment fécond et substantiel.

En voyant plus d'une fois les minces résultats produits par nos écoles primaires, on s'est pris à douter de leur efficacité. On a pu compter le nombre considérable de ceux qui, après les avoir fréquentées dans leur jeunesse, en ont perdu jusqu'au souvenir dans l'âge mûr. On a pu remarquer même que ceux qui en avaient le mieux profité ne se faisaient remarquer ni par une moralité plus haute, ni par un désir bien vif d'étendre leurs connaissances. Une direction mieux entendue de l'enseignement primaire produirait de tout autres résultats. Pourquoi le peuple qui a appris à lire dans les écoles se jette-t-il avec avidité sur tous les livres qu'une honteuse et criminelle spéculation enfante chaque jour pour donner un aliment empoisonné aux imaginations corrompues et malsaines? C'est qu'il ne fallait pas que l'instituteur se bornât à enseigner tant bien que mal à ses élèves les principes de la lecture. L'instituteur allemand enseigne à lire, à bien lire, mais il enseigne aussi, mais il fait aimer ce qu'il faut lire. Un choix de bonnes lectures faites dans les écoles dégoûtera pour jamais des mauvaises. Les livres utiles n'ont d'attrait que pour ceux qui les comprennent, et ce n'est pas en abaissant systématiquement le niveau de l'instruction populaire que l'on rendra possible la lecture des ouvrages de ce genre. C'est à ce point de vue surtout que les *leçons de choses*, les informations scientifiques, historiques, géographiques, les récits de voyages, les œuvres des grands poëtes, plus accessibles qu'on ne le pense à l'intelligence populaire, préparent pour l'avenir des avantages incalculables. Le maître allemand qui a lu et fait lire, en les accompagnant de remarques utiles, des livres choisis parmi ceux qui peuvent offrir l'instruction la plus solide et la plus attrayante, a créé chez ses élèves des habitudes qu'ils ne perdront plus.

Ajoutons que les ouvrages qui doivent être l'objet des lectures du premier âge et des jeunes gens plus avancés sont aussi nombreux en Allemagne que rares chez nous. Il en existe, sans doute : on peut s'en assurer par les listes publiées, soit par le ministre de l'instruction publique, soit par la société Franklin, pour les bibliothèques dont on s'efforce de pourvoir toutes les communes. Mais ils sont écrasés par le nombre de ces publications illustrées ou non illustrées dont le colportage a inondé nos villes et nos campagnes. S'il est difficile d'en empêcher la circulation, il est au moins important de prémunir d'avance l'esprit des enfants contre ces lectures dangereuses, en leur inspirant du goût pour celles qui leur procureraient une instruction réelle et leur feraient aimer de bonne heure ce qui est vrai, juste et bon. C'est là le but que désirent atteindre les auteurs renommés qui écrivent pour la jeunesse ces ouvrages excellents, dont la composition tentera, il faut bien l'espérer, les écrivains français. Ils ne pourraient trouver aucun travail plus digne de leur savoir et de leur intelligence.

Il ne faudrait pas croire que l'on trouve partout des maîtres assez bien préparés pour mettre en pratique le programme dont je viens d'énumérer les différentes parties et de signaler la partie philosophique. A côté d'établissements dignes de servir de modèles, il en est un grand nombre qui ne présentent que des résultats fort médiocres. Disons aussi que si l'Allemagne en général attache à l'enseignement primaire une légitime importance, il s'y trouve, comme dans d'autres pays, un grand nombre d'esprits disposés à considérer comme un danger pour la société la participation des classes inférieures à une instruction plus étendue. De nombreux écrits critiquent et condamnent chaque jour ce que les étrangers admirent dans les écoles d'outre-Rhin. « La lecture, l'écriture et les quatre règles suffisent bien, disent leurs auteurs, aux fils des ouvriers et des paysans. On y a joint des notions d'histoire naturelle, de géographie, d'histoire : mais à quoi bon ? Les enfants pourront devenir sans cela d'excellents ouvriers, d'habiles laboureurs. L'apprentissage qu'ils feront chez leurs parents leur fournira tout le savoir pratique dont l'école ne pourrait les pourvoir. Mais si les instituteurs sont dispensés de charger leur intelligence de connaissances inutiles, ils ont un devoir tout autrement important à remplir, c'est de faire de leurs élèves de bons chrétiens et des sujets obéissants à l'autorité. Ils n'ont pas besoin, pour réussir dans cette tâche, d'avoir suivi pendant trois ans les cours des écoles normales. Moins ils seront instruits, plus ils seront réservés et modestes. Un savoir trop élevé leur donnerait de la vanité et ils se résigneraient diffi-

cilement à diriger une petite école. » Nous avons
entendu assez souvent en France de pareils rai-
sonnements pour nous étonner de les retrouver
dans d'autres pays. Ceux qui tracent ainsi d'étroites
limites à l'enseignement populaire et qui considèrent l'ignorance comme une garantie d'ordre et
de stabilité ne songent pas aux cruels démentis que
leur donne l'histoire.

C'est aux écoles bourgeoises, aux écoles réelles,
dont j'aurai bientôt à m'occuper, que les adversaires du système d'enseignement pratiqué dans
les *Volksschulen* conseillent de réserver uniquement une instruction dont il faut encore avoir soin
de borner l'étendue, car il serait dangereux, selon
eux, d'y introduire les études classiques qui doivent
être réservées aux gymnases et aux lycées. Mais
pour établir dans les écoles et les autres établissements d'instruction publique un ordre hiérarchique
aussi sévère, il serait nécessaire d'organiser des
écoles normales de plusieurs degrés, dans chacune desquelles les instituteurs n'apprendraient que
ce qu'ils devraient enseigner. C'est cependant à ce
prix que pourrait se réaliser le plan chimérique
dont je n'aurais pas cru devoir parler, si je ne le
trouvais exposé dans quelques écrits récemment
publiés en Prusse.

Une des institutions qui ont contribué le plus
efficacement à assurer l'instruction populaire est

celle des écoles du dimanche, où les élèves apprennent de nouveau ce qui a dû leur être enseigné dans les écoles des jours ouvrables. Elles empêchent que l'institution élémentaire se perde et s'oublie. Les enfants qui sortent de l'école à treize ans, pour prendre un métier, auraient bien vite perdu le fruit de leurs six années d'études, s'ils n'étaient pas contraints par la loi d'aller s'exercer et se perfectionner aux écoles des dimanches. Elles ne sont pas moins obligatoires dans la Bavière et le Wurtemberg que les écoles primaires. Elles sont ouvertes dans chaque ville, bourg et paroisse, tous les dimanches et jours de fêtes, excepté pendant le temps de la moisson, pour tous les garçons et toutes les filles de douze à dix-huit ans. Les garçons et les filles ne peuvent point se marier avant de prouver qu'ils les ont fréquentées assidûment. Dans les écoles du Wurtemberg les jeunes gens sont exercés à rédiger, à calculer, à dessiner, à chanter. Le livre de lecture qui est mis entre leurs mains contient les règles les plus importantes de la morale, des notions générales de physique et d'histoire naturelle, de géographie, et surtout de l'histoire nationale, enfin les droits et les devoirs généraux de l'homme comme citoyen et comme sujet. Ces écoles du dimanche sont tenues par le maître d'école et par ses suppléants, sous la surveillance du maire ou du curé et en sa présence autant que cela est possible. La

classe dure deux heures. Dans ces écoles, les deux
sexes sont toujours séparés. Dans la partie protestante du Wurtemberg elles existent depuis trois
cents ans. Les développements, qu'a pris de nos
jours l'industrie, ont fait établir pour les artisans
des écoles d'arts et métiers qui se tiennent aussi le
dimanche. On y a de plus des écoles du soir pendant
les autres jours. Les objets de l'enseignement sont
l'arithmétique, la géométrie, le dessin, la physique,
la géographie, la mécanique; le tout enseigné d'une
manière usuelle et pratique. Ces écoles d'artisans
sont gratuites. Etablies d'abord dans les grandes
villes, elles le sont maintenant dans les petites villes
et les gros bourgs. Elles sont entretenues par les
communes aidées, lorsqu'il en est besoin, par les
subventions de l'État.

IX

L'enseignement primaire se poursuit, se complète et s'achève dans les écoles bourgeoises (*Bürgerschulen*) instituées en 1804 et correspondant
aux établissements qui devaient être créés en
France, d'après la loi du 25 juin 1833, sous le nom
d'*écoles primaires supérieures*. Elles sont quelquefois réunies dans le même local, avec les *Volksschulen*, quelquefois elles occupent des locaux distincts et indépendants.

Les enfants qui y sont admis vers l'âge de dix ans, doivent les fréquenter assidûment jusqu'à l'âge de quatorze ou de quinze ans, c'est-à-dire jusqu'au moment où ils subissent l'examen final, examen dit de *confirmation*.

Cet enseignement, obligatoire comme celui de l'école primaire élémentaire, comprend : la religion, la langue maternelle, l'écriture, l'arithmétique, la géographie, la physique, l'histoire naturelle, le dessin, la gymnastique, le travail manuel et le chant.

L'enseignement de la religion ne se borne pas à l'étude et à la récitation du catéchisme. Il se donne dans tous les établissements d'instruction publique d'une manière sérieuse. On y consacre deux heures par semaine. Dans les premières classes, le pasteur chargé de ce cours, fait lire la Bible dont il interprète et commente les principaux passages. Les enfants apprennent par cœur des sentences bibliques courtes et faciles à retenir. Plus tard, le même système est appliqué à l'étude du Nouveau Testament. Dans les dernières classes enfin, on prend les grands prophètes, on expose les principaux faits de l'histoire ecclésiastique, et l'on termine par des leçons de littérature sacrée et des dissertations philosophiques.

Les *leçons de choses* qui ont pris une si grande place dans l'enseignement des écoles primaires ne sont point abandonnées dans les écoles bourgeoises. On les fait servir à l'étude de la langue maternelle. Au lieu de faire réciter aux élèves les règles de la grammaire, qui surcharge leur mémoire et ne leur apprend pas, quoi qu'on en dise, à parler et écrire correctement, le maître, versé dans la connaissance des préceptes pédagogiques, appelle l'attention des enfants sur les objets qu'il présente à leur vue. Il faut qu'ils lui fassent part de leurs observations sur ces différents objets, qu'ils lui en décrivent les formes, les qualités, les couleurs. Les mots dont ils se servent pour nommer et caractériser ces objets sont autant de matériaux qui entreront dans la formation des phrases, que le professeur leur fait composer, retourner et modifier de toutes manières. Ce sont autant d'idées qu'il les accoutume ainsi à classer et à enchaîner.

Quand il les a habitués à revêtir leurs idées de termes justes et précis, il introduit dans son enseignement des idées plus générales, plus abstraites, et il s'élève insensiblement jusqu'aux règles grammaticales et aux principes de la langue maternelle.

C'est le même système que l'on applique à l'enseignement des langues étrangères, et l'on suit en ce point la méthode naturelle qui, des faits observés s'élève graduellement aux lois générales, et qui, appliquée à l'étude des sciences, leur a fait faire tant de progrès.

« On apprend la grammaire par la langue et non la langue par la grammaire, » a-dit Herder. Si ce principe est vrai, quand il s'agit d'une langue morte, il l'est bien plus encore quand il s'agit de l'enseignement des langues vivantes et surtout de celui de la langue maternelle. Rien de plus simple qu'une pareille méthode, aussi attrayante pour les enfants que l'étude des règles et des nomenclatures grammaticales est triste et rebutante. On a mis entre leurs mains un livre contenant des récits ou des faits, choisis de manière à les intéresser. Le maître leur en lit un passage qu'il fait répéter de mémoire par un élève. Si quelque détail échappe à celui-ci, ou si quelque inexactitude est par lui commise, un autre élève lui vient en aide. Cet exercice, répété chaque jour, donne lieu à une foule d'observations instructives faites par les enfants ou suggérées par l'instituteur.

Le morceau lu et commenté est ensuite appris par cœur ou mis par écrit et rapporté à la classe suivante. Viennent alors les questions sur le sens et la valeur des mots, sur leur orthographe, sur leur rôle dans les phrases, ce seront autant de faits et d'exemples qu'il ne sera pas difficile de rapporter aux principes qui les régissent, et dont l'élève pourra trouver lui-même la formule. Quand le maître s'est ainsi assuré par de nombreux exercices que les enfants ont l'intelligence préparée à un

enseignementméthodique desrègles grammaticales,
il les leur développe lui-même successivement, et il
leur en montre l'application dans le livre vers lequel les élèves doivent se reporter sans cesse. Le
maître alors devient une grammaire. vivante et parlante. Il peut, pour se faire comprendre, varier à
l'infini ses expressions, répéter ses explications sous
les formes les plus diverses, multiplier ses questions, descendre à volonté du principe à son application, ou remonter de l'exemple à la règle.

L'enseignement des écoles bourgeoises, complément de celui de l'école primaire, prépare soit au
cours d'instruction secondaire (Gymnases et *Realschulen*), soit aux écoles d'industrie, de commerce,
dont j'aurai à m'occuper plus tard. Ces établissements sont assez nombreux dans les divers États
d'Allemagne. La Saxe n'en possède pas moins de
2016, fondés par le gouvernement, par des communes ou des corporations. La plupart sont ouverts
les dimanches et les fêtes, de sorte que les maîtres
peuvent y envoyer leurs apprentis, auxquels ils accordent quelques heures tous les jours pour repasser
les leçons qu'ils ont recues. Le même royaume a
66 écoles du dimanche fréquentées par 6 651 élèves. Les leçons y sont données par 314 professeurs.

La Prusse et d'autres États ont institué des écoles
bourgeoises supérieures, *höhere Bürgerschulen*,

qui dépassent les limites de l'école primaire, et doivent être classées parmi les *Realschulen*, puisque leur enseignement est le même que celui des cinq classes inférieures de celles-ci.

X

De tous les pays de l'Allemagne, c'est la Saxe qui possède les écoles les plus nombreuses et les mieux organisées.

D'après la loi sur l'instruction primaire récemment présentée aux chambres, et dans laquelle sont consacrées les institutions pédagogiques que le temps a successivement développées, la fréquentation des écoles de perfectionnement doit être rendue obligatoire pour les trois années qui suivent la sortie de l'école primaire. Cet enseignement se donne dans l'école, le soir, et l'on y consacre de deux à huit heures par semaine.

« Le but de l'école primaire, dit l'article 1er du projet, est de donner à la jeunesse, par l'éducation, les bases de la culture morale et religieuse, ainsi que les connaissances générales et les capacités nécessaires à la vie sociale. »

Les objets enseignés sont : la morale, la religion, l'allemand, la lecture, l'écriture, le calcul, l'histoire, la géographie, la géométrie, les sciences et l'histoire naturelle (*Naturgeschichte und Natur-lehre*), le chant, le dessin, la gymnastique et les ouvrages de main pour les femmes. On voit combien s'est étendu dans ce pays le cercle si restreint partout ailleurs de l'enseignement primaire.

Depuis la Réforme, le gouvernement n'a cessé de s'occuper de l'amélioration de l'instruction publique. L'esprit de Luther et de Mélanchthon, continuant à vivre dans le pays, y a donné naissance à ces écoles, que les autres États de l'empire germanique ont imitées plus tard.

Tout récemment, au mois de novembre 1872, le ministre de l'instruction publique du royaume de Saxe, M. Gerber, a présenté un projet de loi pour la réorganisation des écoles, au point de vue de l'enseignement religieux, qui est l'objet des préoccupations de tous les États européens.

M. Gerber propose que l'enseignement soit *inter-confessionnel*, la chambre des pairs le veut *confessionnel* (c'est-à-dire catholique), la chambre des députés *non confessionnel*.

La Saxe compte 97,54 % de luthériens, 0,23 % d'autres chrétiens, 0,13 % de juifs.

Il y a en Saxe 5131 maîtres d'école luthériens, 87 catholiques. 435112 enfants luthériens et 4790 enfants catholiques romains fréquentent l'école.

Il n'y a pas de paysan qui ne sache que son pays marche en tête des États européens quant à ses écoles publiques, et qui n'en soit plus fier que d'un trophée de victoire.

Dans l'empire d'Autriche, tout l'enseignement public et privé avait été, en vertu du concordat de 1855, livré à la direction du clergé catholique. L'instruction de toute la jeunesse catholique, y était-il dit, sera conforme à l'esprit de l'Église catholique. L'enseignement primaire est placé sous l'inspection du clergé : quiconque s'écarte du droit chemin doit être aussitôt renvoyé.

Depuis 1868 tout est changé : la surveillance et la direction de l'enseignement ont été enlevées à l'autorité de l'Église, elles sont rentrées aux mains de l'État. L'école a cessé d'être confessionnelle par la raison que toute école qui reçoit des subsides du pouvoir public doit être accessible à tous les enfants, sans distinction de culte. L'histoire naturelle, la géographie et l'histoire ont été ajoutées au programme de l'enseignement primaire. On reconnaît deux sortes d'écoles élémentaires, l'école inférieure et l'école supérieure. La plupart des écoles sont fréquentées par les deux sexes. En Tyrol, la moitié des écoles sont mixtes. Une école de perfectionnement fait suite à l'école primaire ; elle reçoit des enfants de douze à quinze ans. Il y a en Autriche autant d'écoles de perfectionnement que d'écoles élémentaires.

Des cours normaux pour former les instituteurs

sont attachés à des écoles modèles : ces cours durent deux ans.

Cette régénération de l'enseignement populaire, en Autriche, a donné lieu à des réunions où les instituteurs ont été appelés à exposer leurs sentiments et faire connaître leurs besoins. Celle qui a eu lieu à Vienne, en 1867, comptait plus de 2 000 instituteurs présents. On décida, à l'unanimité, que le maître d'école ne pourrait remplir convenablement sa haute mission que quand il serait soustrait à la domination de l'Église. C'est à la suite de ces congrès que la loi de 1869 organisa une inspection civile des écoles, qui s'étendit même à l'enseignement privé, mais à laquelle les autorités ecclésiastiques refusèrent de se soumettre [1].

Le nombre des écoles n'a cessé, depuis 1868, de s'accroître à Vienne. Dans le cours de l'année scolaire 1870-1871, il a été ouvert 8 écoles communales, et beaucoup d'écoles primaires ont été agrandies. A cette date, il existait 7 écoles secondaires (*Bürgerschulen*) pour les garçons et 8 pour les filles ; 32 écoles primaires pour les garçons et 33 pour les filles ; plus 10 écoles primaires mixtes, en tout 86 établissements municipaux d'instruction.

---

1. Dans le Tyrol, les populations, excitées par les prédicateurs de la chaire, chassèrent les inspecteurs laïques à coups de pierres. (De Laveleye, ouvrage cité, p. 171.)

Ces écoles, ainsi que les écoles particulières pourvues de certains droits de fréquentation publique, comptaient 39 879 écoliers, dont 22 964 garçons, 17 615 filles, tandis que, dans les écoles privées proprement dites, le rapport du nombre des écoliers à celui des instituteurs était dans les proportions de 70 à 1.

Les conférences des instituteurs avaient eu la plus heureuse influence sur le développement de l'enseignement. L'école de dessin y faisait de remarquables progrès, la gymnastique était devenue obligatoire dans la plupart des écoles de garçons, et, dans un grand nombre d'écoles de filles, les travaux manuels étaient aussi devenus obligatoires pour celles-ci. Les bâtiments d'école laissent à désirer, mais des bibliothèques destinées aux instituteurs ou aux élèves sont en voie de formation.

Quant à la Prusse, malgré le nombre et l'état florissant de ses écoles, on a signalé souvent, et l'on peut signaler encore l'abus d'une réglementation outrée et des habitudes gouvernementales propres à un pays façonné à l'obéissance et soumis à un régime militaire.

Les règlements généraux de 1753, comprimant l'initiative des maîtres et appliqués rigoureusement par une bureaucratie énergique et minutieuse, avaient étouffé la vie qui circulait autrefois dans le corps des instituteurs et mis obstacle au progrès.

Dans son beau livre sur l'*Instruction publique*,
M. de Laveleye rapporte que M. Horace Mann et
M. Pattison, l'Anglais et l'Américain, avaient été
frappés tous deux de l'inertie, du manque d'initiative qu'ils trouvaient chez les Allemands, si
différents, sous ce rapport, des Anglo-Saxons,
qui sont pourtant du même sang. Ces deux observateurs s'étaient demandé si ce n'est pas à
l'influence des systèmes scolaires qu'il faut l'attribuer. Voici en quels termes M. Horace Mann,
songeant à l'activité dévorante de ses compatriotes
d'outre-Atlantique, résout la question : « Il faut,
dit-il, invoquer le proverbe prussien : l'école est
bonne, le monde est mauvais. En Allemagne, c'est
l'État qui écrase l'individu de tout son poids, la
torpeur de la vie sociale étouffe l'activité intellectuelle éveillée dans l'école. Quand l'enfant a fini
son instruction, il n'a pas l'occasion de se servir
des connaissances qu'il a acquises, sa force de
volonté et de pensée n'est pas développée par l'exercice et n'est pas mise en réquisition. Le gouvernement songe pour ses sujets, comme ses sujets
songent pour leurs troupeaux.

« L'Allemand est mieux instruit que l'Anglais,
mais il n'a pas de fonctionnaire à élire, pas de lois
à faire ou à abroger, pas de questions à décider
concernant les tarifs, les postes, les réformes, la
paix ou la guerre. Ce n'est pas lui qui détermine où

telle route passera, ou tel pont; son souverain le
gouverne au nom du droit divin. Les lois sont faites
pour lui, non par lui. En cas de guerre, il se bat et
paye ; ni pour commencer les hostilités, ni pour les
finir, il n'a rien à dire. Il est dressé à servir le roi
et à adorer son Dieu. Or, quoique dans le cœur de
chaque enfant il y ait un fonds inépuisable d'activité, si rien ne vient en exciter les énergies la-
.tentes, il reposera dans une éternelle stagnation. »

Ce n'est pas après les succès inespérés que le
gouvernement prussien a obtenus dans la guerre
avec la France qu'il sera disposé à se départir des
habitudes autoritaires qui ont donné à l'esprit général de la population le caractère dont Horace
Mann avait si énergiquement marqué les traits; sa
préoccupation actuelle est d'attribuer exclusivement à l'État la direction des écoles abandonnée
presque en entier à l'influence du clergé.

C'est ainsi qu'en vertu d'une loi que les chambres ont votée, au mois de fevrier 1872, après une
discussion ardente, le gouvernement a décidé qu'il
confierait à des autorités laïques l'inspection réser-
vée aux pasteurs comme on l'a vu plus haut. Le
clergé catholique étant le chef d'un parti politique très-militant et très-agressif, le gouvernement
craint qu'il ne transforme l'école en un instrument
de guerre contre le pouvoir civil : il s'est donc attaché à détruire son influence.

Voici le texte de cette loi qui semble être l'œuvre personnelle de M. de Bismarck :

« 1° L'inspection de tous les établissements d'instruction et d'éducation *publics* et *privés* appartient à l'État. En conséquence, toutes les autorités et tous les fonctionnaires chargés de cette inspection agiront au nom de l'État.

« Toutes les dispositions contraires à la présente loi, dans les différentes parties du pays, sont abrogées [1]. »

C'est ainsi encore qu'à la suite des délibérations d'une commission convoquée à Berlin par le docteur Falke pour discuter les questions scolaires, le ministre a établi de nouveaux règlements, portant la date du 15 octobre 1872, sous le titre de *Dispositions générales sur les écoles primaires, préparatoires et normales*. Tout en favorisant les progrès de l'instruction primaire, et en donnant une plus grande étendue à son enseignement, le ministre diminue le nombre des heures consacrées à l'instruction religieuse ; six heures par semaine, au lieu de trois, sont consacrées aux sciences, mais quatre ou cinq heures par semaine, au lieu de six, seront consacrées à l'enseignement de la religion.

La récitation mot à mot des morceaux religieux et de passages bibliques est bornée à vingt

---

1. *L'Instruction du peuple,* par M. de Laveleye, p. 110.

cantiques tout au plus, et les deux dernières sections du catéchisme sont réservées pour l'instruction religieuse des catéchumènes.

XI

Terminons ces considérations par quelques renseignements fournis par la statistique sur les établissements consacrés spécialement à l'enseignement populaire.

En 1872, l'empire allemand possède, en chiffres ronds, 60 000 écoles primaires, fréquentées par 6 millions d'élèves, soit 15 pour cent de la population. Cette moyenne est dépassée en Thuringe, en Saxe, en Brunswick et Oldenbourg. Dans le Mecklembourg, la proportion n'est que de 12 pour 100, et en Bavière, de 12 et demi pour 100.

Voyons quelle est la part qui revient dans cet immense développement de l'enseignement primaire aux différents États de l'Allemagne.

ROYAUME DE PRUSSE.

La population totale de la Prusse était, en 1864, de 19 255 139.

(Elle est aujourd'hui de 24 039 543, par suite de l'annexion du Hanovre, du Schleswig et de Hesse-Nassau.)

8.

Le nombre total des écoles primaires publiques
était alors de 25 056

privées. 906

- Total. 25 962

Écoles publiques : Instituteurs. 30 835

Sous-maîtres. . . . 2 537

Institutrices 2 815

Total. 36 157

Écoles privées : Instituteurs. 995

Institutrices 688

Total. 1 683

Total général des instituteurs et des
institutrices. 37 840

Écoles publiques : Garçons. 1 427 191

Filles. 1 398 131

Total. 2 825 332

Écoles privées : Garçons. 25 286

Filles 27 406

Total. 52 692

Total général . . . 2 878 014

Si à ce total on ajoute tous les autres établissements d'instruction secondaire : tels que gymnases, écoles d'arts et métiers, écoles gardiennes, etc., on arrive au chiffre total de 3 155 069 enfants des deux sexes.

Le nombre total des écoles primaires publiques et privées, comparé à la population, donne la proportion de 1 école par 740 habitants, ou 1 écolier pour 6,6 habitants.

Le nombre total des enfants recevant l'instruction dans les divers établissements était, en 1822, de 13-1 pour 100 habitants; en 1843, de 15-8 pour 100; et en 1864, de 15-6 pour 100.

La même proportion donne, pour les différentes provinces, les résultats suivants :

Nombre d'écoliers pour 100 habitants.

Provinces.	1822.	1843.	1864.
Prusse.	11,8	14,0	14,1
Posen.	6,6	13,6	14,4
Brandebourg .	13,10	15,0	14,8
Poméranie. . .	12,9	15,5	16,2
Silésie.	14,2	16,3	15,5
Saxe	17,2	18,1	18,1
Westphalie . .	15,2	16,4	16,4
Rhin	12,0	16,5	16,1
Hohenzollern .	»	»	15,5

Ce tableau montre que le mouvement scolaire, qui s'était accru de 1822 à 1843, est resté, de 1843 à 1864, stationnaire pour la plupart des provinces, et a diminué dans quelques-unes.

De 1861 à 1864, le nombre des enfants en âge d'école dans la ville de Berlin a augmenté de près de 12 000, c'est-à-dire qu'il s'est élevé de 73 196 à 84 829 pour une population de 607 309 habitants en 1864.

A la fin de 1861, le nombre des écoles était de 21 avec 200 classes environ, fin 1864 il était de 31 avec près de 300 classes, et en outre la commune donnait des subsides à 37 écoles privées pour recevoir des enfants.

Le traitement moyen par instituteur s'élevait à 420 thalers (1 575 fr.), celui des institutrices à 300 thalers (1 125 fr.).

D'après le règlement du 1er janvier 1864, le traitement moyen de l'instituteur devait augmenter dans la progression suivante :

Après 3 ans de service. . 450 thalers
· 6 — . . 500
9 — . 600
14 — . 650
19 — ; 700
24 — . . 750

L'instituteur, même sans devenir directeur d'école, pourra arriver ainsi à un traitement de 2812 fr. 50, ce qui est beaucoup en Prusse, où tous les fonctionnaires civils sont peu payés.

Parmi les districts purement allemands, celui de Minden offre 3 % d'illettrés. Ailleurs, on tombe à 1 ou au-dessous; à Berlin, à 0,3 ; à Magdebourg, 0,2 ; à Wiesbaden, 0,2 ; à Cologne, 0,8 ; à Trèves, 0,9.

D'après le *Centralblatt für Unterrichts-Verwaltung*, les dépenses pour les écoles primaires publiques en Prusse se sont élevées, en 1861, à :

Traitement des instituteurs	7 449 224 thalers.
Autres dépenses	2 453 472 —
Total.	9 902 696 thalers.

(1 thaler : 3 fr. 50) soit 37 135 110 francs.

Les sommes affectées au traitement des maîtres provenaient :

Des rétrib. scolaires.	2 320 968 th.	31,10 %
Des Communes . . .	4 799 958 th.	64,44 %
De l'État	388 298 th.	4,40 %
Total	7 449 224 th.	100,00 %

SAXE-ALTENBOURG.

1865. Population, 141 575 protestants, 300 catholiques.

Écoles primaires, 180, contenant 21 798 élèves, ou environ 1 élève par 7 habitants.

SAXE-MEININGEN.

Population, 181 000 habitants appartenant au culte réformé.

Écoles primaires, 392, avec 29 250 élèves, soit 1 élève par 6,25 habitants, et 1 instituteur par 72 écoliers.

SAXE-WEIMAR.

Population, 280 000, dont 10 000 catholiques.

Écoles primaires protestantes.	653
catholiques	21
israélites.	4
Total	678

ou une école par 411 habitants.

SAXE-COBOURG-GOTHA.

GOTHA : population 116 561.

Écoles primaires, 158, avec 17 610 élèves, soit 15 % de la population, ou 1 écolier sur 6,06 habitants.

COBOURG : population 50 000.

Écoles primaires, 65, avec 115 instituteurs et 3 495 garçons et 3 621 filles. Total 7 116. Un écolier par 7 habitants.

GRAND-DUCHÉ DE BADE.

Population en 1866, 1 428 090 habitants, dont

929 860 catholiques et 470 443 protestants, 25 263 juifs.

Écoles primaires catholiques 1 389

protestantes. 790

juives. 40

Total. 2 228

soit 1 école par 636 habitants.

WURTEMBERG.

Les écoles sont confessionnelles. On trouvait, en 1864, sur une population totale de 1 748 328 habitants :

Catholiques. . . . 533 694

Protestants. . . . 1 200 363

Juifs 11 610

Autres confessions 2 661

Nombre des élèves :

Garçons. 135 000

Filles. 138 000

Total 273 000

1 élève par 7 habitants.

On comptait 3 778 instituteurs et institutrices, soit 1 maître par 462 habitants et 72 écoliers.

BAVIÈRE.

Population, 4 807 440, dont 3 241 345 catholiques et 1 253 096 protestants.

On comptait, en 1864, 1 école par 570 habitants et par 115 écoliers. Depuis lors le nombre des écoles a dû augmenter de 1 200 environ.

Le traitement minimum de l'instituteur est de 350 florins (750 francs).

La proportion des élèves dans les écoles primaires est d'environ 1 élève par 8,7 habitants [1].

---

1. Cette statistique, donnée par M. de Laveleye, a cessé d'être exacte depuis le temps où elle a été dressée, particulièrement en ce qui concerne la Prusse.

CHAPITRE IV

ÉCOLES USUELLES (REALSCHULEN)
ET ÉCOLES BOURGEOISES SUPÉRIEURES
(HÖHERE BÜRGERSCHULEN)

L'Allemagne, comme le reste de l'Europe, n'a connu, jusqu'au commencement de ce siècle, que deux sortes d'établissements scolaires : les écoles primaires ouvertes à tous et donnant un enseignement *élémentaire* plus ou moins étendu, et les écoles *latines*, donnant accès aux universités et destinées aux enfants appartenant aux classes supérieures de la société en possession de la richesse et de l'influence attachées aux professions libérales.

Les écoles latines sont ces établissements d'instruction secondaire qui, appelés *Gymnases* en Allemagne, correspondent à nos *colléges* et à nos *lycées*. On dut comprendre de très-bonne heure que ce dernier enseignement (l'enseignement classique), approprié aux besoins d'une société dans laquelle la bourgeoisie n'avait pas encore acquis l'impor-

9

tance que lui assurèrent peu à peu les progrès du
commerce et de l'industrie, ne donnait pas satis-
,action à cette classe nombreuse de citoyens qui ne
trouvaient pas dans l'étude presque exclusive des
langues et des littératures anciennes une préparation suffisante aux diverses carrières professionnelles dont le nombre et l'importance s'accroissaient
de jour en jour.

Telles sont les considérations qui ont donné naissance en Prusse et dans toute l'Allemagne à cet
enseignement moyen, désigné sous le nom d'écoles
réelles (*Realschulen*), substituant à l'étude du grec
et du latin un enseignement mieux approprié à la
vie pratique, c'est-à-dire plus scientifique que littéraire, et ayant pour but d'exercer chez l'enfant les
forces physiques autant que les facultés intellectuelles. Ces établissements sont à peu près aussi
nombreux que les écoles classiques d'enseignement secondaire, et ils comptent presque autant
d'élèves que ceux-ci.

II

Longtemps avant l'organisation, par la nation
allemande, de ce genre d'enseignement, la France
en avait reconnu et proclamé la nécessité. Lorsqu'en
1833 elle chargeait ses inspecteurs de visiter les

écoles réelles de la Prusse, de l'Autriche, de la
Bavière ou du Wurtemberg, elle semblait avoir
oublié que leurs fondateurs n'avaient fait que se
conformer à des idées exprimées, souvent avec éloquence, par ses philosophes et ses penseurs.

Alors que l'instruction secondaire, dans les universités, filles du moyen âge, se bornait à l'étude
exclusive des langues anciennes, Rabelais, Montaigne et Charron en avaient signalé toutes les imperfections.

En 1686, l'auteur du *Traité du choix et de la
méthode des études*, l'abbé Fleury, dont j'ai déjà fait
connaître les judicieuses réflexions sur les *leçons de
choses*, dont nous faisons honneur à l'Allemagne, ré-
voquait en doute l'utilité de l'étude du latin : « Peut-
on croire, disait-il, qu'il n'y ait rien de plus utile
aux jeunes gens que de savoir la langue latine et la
grammaire latine? de haranguer en latin et de faire
des vers latins? de connaître l'histoire romaine, les
mœurs des Romains, leur manière de faire la guerre
et de rendre la justice? Cependant c'est à quoi l'on
réduit ordinairement les humanités. Je ne dis pas
que ces connaissances ne soient utiles, mais assurément, il y en a qui le sont plus.

« Nous sommes plus pressés d'apprendre à bien
parler et à bien écrire en notre langue, et à vivre
selon nos mœurs. Nous sommes également plus
pressés de nous mettre en état de raisonner juste

sur les matières ordinaires de la vie que de discuter sur les degrés métaphysiques, sur l'acte et la puissance, sur la nature de l'infini. Il me semble donc que nous devons accommoder nos études à l'état présent de nos mœurs et étudier les choses qui sont dans le monde, puisqu'on ne peut changer cet usage pour l'accommoder à l'ordre de nos études. »

En 1763, La Chalotais en appelait à l'expérience et au témoignage de la nation, contre ceux qui, par préjugé, soutenaient la méthode contraire.

« Les connaissances qu'on acquiert au collége, disait-il, peuvent-elles s'appeler des connaissances? Que fait-on après dix années qu'on emploie, soit à se préparer à y entrer, soit à se fatiguer dans le cours des différentes classes? Sait-on même la seule chose qu'on y étudie, les langues qui ne sont qu'un instrument pour frayer la route des sciences? A l'exception d'un peu de latin, qu'il faut apprendre de nouveau, si l'on veut faire quelque usage de cette langue; la jeunesse est intéressée à oublier tout ce que ses prétendus instituteurs lui ont enseigné. Est-ce là le prix que le nation doit retirer de dix années du travail le plus assidu? »

« On a mis trop à l'écart le soin de la santé, les moyens de la conserver, et les exercices du corps; on a négligé ce qui concerne les affaires les plus communes et les plus ordinaires, ce qui fait l'entretien de la vie, le fondement de la société civile. La plupart des jeunes gens ne connaissent ni le monde qu'ils habitent, ni la terre qui les nourrit, ni les hommes qui fournissent à leurs besoins, ni les animaux qui les servent, ni les ouvriers et les artisans qu'ils emploient. Ils n'ont même là-dessus aucun principe de connaissances ; on ne profite point de leur curiosité naturelle pour l'augmenter ; ils ne savent admirer ni les merveilles de la nature, ni les prodiges des arts. Ainsi, ce qu'on leur enseigne et ce qu'on ne leur enseigne pas, la manière de leur donner des instructions et de les en priver, tout est marqué du sceau de l'esprit monastique. »

Cette dernière observation fait voir que La Chalotais, interprète de l'esprit de son temps, ne combattait pas seulement le système d'études classiques emprunté aux traditions du cloître par les jésuites, mais qu'il avait surtout à cœur de montrer que l'enseignement laïque pouvait seul former des citoyens.

« L'éducation devant préparer des citoyens à l'État, ajoutait-il, il est évident qu'elle doit être relative à sa constitution et à ses lois. Elle serait foncièrement mauvaise, si elle y était contraire ; c'est un principe de tout bon gouvernement, que chaque famille particulière soit réglée sur le plan de la grande famille qui les comprend toutes.

« Comment a-t-on pu penser que des hommes qui ne tiennent point à l'État, qui sont accoutumés à mettre un religieux au-dessus du chef de l'État, leur ordre au-dessus des lois, seraient capables d'élever et d'instruire la jeunesse du royaume? L'enthousiasme et les prestiges de la dévotion avaient livré les Français à de pareils instituteurs, livrés eux-mêmes à un maître étranger : ainsi, l'enseignement de la nation entière, qui est la base et le fondement des États, était resté sous la direction immédiate d'un régime ultramontain nécessairement ennemi de nos lois. »

III

Le même besoin de réforme dans l'éducation nationale était exposé en 1768, avec une autorité plus grande encore, par le président Rolland d'Erceville, dans un rapport adressé aux chambres assemblées du Parlement de Paris, le 13 mai 1768, six ans après l'expulsion des jésuites.

« La première difficulté qui se présente à mon esprit, dit Rolland, porte sur les bornes et sur l'uniformité que l'Université a imposées. J'y vois tous les jeunes gens entrer dans la même carrière, suivre le même cours de classes, dans le même nombre

---

1. *Essai d'éducation nationale, ou plan d'études pour la jeunesse,* par messire Louis-René de Caradeuc de La Chalotais, procureur général du roi au parlement de Bretagne, 1763.

d'années et dans un esprit étroit, tendre tous au même genre et au même degré de connaissances ; et, cependant, parmi les jeunes gens réunis dans le même collége, j'en vois de différentes conditions qui doivent remplir des emplois différents et dont la destinée doit être aussi variée que leur naissance et leur fortune.

« Les connaissances nécessaires aux uns peuvent être inutiles pour les autres, et la différente portée des esprits, la variété des talents et des goûts ne permettent pas à tous d'avancer d'un pas égal et d'avoir de l'attrait pour les mêmes sciences. Faut-il que celui qui n'a ni goût pour l'étude des langues, ni le temps de les cultiver, reste sans culture et sans instruction? Les écoles publiques ne sont-elles destinées qu'à former des ecclésiastiques, des magistrats, des médecins et des gens de lettres? Les militaires, les marins, les commerçants, les artistes, sont ils indignes de l'attention du gouvernement? Et parce que les lettres ne peuvent se soutenir sans l'étude des langues anciennes, cette étude doit-elle être l'unique occupation d'un peuple instruit et éclairé ?

« Il me semble, au contraire, que dans un collége public, ou plutôt dans ceux qui seraient situés dans les villes où seraient placées les Universités de première classe, toutes les sciences devraient avoir leur enseignement ; il me semble que la religion, l'histoire, les mathématiques, le dessin, la tactique,

la navigation, les langues étrangères, etc., devraient
y avoir des professeurs distincts et séparés. Il me
semble que le commerce et les arts devraient y trouver des connaissances qui leur sont nécessaires. Il
me semble enfin qu'il devrait être possible aux parents et aux maîtres de proportionner aux talents et
aux besoins des jeunes gens l'éducation qu'ils doivent recevoir.

« Je ne crains pas d'avancer que dans les collèges *le plus grand nombre des jeunes gens per-*
dent le temps qu'ils y passent, les uns pour avoir
appris ce qu'il leur était inutile et quelquefois
nuisible de savoir ; les autres pour n'avoir pas été
instruits de ce qu'il leur aurait été essentiel d'ap-
prendre [1]. »

IV

La Révolution ne pouvait manquer de faire figurer, parmi les fortes et complètes études dont ses
législateurs avaient tracé le plan, cet enseignement
intermédiaire qui, faisant suite aux écoles pri-

---

1. Les deux citations qui précèdent sont empruntées à l'auteur
des *Études sur l'éducation professionnelle en France*, M. Pompée,
premier directeur de l'école municipale Turgot, aujourd'hui
membre du conseil général de la Seine, un des hommes qui ont
rendu les plus grands services à l'instruction des classes moyennes
par son enseignement et par ses ouvrages.

maires, peut remplacer l'instruction classique proprement dite ou y préparer. L'Empire et la Restauration ou le négligèrent ou ne purent l'organiser.
La loi du 18 juin 1833 le décréta en ordonnant la
création d'écoles primaires supérieures dans tout
chef-lieu d'arrondissement et dans toute ville dont
la population excéderait 6 000 âmes.

« Assurément, avait dit M. Cousin dans son rapport au comte de Montalivet, nos colléges doivent
rester ouverts à quiconque peut en acquitter les
charges ; mais il ne faut pas y appeler indiscrète-
ment les classes inférieures, et c'est le faire que de
ne point élever des écoles intermédiaires entre les
écoles primaires et nos colléges. L'Allemagne et la
Prusse, en particulier, sont riches en établissements de ce genre. Je vous en ai signalé et décrit
plusieurs en détail, à Francfort, à Weimar, à Leipzig,
et la loi prussienne de 1819 les consacre. Vous
voyez que je veux parler des écoles bourgeoises,
nom qu'il est peut-être impossible de transporter
en France, mais qui est en lui même exact et vrai
par opposition aux écoles savantes, appelées en Allemagne gymnases et parmi nous colléges, nom
d'ailleurs honorable et à la classe bourgeoise qui ne
descend pas en fréquentant ces écoles et à la classe
populaire qui s'élève jusqu'à la bourgeoisie en la
fréquentant. Selon moi, il est de la plus haute
importance de créer en France, sous un nom ou

sous un autre, des écoles bourgeoises dont le développement serait très-varié et de réformer en ce
sens un certain nombre de nos collèges communaux. *Je regarde ceci*, Monsieur le Ministre, *comme
une affaire d'État.* »

M. Saint-Marc Girardin n'était pas moins pres-
sant[1] :

« Toutes les fois que le cours des événements fait
naître une société nouvelle, disait-il, il faut aussi
une éducation nouvelle. L'éducation fait toujours
l'état de la société. Avez-vous, comme au moyen
âge, une société toute religieuse? l'éducation sera
théologique. Au quinzième siècle, la société s'é-
mancipe, elle devient séculière et temporelle ; depuis
la Révolution française, une société nouvelle est
née aussi, une société commerciale et industrielle ;
cette société demande une éducation appropriée à
son esprit.

« Le défaut de notre éducation actuelle, c'est
qu'elle est trop spéciale, trop exclusive; elle est
bonne pour faire des savants, des hommes de
lettres, des professeurs qui ne soient pas des théologiens; c'est ce qu'il fallait au quinzième et au
seizième siècle. Mais aujourd'hui il nous faut aussi
des marchands, des manufacturiers, des agricul-

---

1. *De l'instruction intermédiaire et de son état dans le midi de
l'Allemagne*, p. 4. Paris, 1835.

teurs et notre éducation ne semble point propre à en faire. »

Mais depuis cette mémorable année 1833, malgré tout ce que des observateurs tels que MM. Victor Cousin et Saint-Marc Girardin avaient fait connaître à la France sur les services immenses rendus à la classe moyenne par les écoles *bourgeoises* et les écoles *réelles* de l'Allemagne, il a fallu attendre jusqu'en 1865 pour voir enfin, à côté des colléges et des lycées, s'organiser d'une manière régulière et légale, sous le nom d'*Enseignement secondaire spécial,* un enseignement dont tous les gouvernements avaient reconnu l'importance.

Les divers ministres qui, depuis 1833, ont songé successivement à donner satisfaction aux besoins et aux tendances de la société moderne ont désigné sous des noms différents les nouvelles écoles qu'il s'agissait de créer. M. Guizot, en 1833, les avait nommées *Ecoles supérieures municipales;* M. Villemain (1844), *Ecoles supérieures universitaires;* M. de Salvandy (1847), *Enseignement spécial;* M. Carnot (1848), *Colléges industriels ;* M. de Parieu (1850), *Enseignement professionnel;* M. Fortoul (1852), *Colléges scientifiques;* M. Rouland (1862), *Colléges français;* enfin M. Duruy (1865), *Enseignement secondaire spécial.* N'oublions pas que la ville de Paris avait pris les devants sur l'administration universaire en créant les colléges *Chaptal* et *Tur-*

got, qui ont déjà rendu d'assez grands services à la population pour faire désirer l'établissement d'autres écoles du même genre.

V

Rien ne peut faire comprendre jusqu'à quel point la France, si disposée en apparence à accueillir toutes les innovations a de peine à rompre avec la tradition et la routine, que les difficultés qui se sont pendant si longtemps opposées à la réalisation des réformes proposées. D'abord la classe bourgeoise, en faveur de laquelle devait s'organiser l'enseignement primaire supérieur, ne s'est nullement empressée d'en profiter. Elle a continué à considérer le collége comme pouvant seul donner une instruction convenable, et tout en déclamant contre le latin elle a voulu que ses fils apprissent le latin. L'école supérieure n'était encore à ses yeux qu'une école primaire. Or l'instruction primaire n'est faite que pour le peuple et, comme le disait M. Saint-Marc Girardin : « Chez nous où tout le monde est démocrate, personne ne veut être du peuple. » M. Villemain crut bien faire en 1841 en annexant les écoles primaires supérieures aux colléges et en plaçant le directeur de ces établissements sous l'autorité immédiate du principal. Dans la plupart des

lycées, on organisa cet enseignement moyen sous
le nom de *Cours spéciaux*. Ils ne purent presque
partout réunir que les élèves les plus médiocres
des lycées, et malgré la bonne volonté des professeurs, furent considérés comme offrant beaucoup
plus d'inconvénients que d'avantages. M. Cuvilier-
Fleury, qui dirigea pendant longtemps les études
au collége Sainte-Barbe, explique très-bien les raisons qui nuisirent au succès d'une de ces écoles
annexée au grand collége. « Cette école, dit-il, com-
prenait toutes les études nécessaires aux professions industrielles et agricoles ; l'enseignement
était excellent, le professeur plein de talent et de
zèle : eh bien, sur trois cents élèves que renfermait
le collége, je n'ai jamais pu en réunir plus de dix
ou douze dans la classe de commerce ; et pourtant
la clientèle de la maison se composait en majeure
partie d'industriels.

« Mais à mes instances répétées que répondaient
les parents ? Je ne veux pas que mon fils soit un
âne.... Il faut qu'il fasse les mêmes études que les
autres. — Mais il n'obtiendra aucun succès dans
les lettres, et il peut devenir un excellent fermier,
un bon militaire, un commerçant parfait. — N'importe ! il fera les études classiques jusqu'au bout ;
nous verrons après.

« Ce qu'on voyait au bout de l'expérience, c'est
que la vanité du père avait sacrifié l'enfant, et

qu'incapable de devenir un négociant distingué,
faute des études nécessaires à cette profession, le
rhétoricien l'était tout autant de devenir un bon
avocat, un bon professeur, pour n'avoir fait qu'in-
complétement celles qui pouvaient le conduire à
cette destinée ; le rhétoricien manqué n'était qu'un
sot et ne pouvait plus devenir un homme utile. ·

« Ayez donc des écoles *usuelles* séparées de vos
colléges, où la vanité des parents n'ait rien à redouter de la comparaison d'études supérieures, avec
des travaux plus modestes, où la concurrence de
destinées plus hautes ne décourage pas vos enfants.

« Vous voulez l'égalité dans la société, commencez
par la mettre dans les études, et soyez sûr qu'elle
n'existera qu'à une condition, c'est que les études
soient séparées aussi exactement que les destinées ;
car c'est le moyen qu'aucune profession ne soit
jamais sacrifiée à une autre et que toutes s'estiment
un jour en se rapprochant dans le monde. »

Ces écoles usuelles, la loi du 21 juin 1865 les a
données à la France sous le nom de *Colléges ou
Lycées d'enseignement secondaire spécial.* Le ministre (M. Duruy) qui l'avait présentée à l'adoption
du corps législatif espérait que les petits colléges
communaux dont M. Saint-Marc Girardin signalait
en 1835 la *nuisible inutilité* adopteraient tôt ou
tard, tout en conservant leur nom, un enseignement dont le programme remplacerait avantageu-

sement un système d'études nécessairement in-
complet, puisqu'il ne donne qu'un commencement
d'instruction classique qu'il faut aller compléter
ailleurs. C'est ainsi que, dans le Wurtemberg, les
écoles latines se sont peu à peu transformées en
écoles bourgeoises et en *Realschulen*. On n'a pas
eu moins de peine en Allemagne qu'en France à
faire adopter ces nouveaux établissements créés à
côté et en dehors des gymnases. Il est temps d'en
étudier l'organisation et d'en exposer les inconvénients et les avantages.

VI

Une des premières écoles moyennes fut établie
en 1747, à Berlin, par les soins du conseiller
Hecker. Son but était de remplacer l'enseignement
exclusif des *mots* par celui des *réalités*. Elle était
destinée aux jeunes gens qui ne se proposaient pas
de suivre les cours des universités. La méthode
générale consistait à faire reposer les connaissances
sur l'étude de choses naturelles, de modèles, de
plans, d'objets utiles à la vie commune. C'est de là
que vient le nom d'*écoles réelles* (*Realschulen*) donné
aux établissements de ce genre. Cette réforme était
toute une révolution. Comme on peut se l'imaginer,
elle eut, avant d'être adoptée, bien des obstacles à

vaincre; elle rencontra dans les gymnases l'opposition la plus vive : les professeurs, craignant de
voir diminuer le nombre de leurs élèves, déclarèrent hautement que le nouvel enseignement dé-
truirait les études sérieuses. Les écoles réelles,
fondées pendant le xviii° siècle, succombèrent après
plusieurs années d'existence. La *Realschule* établie
par Semler, à Halle, en 1738, ne put se soutenir.
Il en fut de même du *philanthropium* fondé d'après
les mêmes idées en 1774 à Dessau par Basedow.

Les progrès des sciences et de l'industrie, qui
font la gloire du xix° siècle, ont fini par triompher
des préjugés qui considèrent l'étude des langues et
surtout des langues anciennes comme la condition
essentielle de toute bonne éducation. Le gouvernement prussien s'occupa sérieusement en 1832 de
l'organisation de l'enseignement intermédiaire, au
moment même où la question de la réforme de l'instruction secondaire était en France mise à l'ordre
du jour. De nombreux établissements s'élevèrent
dans les divers États d'Allemagne pour répondre à
un besoin devenu général, et un arrêté du gouvernement prussien, en date du 6 octobre 1839, recon-
nut officiellement cette nouvelle catégorie d'écoles,
adopta le nom sous lequel elles avaient été jusque-
là désignées, et publia un règlement pour l'enseignement et les examens d'admission et de sortie.

Ces écoles sont divisées aujourd'hui en *Real-*

schulen du premier ordre, en *Realschulen* du second ordre, et en écoles bourgeoises supérieures.

Dans les *Realschulen* du premier ordre, l'enseignement comprend six classes et dure neuf ans, comme celui des gymnases. Dans les *Realschulen* du second ordre, il ne comprend que cinq classes et ne dure que sept années : on enseigne dans les unes et les autres les langues modernes, le latin, l'histoire, la géographie, les mathématiques, les sciences naturelles, le dessin, l'écriture, le chant et la gymnastique. Les six années se divisent en deux périodes : pendant les trois premières, chaque cours dure un an. L'instruction donnée aux élèves est conçue de manière à compléter leur éducation primaire, ou à les préparer pour diverses écoles techniques, scientifiques ou littéraires. Après ces trois années, leur vocation se décide et ceux qui continuent leurs études dans la *Realschule* reçoivent pendant les six années qu'ils doivent y consacrer, chaque cours durant deux ans, un enseignement spécial, dans lequel les études scientifiques prennent plus d'importance. Des examens ont lieu chaque année pour constater si les élèves sont capables ou non de suivre les cours de l'année suivante ; on oblige ceux qui sont trop faibles à recommencer le cours qu'ils viennent de terminer.

L'enseignement dans les quatre classes inférieures des *Realschulen* du premier ordre est le même que celui des quatre classes inférieures, des écoles bourgeoises supérieures et des *Realschulen* du second ordre.

Il embrasse les matières qui suivent :

ALLEMAND.—Grammaire, syntaxe, style, compositions littéraires.

FRANÇAIS. — Comme pour l'allemand ; de plus, connaissance des auteurs les plus connus et les plus faciles de la littérature française.

ANGLAIS. — Même programme.

MATHÉMATIQUES. — Arithmétique ordinaire et arithmétique commerciale.

GÉOMÉTRIE PLANE, avec les applications.

SCIENCES NATURELLES. — Les parties les plus importantes de la zoologie en sixième ; la minéralogie entière en cinquième, et la botanique en quatrième ; la physique et la chimie, qui sont comprises dans la démonstration de sciences naturelles, sont réservées pour les classes supérieures à la quatrième.

GÉOGRAPHIE. — Premiers éléments de la cosmographie ; géographie générale des cinq parties du monde ; étude spéciale de la géographie de l'Allemagne.

HISTOIRE. — L'histoire universelle jusqu'aux temps modernes apprise au moyen de la connaissance des événements les plus importants et des biographies des personnages marquants. Histoire particulière de l'Allemagne.

DESSIN. Dessin linéaire et dessin à main levée. Dans les écoles du Nord, l'étude du dessin est généralement négligée ; celles du sud de l'Allemagne au contraire en ont fait une spécialité dans laquelle elles excellent.

CHANT. Leçons à une, deux et trois voix ; chœurs formés avec les élèves de trois classes supérieures.

GYMNASTIQUE. Deux méthodes rivales sont en présence : celle de Spiess, de Dresde, qui ne permet que des exercices sérieux et sévères et celle de Rieff qui, pour rendre les leçons moins fatigantes, unit le chant et la danse aux exercices du corps.

Le latin avait été d'abord exclu des *Realschulen* : plus tard, il fut introduit dans l'enseignement; mais sans être obligatoire, excepté dans les deux dernières classes. Depuis 1860, il est devenu obligatoire dans toutes les classes des *Realschulen* prussiennes de premier et de second ordre, et par suite plusieurs *Realschulen* ont pris le nom de *Realgymnases*. Dans les autres États à Leipzig, Gotha, Francfort, Darmstadt, Mayence, etc., le latin et le grec ne sont enseignés dans aucune classe. Il est fort probable que l'étude du latin au moins finira par y être introduite.

VII

Les élèves, à la sortie de la troisième classe, subissent un examen décisif pour être admis dans la
seconde qui correspond à la première classe des
höhere Bürgerschulen. A l'issue des deux années de
la seconde classe, ils subissent un autre examen
qui est conçu de manière à alléger de toutes les matières qu'il comprend l'examen de sortie de la *Realschule*, ayant lieu après les deux années de la première classe. Comme cét examen de sortie (*abiturienten examen*) donne droit à certains priviléges
attachés à l'enseignement complet de l'école, ou à
l'entrée dans les universités, il est fait avec le plus
grand soin. Les matières des examens qui ont lieu
après la seconde classe sont les mêmes que celles sur
lesquelles roulent les examens des élèves qui passent des *höhere Bürgerschulen* ou des *Realschulen*
du second ordre dans la classe supérieure des realschulen du premier ordre.

Pour être admis à l'*abiturienten-examen*, il faut
avoir passé deux ans entiers dans la première
classe de la *Realschule* si elle n'a qu'une division:
si elle en a deux, avoir subi au moins pendant un
semestre les cours de la division supérieure ; mais,
dans ce cas, il faut que la commission d'exa-

men soit *unanime* à déclarer que l'élève est capable de passer son examen avec succès et que le directeur y consente. Ces faveurs exceptionnelles sont très-rares.

La commission d'examen se compose : 1° d'un commissaire royal, qui est ordinairement. un des conseillers provinciaux ; 2° du directeur de l'établissement ; 3° du professeur qui a fait les cours de sciences pendant la première année.

Les professeurs, qui font les autres cours de cette même année, sont aussi tenus d'être présents à l'examen oral ; mais ils n'ont pas le droit de voter.

Les autorités administratives de la ville sont invitées à assister aux examens oraux.

Le directeur propose deux textes de composition et le commissaire royal désigne l'un des deux ; mais en même temps il a le droit de les refuser tous les deux et d'en donner un à son choix.

Tous les élèves admis à l'examen traitent, les mêmes sujets.

La composition écrite comprend :

1° Un sujet à développer en allemand, en français et en anglais ; les élèves peuvent se servir de dictionnaires, mais les grammaires sont défendues.

2° Un thème à traduire en français, si le sujet proposé est en anglais, et à traduire en anglais, si le sujet a été donné en français ; on ne permet pas l'usage des dictionnaires pendant cet exercice.

3° Une composition mathématique comprenant :
1° une question théorique sur les équations du
second degré ; 2° un problème de géométrie analytique ; 3° un problème de trigonométrie rectiligne ou sphérique ; 4° des questions sur la géométrie dans l'espace et les sections coniques ; 5° un
problème de mathématiques appliquées (statique
ou mécanique); 6° un sur la physique (optique,
chaleur ou lumière) ; 7° enfin un problème de
chimie.

L'examen oral doit porter sur toutes les matières
enseignées pendant les neuf années des études,
c'est-à-dire pendant les six années des *Realschulen*.

L'élève qui, ayant suivi tous les cours d'une *Realschule* de second ordre, a subi avec succès l'*abiturienten-examen* peut : 1° entrer dans les emplois d'administration des mines et salines de
l'État ; 2° arriver aux positions élevées dans le
service des postes ; 3° être admis à l'examen de
géomètre arpenteur ; 4° faire partie de l'administration royale des forêts ; 5° entrer dans le corps
des chasseurs à cheval ; 6° être admis à l'institut
commercial ; 7° obtenir un emploi dans l'administration des impôts indirects ; 8° être admis comme
surnuméraire dans l'administration civile des provinces ; 9° entrer dans les bureaux de l'intendance
de la marine et de la guerre.

L'élève qui n'est resté qu'un an dans les cours de première classe des *Realschulen* peut être admis à l'examen qui donne entrée dans les écoles royales d'arts et métiers des provinces.

Celui qui a suivi pendant les six premiers mois de l'année scolaire les cours de première classe est dispensé, depuis 1860, de faire plus d'un an de service militaire, et il a, depuis sa dix-septième jusqu'à sa vingt-troisième année, pour faire ce temps de service.

En Prusse, tous les jeunes gens valides doivent le service militaire à partir de leur vingtième année ; mais celui qui sort d'une *Realschule* de second ordre, dans les conditions qui viennent d'être indiquées, est libre de rester jusqu'à l'âge de vingt-trois-ans dans ses foyers.

L'élève qui, à la fin de sa seconde classe, a été après son examen de sortie déclaré capable d'entrer dans la première classe de la *Realschulen*, peut : 1° être nommé greffier du tribunal civil ; 2° être admis à l'école vétérinaire royale ; 3° entrer dans les emplois des bureaux des écoles des mines.

Enfin celui qui n'a que le certificat donné à la sortie de la seconde classe peut entrer 1° dans l'institut des jardiniers de Potsdam ; 2° dans l'institut musical de Berlin.

De plus grands avantages sont accordés aux

élèves sortant des *Realschulen*, après avoir satisfait aux conditions de l'*abiturienten-examen*.

1° Ils sont admis à suivre les cours des écoles de pharmacie, et c'est afin de pouvoir leur conférer ce privilége que, depuis 1860, le gouvernement a rendu le latin obligatoire dans toutes les classes des *Realschulen* de Prusse.

2° Ils sont reçus dans les cours supérieurs d'architecture et les écoles des mines, d'où ils sortent avec un emploi du gouvernement.

3° S'ils veulent suivre la carrière militaire, ils sont admis à l'avancement et dispensés de l'examen d'enseigne.

Telle est l'organisation générale des écoles bourgeoises et des *Realschulen* de Prusse : elle est à peu près la même dans toutes les écoles du Nord[1].

On aura une idée suffisante de la force et de l'étendue des études dont se compose l'enseignement des écoles réelles en consultant le programme de la dernière classe, *prima,* de la *Realschule* du premier rang, annexée au gymnase de Frédéric-Guillaume à Berlin.

1. Pour de plus amples informations, et en particulier pour ce qui concerne la distribution du temps de la semaine et le nombre d'heures consacrées aux différentes branches d'études, il est nécessaire d'avoir recours à l'excellent *Rapport* de M. Baudouin *sur l'état actuel de l'enseignement spécial secondaire et de l'enseignement primaire en Belgique, en Allemagne et en Prusse,* que j'ai déjà eu plusieurs fois l'occasion de citer.

ENSEIGNEMENT RELIGIEUX. — Seconde partie de la dogmatique ; explication de l'épître aux Romains et de l'Évangile selon saint Jean. Histoire de l'Église jusqu'à la réformation ; histoire de la réformation (deux heures par semaine).

LANGUE ALLEMANDE. — Klopstock, Lessing, Schiller, Gœthe, étudiés comme poètes et comme prosateurs. Compte rendu et analyse de quelques drames de Sophocle et de Shakespeare. Principes de logique et de psychologie. Compositions mensuelles (trois heures).

LANGUE LATINE. — Lecture de Tite-Live et de Virgile (trois heures).

LANGUE FRANÇAISE. — Explication de morceaux choisis de la *France littéraire*. Les élèves rendent compte de leurs lectures en français et de vive voix. Dictées et traductions en langue française de morceaux allemands et anglais. Devoirs écrits en français. Narrations, descriptions, biographies, lettres. Histoire de la littérature française, surtout du siècle de Louis XIV (quatre heures).

LANGUE ANGLAISE. — Lecture de morceaux choisis. Les élèves ont à analyser en anglais et de vive voix les morceaux qu'ils ont lus chez eux. Dictées et traductions en langue anglaise de morceaux allemands et français. Devoirs écrits en anglais : lettres et narrations historiques (trois heures).

HISTOIRE ET GÉOGRAPHIE. — Histoire du moyen

âge jusqu'à la fin de Charlemagne. Fin des Croisades, jusqu'à l'abdication de Charles-Quint. Depuis la paix d'Augsbourg jusqu'à la mort de
Charles VI. Depuis l'avénement de Frédéric le Grand
jusqu'en 1815. Révision de la géographie (trois
heures).

MATHÉMATIQUES : ARITHMÉTIQUE. — Révision des
cours précédents.

ALGÈBRE ET GÉOMÉTRIE. — Géométrie analytique
et sections coniques. Géométrie descriptive : équations du 3ᵉ degré; théorie des équations; séries in-
définies. Astronomie sphérique. Séries arithmé-
tiques d'un ordre supérieur; fractions continues,
commencement de la théorie des nombres. Principes du calcul différentiel et intégral, leur application à la géométrie et aux séries (cinq heures).

PHYSIQUE. — Galvanisme, géographie et astronomie, mathématiques, acoustique, optique, mécanique (trois heures).

CHIMIE. — Révision de la chimie inorganique;
chimie organique, matières végétales, animales;
métallurgie (trois heures).

DESSIN. — A main levée, bosse et d'après nature. Dessin linéaire (perspective, construction des
ombres), enseignement théorique et pratique. Dessin de machines d'après nature et d'après modèles
dessinés.

VIII

Les *Realschulen* sont quelquefois séparées et indépendantes et quelquefois réunies dans le même établissement à une école primaire une *höhere-Bürgerschule*, ou même un gymnase.

C'est ce qui a lieu, par exemple, dans le Realgymnase dirigé à Berlin par le docteur Rank, institution royale renfermant à la fois une école primaire une realschule ordinaire un realgymnase élémentaire et un gymnase.

Les enfants peuvent y suivre les cinq classes de l'école primaire ; ils passent ensuite au Realgymnase élémentaire dont ils suivent les cours pendant deux années, après lesquelles ils entrent, à leur choix, dans le gymnase ou l'école réelle. Là, leurs cours se spécialisent selon qu'ils se préparent à l'université ou qu'ils aspirent au certificat délivré après l'*abiturienten-examen* et aux priviléges qu'ils confèrent. Une organisation à peu près semblable a été donnée à la *Realschule* de Crefeld (Prusse rhénane), que l'on regarde comme une des meilleures de la Prusse. La partie littéraire y occupe plus de temps que la partie scientifique. C'est un véritable cours d'humanités auquel il ne manque qu'une classe de grec pour être complet.

Le cadre des études est d'ailleurs, dans ces sortes

d'établissements, assez large et assez élastique pour donner plus ou moins de temps et d'importance à telle ou telle branche d'études, pour augmenter ou diminuer les heures consacrées à l'enseignement du latin, pour y introduire quelques études spéciales. C'est ainsi qu'à Elberfeld, l'école réelle devient dans ses classes supérieures une école professionnelle ou technique, les élèves pouvant y suivre des cours d'architecture, de mécanique, de stéréotomie, etc.

C'est ainsi encore que la *Realschule* la plus ancienne de Berlin est une sorte d'école industrielle (*Gewerbeschule*), supprimant l'étude du latin, mais donnant plus d'importance à l'enseignement de la chimie et aux travaux du laboratoire.

L'école supérieure bourgeoise de Lepzig est une véritable *Realschule* admirablement organisée comme le sont les nombreux et florissants établissements d'instruction publique dans une ville qui a toujours joui d'une grande liberté, et où se sont produites la plupart des innovations adoptées ensuite par l'Allemagne protestante. Elle a, outre sa belle *Realschule* une école commerciale célèbre dont les cours se combinent avec ceux qui constituent les *Realschulen* ordinaires par l'intercalation des différentes branches d'enseignement spécial, calligraphie, calcul commercial, tenue des livres, principes du droit commercial.

Les écoles supérieures pour les jeunes filles, comme nous le verrons plus tard, n'y sont ni moins bien ordonnées ni moins florissantes. Le *philanthropium*, école israélite de Francfort, est à la fois une école bourgeoise et une *Realschule*.

La *Realschule* de Vienne, établie par l'État dans l'ancien et magnifique hôtel du prince de Lichtenstein, ajoute aux cours ordinaires l'architecture, la sténographie, le modelage, le dessin de mécanique. Elle a de très-beaux laboratoires, des ateliers, de vastes salles de dessin. L'Autriche, jusqu'à présent, avait paru peu disposée à favoriser le libre essor des facultés intellectuelles. Ses établissements d'instruction publique possédaient en abondance tout ce qui est nécessaire à l'exercice d'une profession manuelle, d'un métier : collections de produits, de machines, de dessins, de bosses, cours spéciaux, expériences pratiques, laboratoires. Depuis quelques années, le gouvernement a compris la nécessité d'encourager les hautes études, qui ont pris un assez large développement dans les colléges et les universités.

M. Baudouin, en rendant compte des *Realschulen* du Wurtemberg, fait voir par quels degrés les écoles latines (correspondant à nos colléges communaux) se sont successivement modifiées pour se transformer en écoles moyennes. Dans celle de Stuttgard, fondée en 1817, les élèves faisaient 26 heures de

latin par semaine, quoique l'édit de création pres-
crivît d'enseigner surtout les sciences positives et
les langues étrangères. En 1818, on remania les
programmes et on ne laissa que 20 heures au latin.
Cependant les langues anciennes avaient encore la
plus forte part, puisque, sur 34 heures d'études elles
en occupaient 20. Huit ans plus tard, nouvelle modification : alors la première classe n'eut plus que 10
heures de latin par semaine, et chacune des autres
classes 6 heures seulement. En 1845, la première
classe n'eut plus que 8 heures ; dans les autres
classes, les premières divisions seulement en faisaient 3 et 4 heures.. En 1861, les trois premières
classes n'eurent plus aucune leçon de latin et les
premières divisions seulement des trois classes suivantes n'en firent plus que 3 et 4 heures par
semaine : aujourd'hui le latin a disparu entièrement de trois programmes.

« Ne serait-il pas possible, ajoute M. Baudouin
de transformer ainsi sans secousse la plupart de nos
colléges communaux qui ne sont pas de plein exercice? Le latin dont on apprend si peu, si peu, que
c'est à peine si plus tard on sait encore le lire, cé-
derait petit à petit la place aux connaissances
usuelles. Les frais d'enseignement et d'organisation
ne seraient pas augmentés; il n'y aurait aucun
changement apparent; le titre même de collége ne
serait pas enlevé à l'établissement, et les parents

pourraient toujours dire avec satisfaction qu'ils ont leur fils au collége. Mais, au moins, les jeunes gens destinés aux carrières commerciales et industrielles, au lieu d'une langue qui doit leur être complétement inutile, recueilleraient des notions scientifiques qui leur serviraient beaucoup dans les professions qu'ils devront embrasser. Seulement il faudrait trouver des directeurs assez sincèrement dévoués à l'avenir de leur pays pour favoriser discrètement la transformation de l'enseignement et prévenir les difficultés que la création des *Realschulen* a rencontrées dans l'Allemagne du Nord. Pourquoi désespérer ? »

Je ne suis pas certainement de ceux qui désespèrent. Il y aurait même, je pense, peu de changements à opérer dans les colléges communaux pour leur donner une organisation analogue à celle des *Realschulen* de Stuttgard. Ces modifications sont depuis longtemps désirées, l'opinion publique les verrait avec satisfaction s'accomplir. Mais il faudrait que les villes elles-mêmes, qui payent les frais de leurs colléges, que les conseils municipaux qui les votent, eussent au moins le pouvoir de déterminer le genre d'instruction que les enfants doivent y recevoir. Chaque localité se trouvant naturellement juge de ce qui lui convient le mieux, s'occuperait de modifier, selon ses besoins, le système des études ; les améliorations introduites peu à peu

dans les établissements seraient d'autant plus durables, quelles n'auraient pas été imposées par l'administration centrale qui, procédant par voie de
réglementation générale, n'est pas toujours heureuse dans ses prescriptions, souvent inexécutables
et d'ailleurs exposées à être remplacées par des
règlements nouveaux.

IX

On a dû remarquer le soin avec lequel ont été
déterminés et coordonnés les différents degrés de
cet enseignement intermédiaire dont la savante organisation prouve que les gouvernements ont attaché autant de prix à leurs écoles *bourgeoises* et à
leurs écoles *réelles*, qu'à leurs *colléges* et leurs
gymnases. Elles n'ont pas eu le sort de ces *cours
spéciaux* annexés, comme par grâce, à nos lycées,
et n'ayant presque jamais été pris au sérieux. Elles
ont plus d'analogie, soit avec les colléges Chaptal,
Turgot, Lavoisier, Colbert, et fondés successivement par la ville de Paris, soit, comme je l'ai déjà
fait remarquer, aux nouveaux établissements *d'enseignement secondaire spécial* créés en vertu de la
loi du 21 juin 1865.

Les *Realschulen* ne sont ni des écoles *professionnelles* ni des écoles *spéciales*. Leur enseignement

est général et donne accès à un nombre considérable de situations. Elles ont la prétention de concourir, aussi bien que les gymnases, au développement des facultés morales et intellectuelles des jeunes gens. En effet, la plupart des branches d'enseignement que suivent les élèves sont communes aux deux ordres d'établissements. Ils ne diffèrent que par l'importance plus ou moins grande qu'ils accordent à l'étude des langues anciennes.

L'étude du latin n'est pas bannie des *Realschulen :* mais il n'y occupe qu'une place secondaire, et celle des langues vivantes y est naturellement faite d'une manière plus sérieuse. On semble avoir prévu les cas nombreux qui peuvent se présenter d'élèves ayant suivi les cours des écoles réelles en vue d'un avenir spécial et prenant plus tard le parti d'entrer dans les gymnases qui préparent aux universités. Ayant déjà quelque connaissance du latin, ils peuvent, en s'y préparant convenablement, se faire admettre dans un gymnase. Les directeurs des gymnases, de leur côté, ont pensé qu'à côté des langues anciennes il était nécessaire d'organiser des cours de langues vivantes et de compléter l'enseignement classique par celui des mathématiques et des sciences naturelles. Les deux genres d'établissements se sont donc tellement rapprochés qu'il serait facile de faire d'une école *réelle* un *gymnase*, et réciproquement un gymnase d'une école réelle. C'est ainsi

que nos colléges Turgot et Chaptal donnent une instruction telle que leurs élèves pourraient se préparer soit aux diverses épreuves du baccalauréat ès
sciences et du baccalauréat ès lettres, soit à celles
qui conduisent à l'École polytechnique ou à l'École
centrale des arts et manufactures ; ce qui a lieu,
en effet, chaque année pour quelques-uns de leurs
élèves les plus distingués.

L'instruction secondaire recevrait une organisation qui corrigerait l'insuffisance des écoles réelles,
ou remédierait au trop-plein des colléges classiques,
s'il était possible d'introduire, soit en Allemagne,
soit en France, le système des États-Unis, qui, réduit à sa plus simple expression, consiste en ce que
l'enseignement secondaire classique ne commence
qu'au moment où finit l'enseignement intermédiaire. Celui-ci, faisant suite à l'école primaire, élémentaire et supérieure, est ouvert à tous les élèves
de 12 à 16 ans. Il se compose de toutes les matières
qui, avec l'étude du latin, constituent celui des écoles
réelles et bourgeoises d'Allemagne, des écoles Turgot et Chaptal en France. C'est en sortant de ces
sórtes d'établissements seulement que commence
l'enseignement secondaire classique, celui des lycées, conduisant aux universités. De cette façon, rien
ne s'oppose à ce que tous les élèves s'élèvent graduellement de l'école primaire à l'école intermédiaire,
de l'école intermédiaire au lycée, du lycée à l'ensei-

gnement supérieur. Par là est évité le grave inconvénient que je signalais plus haut et qui crée deux enseignements parallèles, conçus cependant de telle sorte qu'il est impossible, excepté pour certains élèves hors ligne, de passer de l'un à l'autre. Dans un pays où le premier besoin est d'offrir à tous les enfants des chances égales et de leur ouvrir accès à toutes les professions, on ne pouvait imaginer rien de mieux que ce système d'instruction publique, s'élevant de degré en degré, de manière à former un ensemble complet pour les élèves qui s'arrêtent après avoir franchi l'un d'eux, et à servir de préparation aux degrés supérieurs, dans le cas où leurs moyens leur permettent de poursuivre leurs études jusqu'au bout. A un autre point de vue, ce système, qui recule jusqu'à 15 ou 16 ans l'enseignement classique, offre un moyen de remédier à la plupart des inconvénients qu'on y signale en ce moment même; et auxquels le ministre actuel de l'instruction publique s'occupe de chercher des remèdes, inconvénients sur lesquels j'aurai occasion de revenir en faisant connaître l'organisation des gymnases ou lycées d'Allemagne.

X

Statistique des Realschulen et des Höhere Bürgerschulen.

I. — ROYAUME DE PRUSSE.

92 *Realschulen* et 84 écoles bourgeoises supérieures, ayant 43 831 élèves et 2 007 professeurs [1].

I. — PROVINCE DE PRUSSE.

10 écoles réelles du 1er ordre et 11 écoles supérieures bourgeoises.

Réunissant 4 610 élèves, 261 profess. Subvention de l'État : 98 126 thalers.

1. — KŒNIGSBERG : 3 écoles réelles et 2 écoles bourgeoises supérieures, réunissant 1 994 élèves, 82 professeurs. État : 47 275 thalers.

2. — GUMBINNEN : 3 écoles réelles du premier ordre, 4 écoles bourgeoises supérieures ; 657 élèves, 27 professeurs. État : 4 400 thalers.

3. — DANTZIG : 4 écoles réelles du premier ordre, 2 écoles bourgeoises supérieures ; 1 588 élèves, 76 professeurs. État : 41 225 thalers.

4. — MARIENWERDER : 2 écoles bourgeoises supérieures ; 381 élèves, 76 professeurs : 5 206 thalers.

1. D'après le *Deutscher Universitäts-und Schul-Kalender auf die Zeit vom* 1 *oktober* 1871, *bis* 31 *mars* 1873. Berlin, 1872.

II. — PROVINCE DE BRANDEBOURG.

22 écoles réelles, 16 écoles bourgeoises.

8 983 élèves, 459 professeurs. État : 178 436 thalers.

1. — BERLIN : 14 écoles réelles, 9 écoles bourgeoises supérieures; 4 414 élèves, 256 professeurs. État : 88 094 thalers.

2. — POTSDAM : 4 écoles réelles, 4 écoles bourgeoises supérieures; 2 575 élèves, 121 professeurs. . 48 224 thalers.

3. — FRANCFORT : 4 écoles réelles, 3 écoles bourgeoises supérieures; 1 994 élèves, 82 professeurs. État : 42 118 thalers.

III. — PROVINCE DE POMÉRANIE.

5 écoles réelles, 4 écoles bourgeoises.

2 951 élèves, 136 professeurs. État : 79 622 thalers.

1. — STETTIN : 2 écoles réelles, 3 écoles bourgeoises; 1·773 élèves, 65 professeurs. État : 34 591 thalers. .

2. — COSLIN : 2 écoles réelles, 2 écoles bourgeoises ; 1 570 élèves, 35 professeurs. État : 39 631 thalers.

3. — STRALSUND : 1 école réelle, 1 école bourgeoise ; 1 108 élèves, 36 professeurs. 5 400 thalers.

IV. — PROVINCE DE POSEN.

4 écoles réelles.

2 497 élèves, 82 professeurs. État : 52 582 thalers.

1. — POSEN : 3 écoles réelles ; 2 078 élèves, 74 professeurs. État : 49 187 thalers.

2. — BROMBERG : 1 école réelle ; 419 élèves, 8 professeurs. État : 3 395 thalers.

V. — PROVINCE DE SILÉSIE.

11 écoles réelles, 6 écoles bourgeoises supérieures.

4 964 élèves, 216 professeurs. État : 131 864 thalers.

1. — Cercle de BRESLAU : 3 écoles réelles, 3 écoles bourgeoises supérieures ; 2 371 élèves, 98 professeurs. État : 47 922 thalers.

2. — LIEGNITZ : 4 écoles réelles, 2 écoles bourgeoises ; 1 508 élèves, 70 professeurs. État : 40 862 thalers.

3. — OPPELN : 4 écoles réelles, 1 école bourgeoise supérieure ; 1 085 élèves, 48 professeurs. 33 880 thalers.

VI. PROVINCE DE SAXE.

7 écoles réelles, 6 écoles bourgeoises supérieures.

4 404 élèves, 214 professeurs. État : 60 687 thalers.

1. — Cercle de MAGDEBOURG : 4 écoles réelles, 1

·école bourgeoise ; 2 217 élèves, 97 professeurs. État : 11 759 thalers.

2. — Cercle de MERSEBOURG : 1 école réelle, 3 écoles bourgeoises supérieures ; 1 200 élèves, 55 professeurs. 20 128 thalers.

3. — Cercle d'ERFURT : 2 écoles réelles, 2 écoles bourgeoises· supérieures ; 887 élèves, 62 professeurs. 28 800 thalers.

VII. — PROVINCE DE SCHLESWIG-HOLSTEIN.

4 écoles réelles, 4 écoles bourgeoises supérieures.

1 157 élèves, 69 professeurs. État : 38 760 thalers.

VIII. — PROVINCE DE HANOVRE.

9 écoles réelles, 15 écoles bourgeoises supérieures.

4 242 élèves, 206 professeurs. État : 105 775 thalers.

IX. — PROVINCE DE WESTPHALIE.

9 écoles réelles, 5 écoles bourgeoises supérieures.

1 975 élèves, 169 professeurs. État : 65 097 thalers.

X. — PROVINCE DE HESSE-NASSAU.

14 écoles réelles, 15 écoles bourgeoises supérieures.

7 383 élèves, 412 professeurs. État : 211 511 thalers.

1. — Cercle de CASSEL : 5 écoles réelles, 6 écoles bourgeoises supérieures ; 2 732 élèves, 131 professeurs. 66 281 thalers.

2. — WIESBADEN : 9 écoles réelles, 9 écoles bour-

geoises supérieures ; 4 651 élèves, 181 professeurs.
145 230 thalers.

XI. — PROVINCES RHÉNANES.

13 écoles réelles, 14 écoles bourgeoises supérieures.

5 122 élèves, 293 professeurs. État : 117 362 thalers.

1. — Cercle de Cólogne : 2 écoles réelles, 3
écoles bourgeoises supérieures; 927 élèves, 53 professeurs. État 35 319 thalers.

2. — Dusseldorf : 9 écoles réelles, 6 écoles
bourgeoises supérieures; 6 227 élèves, 206 professeurs. État : 151 145 thalers.

3. — Koblenz : 4 écoles bourgeoises; 395 élèves,
37 professeurs. État : 12 720 thalers.

4. — Aachen : 1 école réelle, 3 écoles bourgeoises supérieures; 599 élèves, 43 professeurs.
13 602 thalers.

5. — Trier : 1 école réelle, 2 écoles bourgeoises supérieures; 424 élèves, 30 professeurs.
État : 4 576 thalers.

XII. — PROVINCE DE HOHENZOLLERN

1 école bourgeoise supérieure.

84 élèves, 5 professeurs. État : 4 870 thalers.

XIII. — PROVINCE DE LAUENBURG.

XIV. — WALDECK ET PYRMONT.

2 écoles bourgeoises supérieures.

455 élèves, 19 professeurs. État : 2 000 thalers.

Total, pour le royaume de Prusse, 24 039 543 habitants (en y comprenant : le Hanovre, 1 970 070 habitants ; le Sleswig, 1 031 696 habitants, et le duché de Hesse-Nassau.)

109 écoles réelles, 102 écoles supérieures bourgeoises (211), 53 287 élèves, 2 802 professeurs; État : 1 234 438 thalers.

II. — ROYAUME DE BAVIÈRE.

(4 824 421 habitants).

6 écoles réelles à Munich, Spire, Nürenberg, Regensberg, Wurzbourg et Augsbourg ; 469 élèves, 82 professeurs.

III. — ROYAUME DE SAXE.

(2 423 401 habitants).

16 écoles réelles, 4 292 élèves, 195 professeurs.

IV. — ROYAUME DE WURTEMBERG.

. (1 778 396 habitants).

9 écoles réelles, 3 653, élèves, 124 professeurs, 106 écoles latines et réelles, 3 992 élèves, 280 professeurs.

GRAND-DUCHÉ DE BADE (1 434 970 habitants).

30 écoles bourgeoises supérieures; 3 061 élèves, 192 professeurs.

GRAND-DUCHÉ DE HESSE (823 138 habitants).

10 écoles réelles; 2 019 élèves, 123 professeurs.

MECKLEMBOURG-SCHWERIN (560 618 habitants).

7 écoles réelles ou bourgeoises supérieures ; 831 élèves, 42 professeurs.

MECKLEMBOURG-STRÉLIZ (98 770 habitants).

2 écoles réelles ou bourgeoises supérieures ; 340 élèves, 18 professeurs.

OLDENBOURG (315 622 habitants).

8 écoles réelles ou bourgeoises supérieures ; 715 élèves, 42 professeurs.

SAXE-WEIMAR-EISENACH (283 044 habitants).

2 écoles réelles; 481 élèves, 32 professeurs.

DUCHÉ D'ANHALT (197 041 habitants).

2 écoles bourgeoises supérieures ; 498 élèves, 32 professeurs.

SAXE-ALTENBOURG (141 426 habitants).

1 école réelle ; 164 élèves, 11 professeurs.

SAXE-COBOURG-GOTHA (168 735 habitants).

3 écoles réelles; 1 211 élèves, 49 professeurs.

SAXE-MEININGEN-HILDBURGHAUSEN (180 335 habitants).

2 écoles réelles, 1 école bourgeoise supérieure ; 300 élèves, 50 professeurs.

REUSS (branche aînée) (43 889 habitants).

REUSS (branche cadette) (88 097 habitants).

1 école réelle; 350 élèves, 19 professeurs.

SCHWARZBOURG-RUDOLSTADT (75 116 habitants).

SCHWARZBOURG-SONDERSHAUSEN (67 533 habitants).

2 écoles réelles; 403 élèves, 25 professeurs.

PRINCIPAUTÉ DE WALDECK (56 807 habitants).

VILLE LIBRE DE BRÊME.

3 écoles réelles; 771 élèves, 44 professeurs.

HAMBOURG (315 196 habitants).

1 école réelle; 270 élèves, 17 professeurs.

LUBECK (48 538 habitants).

2 écoles réelles; 540 élèves, 40 professeurs.

Total, pour les États allemands, 214 écoles réelles et bourgeoises, 23 360 élèves, 1 417 professeurs.

AUTRICHE (pays allemands).

37 écoles réelles.

12 309 élèves.

1. — ARCHIDUCHÉ D'AUTRICHE au-dessous de l'Ens (Vienne) : 10 écoles réelles, 3 301 élèves, 218 professeurs.

2. — Autriche au-dessus de l'Ens : 1 école 366 élèves, 24 professeurs.

3. — Salzburg, Steiermark, Kanrinihie, Krain : 4 écoles réelles, 1 198 élèves, 78 professeurs.

4. — Illyrie : 2 écoles réelles, 647 élèves, 37 professeurs.

TYROL.

2 écoles réelles ; 390 élèves, 35 professeurs.

ROYAUME DE BOHÊME.

13 écoles réelles; 4 459 élèves, 187 professeurs.

MARGRAVIAT DE MÄHREN.

5 écoles réelles ; 1 293 élèves, 29 professeurs.

DUCHÉ DE SILESIE INFÉRIEURE.

1 école à Troppau; 655 élèves, 3 professeurs.

Total pour les États allemands de l'Autriche : 38 écoles réelles 12 309 élèves, 631 professeurs.

TOTAL GÉNÉRAL.

Prusse	211 écol.	53 287 élèv.,	2 802 prof.
États allemands.	214 »	23 360 »	1 417 »
Autriche	38 »	12 309 »	631 »
Total.	463 écol.	88 956 élèv.,	4 850 prof.

CHAPITRE V

GYMNASES, LYCÉES, PROGYMNASES

I

Les *gymnases*, établissements secondaires classiques, dépendent, comme les écoles réelles et les
écoles bourgeoises, du ministère de l'instruction
publique, l'État s'étant réservé la direction des
hautes études. Ils sont en partie soutenus par l'État
seul, en partie exclusivement par les communes, en
partie à l'aide de sommes fournies par l'État et la
commune; quelques-uns enfin par des fonds provenant de donations particulières.

Avant 1812, les gymnases étaient désignés sous
les noms de *lycées*, de *pédagogies*, de *colléges*,
d'*écoles latines*, etc.

Le gymnase proprement dit a six classes por-
tant les noms latins *sexta*, *quinta*, *quarta*, *tertia*,
secunda et *prima*. L'instruction commence par la
sexta et finit par la *prima*.

Dans toutes les grandes écoles, les classes ont
une section supérieure et une section inférieure;

11.

chaque section a en outre, si les circonstances l'exigent, deux groupes parallèles (*cœtus*).

La sixième et la cinquième forment la division *inférieure ;* la quatrième et la troisième, la division *moyenne ;* la deuxième et la première, la division *supérieure.*

La durée des études est d'une année pour chacune des classes appartenant à la division inférieure, ainsi que pour la première classe de la division moyenne, c'est-à-dire pour la quatrième classe de l'école ; elle est de deux ans pour la deuxième classe de la division moyenne, la troisième du gymnase, et pour chacune des deux classes de la division supérieure. La durée des études est donc de neuf ans ; l'élève entré à l'école à l'âge de neuf ou dix ans la quitte pour l'université à l'âge de dix-huit ou dix-neuf ans.

Le nombre d'heures de travail est fixé, pour la sixième classe de gymnase, à vingt-huit heures ; pour chacune des cinq autres, à trente heures par semaine.

Les classes du matin commencent, en été, à sept heures et finissent à onze ; en hiver, elles commencent à huit heures et durent jusqu'à midi. Les classes du soir se font de deux à quatre heures pendant toute l'année. Le congé n'est que d'une demi-journée, le jeudi.

Voici la distribution du temps pour les différentes matières de l'enseignement dans la plupart des établissements de ce genre.

LATIN : Dix heures par semaine dans les cinq classes au-dessous de la première et huit heures dans la première.

GREC (dont l'étude commence en quatrième) : Six heures dans chaque classe.

ALLEMAND : Deux heures par semaine jusqu'à la première classe, trois heures dans la première ; mais en sixième et cinquième, l'allemand est toujours enseigné concurremment avec le latin, et par le même professeur.

MATHÉMATIQUES : quatre heures par semaine en seconde et première, trois heures en cinquième, quatrième et troisième, et quatre heures en sixième.

L'étude du FRANÇAIS comme en cinquième ; elle est obligatoire et occupe trois heures dans cette classe, deux heures dans les classes au-dessous.

GÉOGRAPHIE et HISTOIRE : Deux heures par semaine en cinquième et en sixième, et trois heures dans les autres classes.

SCIENCES PHYSIQUES ET NATURELLES : Deux heures en seconde et en première.

Dans les autres classes, le temps destiné à ces matières leur est souvent enlevé et donné à l'enseignement de l'histoire, de la géographie et de l'arithmétique. Dans les gymnases des villes, au contraire, qui n'ont pas une école d'instruction se-

condaire spéciale, soit école réelle, soit école supérieure bourgeoise, et où les élèves de la division
moyenne préfèrent étudier les sciences physiques
et naturelles au lieu du grec, le temps destiné à
l'enseignement de cette langue est ajouté à celui
qui est donné aux sciences physiques et naturelles.

Le Dessin, qui, comme le français, fait partie du
plan d'études régulier des gymnases, est enseigné
pendant deux heures par semaine dans chacune
des trois classes inférieures de l'école.

L'Instruction religieuse occupe dans chacune
des deux classes de la divison inférieure trois heures
par semaine et deux heures dans les autres divisions.

Tous les élèves d'un gymnase apprennent le
chant et la *gymnastique*. Ceux qui, après avoir fini
les cours du gymnase, se destinent à l'université, à
l'étude de la théologie, sont tenus, dans la deuxième
et la première classe, d'étudier l'hébreu, enseigné,
ainsi que le chant et la gymnastique, en dehors des
heures régulières de l'école.

La Philosophie ne fait pas partie du programme
des gymnases; elle appartient à l'enseignement supérieur donné par les universités; ainsi que nous
l'avons dit, ce n'est que dans les gymnases placés
dans les villes qui n'ont pas de *Realschule* qu'on
permet, dans la division moyenne, la substitution

d'autres matières d'instruction à l'étude du grec.
Là où la *Realschule* existe, cette modification du
plan d'études du gymnase est strictement inter-
dite; elle n'est jamais admise dans la division supérieure.

La méthode suivie dans les gymnases allemands
est à peu près partout la même. Dans les classes
supérieures, on fait expliquer les auteurs latins et
grecs de manière à lire autant que possible de
longs morceaux du même écrivain, sans que cette
lecture rapide nuise cependant à l'explication détaillée à laquelle le professeur réserve un certain
nombre d'heures. Les maîtres allemands désignent
le premier procédé sous le nom de *lectio stataria*,
et le second sous celui de *lectio cursoria*. Souvent
les élèves ont à rendre compte en langue latine et
de vive voix de ce qu'ils ont lu, ou bien le professeur choisit les morceaux expliqués pour des sujets
de narrations ou de discours latins, afin de se con-
vaincre que les élèves ont lu leurs auteurs avec
fruit. D'autres encore consacrent une heure par semaine aux exercices de langue parlée en professant
en latin et en habituant les élèves à répondre à
leurs questions dans la même langue.

Les élèves font les mêmes exercices pour le
grec. On leur donne peu de versions écrites; ils
expliquent de vive voix et couramment un grand
nombre de chapitres pour qu'ils s'habituent ainsi à

s'exprimer avec facilité, à trouver à l'instant l'expression juste et pour qu'ils acquièrent une connaissance plus étendue et plus vraie de l'auteur dont ils s'occupent.

Dans les classes consacrées à l'étude de la langue allemande, les élèves s'occupent généralement de l'histoire de la langue et de la littérature ; les maîtres corrigent en classe les devoirs qu'ils ont auparavant lus et annotés (discours, dissertations sur des sujets de morale, d'histoire, narrations, lettres, etc.), ou bien ils donnent à leurs élèves des sujets que ceux-ci ont à développer séance tenante et de vive voix devant leurs camarades et leurs maîtres. De plus, on s'occupe en classe de la lecture et de l'explication des prosateurs allemands.

Voici le programme complet de la classe *prima* dans le *Friedrichs gymnasium* de Berlin.

Langue latine : Cicéron, *Epistolæ selectæ, Tusculanes.* Tacite, *Annales.* Horace, *Carmina.*

Langue grecque : Platon, *Criton, Lachès, Charmiles, Menon.* Démosthènes, *Philippiques* et *Olythiennes.* Sophocle (morceaux choisis). Homère, l'*Iliade*, i — xii.

Langue et littérature allemandes : Histoire de la littérature depuis la Réformation jusqu'à Klopstock. Lecture de morceaux choisis des écrivains principaux de cette période.

Pour l'enseignement de l'histoire et de la géo-

graphie, des langues vivantes (français et anglais),
de la physique et des mathématiques, les programmes sont exactement les mêmes que ceux de la
Realschule, qui, de plus, a un cours de chimie organique et inorganique.

II

Le système d'enseignement que la circulaire récente de M. Jules Simon recommande d'appliquer à l'étude des langues anciennes dans notre
enseignement classique est précisément, comme
on le voit, celui qui, depuis longtemps, est mis en
pratique dans les gymnases d'Allemagne. La suppression du thème, des vers latins et des versions
dictées n'y est donc pas considérée comme aussi
déplorable qu'a paru le croire le savant prélat qui a
signalé cette innovation « comme la ruine des humanités et le renversement de la haute éducation
intellectuelle en France. » L'introduction succes-
sive, dans les gymnases comme dans nos colléges,
d'études étrangères autrefois à l'enseignement
classique a rendu nécessaire, non la suppression du
grec et du latin, mais l'application de méthodes
plus expéditives qui, sans nuire à ces études auxquelles on doit attacher une importance capitale,
permettent de donner place à l'enseignement des

langues vivantes, des sciences physiques et naturelles, de l'histoire, de la géographie et à ces exercices salutaires destinés à rendre les corps sains et
robustes. Les Allemands s'y sont résignés bien vite,
certains que les élèves des gymnases auxquels la
connaissance des langues anciennes est nécessaire
trouveraient dans les universités le moyen d'en
faire une étude plus approfondie. Pour continuer à
faire reposer comme autrefois l'éducation des jeunes
gens sur la culture exclusive des lettres anciennes,
il aurait fallu retrancher résolûment toutes les
études que les besoins de la civilisation moderne
ont rendues indispensables, et c'est ce que n'auraient pas osé conseiller les partisans les plus dévoués de l'ancien système. Comme on ne peut ni
éliminer les nouvelles branches de l'enseignement,
ni augmenter le nombre d'heures dont les élèves et
les maîtres peuvent disposer chaque jour, il est tout
simple que l'on cherche, ainsi que l'ont fait déjà
les Allemands, les moyens d'alléger le poids des
études multiples auxquelles est condamnée la jeunesse des écoles. C'est à ce résultat, comme l'a
très-bien établi M. Paul Janet[1], que se bornent les
réformes que nous espérons bien voir introduites
dans nos lycées.

« Elles ne supprimeront pas sans retour, comme

---

1. *Revue des Deux Mondes*, du 15 novembre 1872.

le dit un éloquent académicien [1], cette vigoureuse
nourriture qui a fait la force des trois grands siècles
de l'esprit français, celui de Louis XIV,. celui de
Voltaire et celui que nous sommes en train de dénigrer, si grand qu'il soit, car ce siècle est grand
malgré ses défauts, et cette France est grande malgré ses malheurs! » Oui, sans doute, la France est
grande ; mais on peut douter que sa grandeur ait
tenu principalement à ce que ses plus illustres enfants ont consacré les plus belles années de leur
jeunesse à faire des thèmes ou à tourner des vers
latins, ou même à composer des narrations latines
et des discours latins.

Les écrivains de Port-Royal, Lancelot, Fontaine,
Arnaud ont désapprouvé l'usage prématuré et ha-
bituel des thèmes. « Comment veut-on, dit Fontaine [2], qu'un enfant écrive en une langue qu'il ne
sait pas et dont il a seulement étudié les règles? Au
lieu que la lecture des auteurs le met en état de
composer ensuite. »

Rollin est du même avis : « Pour bien composer en latin, il faut un peu connaître le tour, les
locutions, les règles de cette langue et avoir fait
amas d'un nombre assez considérable de mots dont
on sente bien la force. Or, tout cela ne peut se faire

---

1. M. Cuvillier-Fleury, dans le *Journal des Débats* du 30 octobre 1872.

2. Mémoire sur les écoles de Port-Royal.

qu'en expliquant les auteurs qui sont comme un dictionnaire vivant et une grammaire parlante [1]. »

Remarquons bien que dans le pays même où l'étude des langues anciennes est cultivée avec tant de soin et où la philologie semble avoir établi son domaine, il existe une foule d'excellents esprits qui pensent que le développement intellectuel et moral attribué à l'étude des langues anciennes serait absolument le même si on le demandait à l'étude philosophique des langues et des littératures modernes. « Ces études, disent-ils, ne sont pas seulement utiles aux autres études du collège, elles le sont surtout à celles de toute la vie. Elles nous mettent dans une relation plus facile et plus directe avec les hommes et les choses d'aujourd'hui, avec les idées qui dominent notre siècle. Tous ces objets occupent une large place dans nos pensées et dans notre activité. Les études libérales qui ont avec eux le rapport le plus direct sont donc celles qui sont appelées à jouer dans notre vie le rôle le plus considérable ; elles touchent à ce qui nous intéresse le plus constamment et le plus vivement [2]. »

---

1. *Traité des études*, I, 3.

2. C'est justement la thèse soutenue avec un grand talent par un écrivain enlevé trop tôt à ses études de prédilection et trop peu connu, le regrettable C. Clavel, auteur de *Lettres sur l'enseignement des collèges en France*, où sont développées plusieurs des idées exposées depuis par M. Michel Bréal dans le beau tra-

M. Baudouin, dans son excellent rapport sur l'enseignement spécial en Allemagne, expose ainsi quelle est à ce sujet l'opinion des Allemands. Ils ne croient pas que les langues anciennes, qui occupent tant de place dans l'enseignement des gymnases, soient seules propres à former l'éducation intellectuelle et morale de la jeunesse. L'étude des sciences et des langues modernes, disent-ils, peut aussi bien que celle du grec et du latin faire des hommes instruits et de bons citoyens. Ils conviennent que les langues, en général, sont spécialement propres à ouvrir et à rectifier le jugement, à cultiver l'esprit et le cœur ; mais ils nient que le latin et le grec soient les langues les plus belles et les seules capables de développer l'intelligence de la jeunesse. « Si vous voulez, disent-ils, donner pour base à l'enseignement des humanités une langue fondée sur un système grammatical simple, complet et synthétique, choisissez les langues modernes qui réunissent ce triple caractère et dont la connaissance devient de jour en jour plus nécessaire, à mesure que les relations internationales se multiplient et s'étendent. Elles offriront à l'esprit des enfants des difficultés assez sérieuses pour pouvoir leur servir de gymnastique intellectuelle, et elles renferment aussi de

vail que j'ai plusieurs fois cité : *Quelques mots sur l'instruction publique en France.*

magnifiques modèles de compositions en tous
genres, d'où l'on peut extraire, pour orner leur
mémoire, des maximes au moins aussi pures, aussi
élevées que celles que l'on trouve dans les auteurs
anciens. Que les cours de langues anciennes soient
maintenus dans les gymnases et les séminaires;
que les jeunes gens destinés aux carrières libérales, au barreau, à la médecine, au sacerdoce,
étudient le grec et le latin, ceci est indispensable et
logique, puisque les uns doivent chercher l'origine
et dès lors le vrai sens des lois dans les fragments
plus ou moins cicéroniens du Digeste; que les
autres emploient toujours les formules latines et
les étymologies grecques pour cacher leur science
et le secret des préparations pharmaceutiques; que
le clergé, enfin, doit célébrer les offices en latin et
étudier sans cesse la doctrine catholique dans les
Pères de l'Église. Personne, en Allemagne, n'a jamais songé, personne ne songe à supprimer le
culte des belles-lettres : ce serait découronner la
patrie.

« Mais pourquoi forcer ceux qui ont le bonheur
de pouvoir faire quelques études à consacrer huit
ou dix de leurs plus belles années à se torturer la
mémoire pour apprendre des langues qui ne se par-
lent plus et ne peuvent leur être d'aucune utilité
dans la vie pratique? Pourquoi les contraindre à
dépenser leur intelligence et leur temps, dont cha-

que parcelle est si précieuse, dans des occupations ingrates, sans perspective d'avenir et qui ne peuvent leur inspirer que le dégoût du travail et des livres? Laissons donc à ceux qui en ont le goût, le besoin ou le loisir, la culture des langues anciennes ; c'est une étude utile et noble qui adoucit les mœurs et fait la gloire des peuples. Mais donnons à ceux que les exigences de la vie pressent et poussent en avant une connaissance complète de la langue maternelle et de celle des peuples avec lesquels nous avons les rapports les plus fréquents, et surtout hâtons-nous de développer de bonne heure en eux l'esprit d'observation, cette faculté importante sans laquelle ils passeraient à travers la vie en aveugles, sans distinguer aucune des merveilles dont la Providence l'a remplie.

« Or, cette précieuse faculté d'observation, ce n'est pas l'étude des langues et des sociétés disparues du mouvement général depuis plus de dix-huit cents ans qui est capable de la faire naître; ce sont les sciences, les sciences seules, qui appellent vers le monde physique les pensées et les regards et donnent ainsi à ce désir un aliment inépuisable et des modèles puissants.

« A mesure, en effet, que le jeune homme étudie les sciences mathématiques, physiques, chimiques, naturelles, il sent une curiosité scrutatrice s'éveiller en lui; il regarde autour de lui; il s'accoutume

à voir, à se former des idées par lui-même, à recueillir les faits qu'il observe, à les soumettre au
contrôle de l'expérience, à chercher leur enchaîne-
ment et les lois auxquelles ils sont soumis. Bientôt
l'esprit de recherche s'empare de son intelligence,
le porte à s'intéresser de plus en plus à tout ce qui
l'entoure, à tout ce qui passe sous ses yeux, et lorsqu'il sort des *Realschulen* pour entrer dans la vie
active, il n'est pas comme un étranger jeté au milieu d'un monde inconnu dont il n'aurait jamais
entendu parler.

« Les langues modernes unies aux sciences physiques et naturelles, voilà l'instruction qu'il convient de donner aux jeunes gens que l'on veut préparer aux diverses conditions de la vie réelle et en
même temps faire arriver à une certaine culture
libérale.

« Il semblerait, ajoute M. Baudouin, que le latin
et le grec dussent être exclus de toutes les Realschulen et des Höhere Bürgerschulen. En effet, les
premiers programmes ne contenaient que la langue
maternelle, les langues modernes et les sciences ;
mais le succès de ces écoles ayant dépassé les espé-
rances de leurs fondateurs, on prétendit, en y établissant le latin, les transformer en écoles capables
de faire concurrence à l'instruction classique et
même de la remplacer. Dans d'autres États, en
Prusse par exemple, certaines professions libérales,

comme la médecine et la pharmacie, demandèrent
à participer aux priviléges attachés à l'examen final
des Realschulen, et l'on introduisit le latin dans ces
écoles pour dispenser les aspirants à la médecine
et à la pharmacie de suivre les cours des gymnases. »

C'est par des motifs analogues que, dans nos établissements français d'*enseignement secondaire spécial*, on commence à comprendre la nécessité d'a-
jouter aux programmes l'étude de la langue latine.
C'est qu'en effet, comme j'ai eu plusieurs fois l'occasion de l'exposer, tout enseignement qui ferme
aux jeunes gens auxquels il est donné l'entrée des
classes supérieures des lycées, et par conséquent
l'accès des professions libérales, perd une grande
partie de ses avantages, et que les familles de la
classe moyenne, pour lesquelles il est établi, préfé-
reront toujours, malgré leurs inconvénients, les
établissements d'instruction classique.

Une conséquence naturelle de cette introduction
de l'étude des langues anciennes dans les écoles
réelles effacera peu à peu, en grande partie, les
distinctions qui existent entre elles et les gymnases.

C'est ce que l'on peut voir en examinant les programmes des meilleurs établissements de ce genre
et entre autres de l'institution royale de Berlin dirigée par le docteur Ranke, et réunissant dans le

même local une école primaire, un Realgymnase
élémentaire, un gymnase et une Realschule ordinaire. Les enfants passent de l'école primaire, qui
a cinq classes, au Realgymnase élémentaire, sorte
d'école mixte dont l'enseignement est celui d'un
petit gymnase mêlé à celui d'une Realschule élémentaire. Ils y restent deux ans, pendant lesquels
ils suivent des cours de religion, de grammaire,
d'écriture, de français, de latin, de géographie,
d'arithmétique, d'histoire naturelle, de dessin et de
chant. Après ces deux années préparatoires ils choi-
sissent l'école réelle ou le gymnase, suivant la carrière à laquelle ils sont destinés, et alors leurs études
se spécialisent : religion, allemand, grec, latin,
français, anglais, hébreu, histoire et les sciences ;
s'ils se préparent à l'université, religion, allemand,
latin seulement, langues modernes, dessin et beaucoup de mathématiques, s'ils visent au certificat
délivré après l'*abiturienten examen* et les priviléges
qu'il confère.

Dans la Realschule de Crefeld (provinces rhénanes), considérée comme le modèle des établissements du même genre, le latin obligatoire pour les
premières classes devient facultatif dans les deux
dernières. Il a donc fallu établir deux classes de
seconde et de rhétorique, dites *parallèles*, pour occuper et retenir dans l'établissement les élèves qui
reviennent à l'étude du latin. Il y aurait peu de mo-

dification à faire aux programmes de ces deux
sections pour les réduire en une seule et empêcher
ainsi la bifurcation qu'ils consacrent.

III•

Ce qui établit entre les gymnases et nos colléges une différence capitale, et ce qui, selon moi,
explique la supériorité des premiers, c'est que la
presque totalité des établissements ne reçoit que des
externes.

Les élèves vivent chez leurs parents, ou sont
placés soit chez les professeurs des différentes institutions, soit dans des familles offrant toutes les garanties nécessaires et ordinairement recommandées
par les autorités de la localité ou par les directeurs
des écoles.

Quant aux exceptions, elles consistent dans un
petit nombre de gymnases à internat (*alumnat*),
parmi lesquels on cite en première ligne la célèbre
école de *Schulpforta*, les *kloster* ou *fürstenschulen*
dans les villes de Rossleben, de Grimna, et de Meissen et les quatre petits séminaires du Wurtemberg.
Ces maisons ne reçoivent que des élèves internes;
leur régime diffère par conséquent de celui des
autres gymnases.

D'autres établissements enfin possèdent à la fois

un externat et un internat, comme la plupart des lycées français. Citons comme exemples : le gymnase de *Joachimsthal* à Berlin, le gymnase de *Saint-Thomas* à Leipzig, l'orphelinat de *Francke* à Halle, le gymnase de *Unserer-lieben frau* (Notre-Dame) à Magdebourg.

Dans les gymnases à pensionnats on a dû naturellement se préoccuper des deux grandes difficultés contre lesquelles ont à lutter les directeurs et les maîtres pour maintenir l'ordre et la discipline parmi leurs élèves et surtout pour écarter les dangers auxquels ils sont exposés au point de vue des mœurs. Le système des maîtres d'études n'offrant pas, sous ce double rapport, des garanties suffisantes, c'est à des *professeurs adjoints*, qu'est confiée la surveillance des études et des mœurs. Ils ont plus d'expérience et plus d'autorité que des hommes plus jeunes, plus étrangers aux écoles et plus occupés de leur avenir que de celui de leurs élèves. On ne donne à chaque chef de surveillance que dix à douze élèves : c'est une sorte de famille placée sous leur patronage ; l'influence qu'ils exercent est sérieuse. Ils sont d'ailleurs secondés utilement par les professeurs titulaires qui à tour de rôle interviennent dans la surveillance de l'intérieur. Au *Pedagogium* de Halle, les élèves forment des pelotons de douze. Distribués par chaque peloton en plusieurs chambres contigües, ils se surveillent les uns les autres comme s'ils composaient une même famille.

Dans les pensionnats de Pforta, de Grimna et de Meissen, en Saxe, on a fait l'essai d'*éducateurs* spéciaux, appelés gouverneurs. Ce sont des chefs de chambrée. Il en est de même, avec des règlements plus étudiés et plus complets, dans l'école fondée à Dresde par les dynastes de Vitzthurn. Ces règlements ne pourraient produire que de plus heureux résultats s'il était aussi facile de les faire exécuter que de les écrire. Ils indiquent d'une manière précise les devoirs des élèves à l'égard du directeur, du surveillant du jour, des camarades, de l'éducateur spécial et des domestiques. Ils tracent la conduite que doit tenir le jeune homme dans les exercices de tous les jours, le dimanche comme dans la semaine, pendant les vacances comme pendant le reste de l'année.

Ce n'est ni le bon vouloir ni la sagesse des instructions qui manquent aux jeunes gens chargés dans nos lycées des pénibles fonctions de la surveillance. Il est des inconvénients inhérents à la nature même de l'internat contre lesquels, quoi qu'on dise ou quoi qu'on fasse, viennent échouer les bonnes intentions des directeurs célibataires ou mariés, laïques ou ecclésiastiques. Ces inconvénients compensent tous les avantages que l'on peut faire valoir en faveur des établissements de ce genre.

On a souvent attribué la persistance 'avec laquelle la France, malgré les exemples donnés par la plupart des nations civilisées, maintient l'usage de l'internat, à l'indifférence et même à l'égoïsme des parents. Les Allemands ont été jusqu'à y voir une des plus fortes causes d'un prétendu relâchement des liens de la famille. Je repousse de toutes mes forces un pareil reproche : il n'y a au contraire rien de plus touchant que le spectacle des témoignages de tendresse que les pères et les mères dans leurs fréquentes visites aux jeunes prisonniers des lycées leur ¡prodiguent. Ils sont les premiers à gémir d'un système de claustration dont les gouvernements ont pu avoir l'idée et dont la responsabilité doit peser sur eux seuls. C'est une des plus funestes institutions du premier empire, contre laquelle n'ont pas manqué les protestations éloquentes[1], et qui, nous l'espérons bien, finira par disparaître à mesure que les familles elles-mêmes prendront une part légitime à l'organisation et à la surveillance des établissements d'instruction, abandonnée encore aujourd'hui à la direction exclusive de l'État.

Il ne serait pas plus difficile en France qu'en Allemagne, en Suisse, aux États-Unis, de trouver le moyen de remplacer avantageusement les internats.

---

1. Voir en particulier : *L'éducation libérale, l'hygiène, la morale, les études,* par Victor de Laprade. 1 vol., Didier et Cⁱᵉ.

Partout où l'on y a renoncé, il s'est groupé autour des établissements publics des maisons privées, habitées par de modestes employés, des familles de bourgeois, d'honnêtes artisans même, disposés à donner à trois, quatre ou six enfants, le vivre et le couvert, à veiller sur eux, à remplacer enfin leurs parents pour tous les soins qui leur sont nécessaires. Ces maisons elles-mêmes sont ordinairement choisies sur la désignation des directeurs ou des professeurs intéressés à sauvegarder la moralité de leurs élèves. Rien ne s'oppose à ce que les professeurs se chargent de recevoir et de loger chez eux quelques enfants. C'est ainsi que ceux qui sont obligés de se séparer de leur famille ont l'avantage d'en trouver une autre au sein de laquelle les amis et les camarades ne leur manquent pas[1]. Leur existence est douce, ils disposent comme bon leur semble des heures où ils ne sont pas en classe, et les rigueurs d'une discipline sévère et d'une surveillance défiante ne leur font pas prendre en dégoût ces riantes et fécondes années d'études dont ils conservent toujours un agréable souvenir. Ce n'est pas à une autre cause qu'on peut attribuer cette persistance de l'amour de l'étude et de l'activité scientifique qui distingue les Allemands et qui, dans

1. J'ai pu constater les heureux résultats dus à ce système dans la ville d'Avranches, en Normandie, où il a été mis longtemps en pratique.

toutes les classes de la société, fait considérer la culture de l'esprit comme le plus noble et le plus impérieux des besoins. Les maîtres, recteurs et professeurs, sont délivrés des soucis de la surveillance et d'une gestion financière et économique qui absorberait tous leurs instants. Ils peuvent continuer les travaux scientifiques ou littéraires qui les recommandent au respect des familles auprès desquelles c'est surtout leur érudition, constatée par des travaux d'un ordre supérieur, qui assure leur autorité et leur crédit[1].

Un des plus grands avantages du système de l'externat, c'est que les frais d'entretien d'un gymnase allemand sont bien inférieurs à ceux des lycées français. La dépense totale pour tous les gymnases allemands, non compris ceux de l'Autriche, s'élève à environ 13 millions de francs.

Non-seulement les Allemands n'ont pas à déplorer les funestes conséquences de l'internat, de ce régime malsain qui tient à la fois de la caserne et du couvent, au point de vue de la moralité, de la santé des élèves, et, pourquoi ne pas le dire? au point de vue de leur bonheur. Mais le système de l'externat a encore pour résultat de mettre plus longtemps chaque jour les élèves en rapport avec leurs pro-

---

1. Dans les programmes des établissements d'instruction publique, on a toujours soin d'énumérer tous les ouvrages dus aux professeurs dont on fait connaître les cours.

fesseurs. Tandis que dans nos collégeš à internat
ils passent dans les études le double du temps qu'ils
consacrent à la classe, les élèves des gymnases ont
6 à 7 heures de classe et n'ont à donner à l'étude
que 2 ou 3 heures. On a presque partout adopté en
principe la règle de ne faire durer chaque classe
que trois quarts d'heure. A un signal donné tous
les élèves se rendent dans les cours où ils jouent
sous la surveillance d'un des professeurs. La classe
suivante ne commence qu'un quart d'heure après,
de sorte que les élèves ont eu le temps de prendre
l'air et de se reposer. C'est le système suivi dans
toutes les écoles des États-Unis.

C'est surtout pendant la classe et sous la direction
des professeurs que s'exerce leur intelligence et
qu'ils apprennent à travailler avec profit. Pour eux
peu de leçons à apprendre et à réciter, peu de devoirs
à écrire, peu de travaux solitaires. La classe est véritablement une société en participation pour le plus
grand avantage des études. Élèves et maîtres y sont
sans cesse en action, c'est entre eux une perpétuelle
communication d'idées, un échange incessant de
questions et de réponses, et le professeur peut à la
lettre y prendre ce rôle d'accoucheur des esprits
dont se faisait gloire le plus puissant instituteur de
l'antiquité grecque. C'est la confection et non la
correction du devoir qu'il importe au professeur de
diriger, dit excellemment M. Bréal, qui oppose à la

tâche ingrate et souvent peu fructueuse de nos professeurs dans leurs classes, celle qu'accomplissent
les professeurs des gymnases. « On vante avec
raison, dit-il, les heureux effets qu'exerce sur l'intelligence l'effort nécessaire pour exécuter une traduction difficile. Mais encore faut-il que nous ayons
conscience de la marche de notre esprit et que
nous soyons en état de nous rappeler par quelle ·
voie il nous a conduits au but... Mais n'est-ce pas
trop demander à un élève de quatrième que d'exiger de lui une observation interne souvent malaisée
pour le philosophe?... Les choses se présenteront
tout autrement si nous avons avec nous un guide
qui commente à voix haute et qui découvre à nos
yeux les mouvements de notre intelligence. Dans le
travail en commun, le professeur montre où est le
nœud des difficultés, énumère les partis à prendre,
demande pourquoi vous choisissez plutôt telle route
que telle autre. A chaque étape parcourue il pose
des principes qui servent pour l'avenir. En outre,
l'élève voit ses camarades à l'œuvre; ces procédés
de l'intelligence qu'il n'est point capable d'observer
directement en lui-même, il n'aura point de peine·
à les suivre sur son voisin qui cherche tout haut
devant lui. De bonnes copies lues en classe ne
valent pas la vue immédiate d'un bon esprit qui
travaille à découvert. »

Nous retrouvons encore ici, dans les **procédés**

pédagogiques suivis en Allemagne, des idées émises
soit par les écrivains de Port-Royal, soit par Rollin,
et il est plus d'un professeur de nos lycées qui serait très-disposé à les mettre en pratique si le temps
et les règlements le permettaient.

Les professeurs des gymnases allemands, plus
heureux, peuvent modifier leur enseignement et
leurs méthodes avec une liberté que l'omnipotence
de l'État en fait d'éducation ne laisse pas aux nôtres.
Le directeur d'un gymnase, qui en principe et le
plus souvent est en même temps le professeur le
plus distingué de l'école, doit s'entendre avec ses
collaborateurs à la fin de chacun des semestres dans
lesquels se divise l'année scolaire, sur l'organisation des classes pendant le semestre suivant et quelquefois pendant l'année scolaire entière. Quant à
l'exécution du plan d'études, les maîtres ont la plus
grande latitude, en ce qui concerne la méthode, le
choix des livres, le temps donné dans la classe à
chaque exercice, etc. [1].

---

1. L'institution des réunions et des conférences mensuelles des
professeurs des lycées contribuera, il faut l'espérer, à augmenter
leur indépendance et à éveiller chez eux l'esprit d'initiative que,
jusqu'à présent, l'administration centrale semblait avoir pris à
tâche d'étouffer.

IV

L'amour et le culte désintéressé de la science prennent leur source dans l'idée que l'on attache en général à l'enseignement des gymnases. Il n'a pas, comme chez nous, pour but principal la préparation aux divers emplois de la vie publique. Ces emplois ne sont pas moins recherchés outre-Rhin qu'en France, mais il y en a moins, et ils ne sont pas si bien rétribués. On s'y prépare davantage, comme l'a très-bien fait remarquer M. Matter[1], aux carrières de la vie privée, et l'on n'a pas cet examen si chargé, si condensé, d'une rapidité si chanceuse, d'une étendue si encyclopédique, examen qui, après tout, est peu significatif, et qui pourtant décide souvent de toute la destinée d'un jeune homme.

Au lieu du baccalauréat ès lettres, l'Allemagne donne des certificats d'études et d'examen qui confèrent le droit de suivre les cours des facultés. Délivrés d'après des interrogations plus approfondies, mais plus libres et moins réglementées que les nôtres, ces certificats, rédigés d'après tout le cours

1. *De l'état moral politique et littéraire de l'Allemagne*, par M. Matter, inspecteur général honoraire et conseiller honoraire de l'Université. 1847.

d'études de l'impétrant, sont évidemment plus complets que notre diplôme de bachelier, quoiqu'ils
ne soient pas le résultat d'une aussi grande solennité.

Notre manière de voir est plus positive, notre but
plus pratique, c'est avant tout à la carrière, c'est
directement à l'emploi que préparent nos études.
En Allemagne, on y aboutit sans doute; mais on
y marche avec des vues plus spéculatrices. On est
plus moraliste, plus philosophe, plus humaniste. On
y a plus l'ambition de former la jeunesse, de développer les facultés morales et intellectuelles de l'é-
lève; en un mot, on désire faire de lui un homme
avant d'en faire un employé, et un homme qui soit
en état de choisir une profession libérale, et de se
faire une carrière utile.

En général, l'éducation des gymnases développe
une grande liberté d'esprit. Examiner la raison de
tout et remonter des développements à l'origine :
telle est la règle fondamentale de la méthode allemande et la substance de tous ses procédés. On n'y
craint pas d'affaiblir, par le rationalisme, l'enseignement religieux. Habitués à juger par eux-
mêmes, ils porteront plus tard, dans la critique
.historique ou littéraire, les facultés supérieures
et l'aptitude que l'on ne peut refuser aux Allemands.

Dans toutes les écoles secondaires, *Gymnases,*

Écoles réelles et *Écoles préparatoires*, on distingue trois catégories d'examens, l'examen semestriel, l'examen de passage et l'examen de sortie.

Le premier a lieu à la fin de chaque semestre. Il est public et les parents de tous les élèves y assistent ordinairement sur l'invitation que leur adresse le directeur de l'école. L'examen occupe plusieurs journées, les professeurs de chaque classe y interrogent leurs élèves sur les différentes matières de l'enseignement pendant le semestre précédent. Les cahiers des élèves, avec les devoirs écrits par eux, corrigés par les maîtres, sont en outre mis à la disposition du public, et les parents peuvent ainsi se rendre compte des progrès et du travail de leurs enfants.

L'examen de *passage*, la plus rigoureuse des trois épreuves, décide si l'élève peut passer à la classe supérieure, ou s'il doit rester encore six mois ou une année dans sa classe.

L'examen de *sortie* est le plus important, à cause des conséquences qui en résultent. Pour les gymnases, il décide si le candidat est apte ou non à suivre avec fruit les cours d'une université qui seuls ouvrent la voie aux professions libérales (théologie, professorat, médecine et droit).

Les élèves des *Realschulen* du premier rang qui quittent l'école avec le diplôme *Abiturientenzeugniss*, constatant qu'ils ont satisfait à l'examen de

sortie, peuvent entrer dans certaines carrières publiques, ou bien dans les écoles spéciales supérieures
qui y conduisent.

L'examen de sortie du gymnase a une importance
exceptionnelle à l'égard des universités étrangères,
puisque la Commission, en déclarant l'élève apte à
suivre les cours de faculté, lui confère, en signant le
procès-verbal de l'examen même, le diplôme qui,
appelé en Allemagne *Zeugniss der Reife* (diplôme
de maturité), est en France et dans les autres universités accepté comme l'équivalent du diplôme de
bachelier ès lettres, grade académique qui n'existe
plus de nom en Allemagne.

Le candidat doit avoir passé deux ans dans la
première classe du gymnase. Les sujets des compositions écrites sont une dissertation en allemand
sur un sujet d'histoire et de littérature ; une dissertation en latin, une version d'un auteur latin ou
grec ; des questions de mathématiques et de physiques, et une dissertation française.

L'examen oral comprend l'explication d'auteurs
latins, grecs, français et anglais (hébreux pour les
futurs théologiens), les mathématiques, la physique, l'histoire, la géographie et la religion. Ce sont
à peu près les mêmes épreuves que celles de notre
baccalauréat ès lettres, à l'exception de la philosophie, qui n'appartient pas, comme je l'ai dit, à
l'enseignement secondaire.

Les examinateurs sont les professeurs du gymnase, qui deviennent, par conséquent, les juges de leurs élèves. Il en était ainsi autrefois dans nos lycées. Le jury actuel, composé de professeurs de faculté, nous paraît offrir de meilleures conditions d'impartialité.

Les élèves qui se présentent à l'examen final en subissent ordinairement avec succès les épreuves. Ceux qui sont parvenus jusqu'en *prima* ont travaillé uniquement pour apprendre complétement tout ce qu'on leur enseigne. Aucun d'eux, d'ailleurs, n'est admis à subir ces épreuves s'il n'est proposé pour l'examen par ses propres professeurs, qui depuis plusieurs années ont pu apprécier ses aptitudes et son savoir. Il arrive donc rarement qu'à l'épreuve finale les élèves trompent les prévisions de leurs maîtres.

La dernière solennité scolaire qui réunit encore une fois les futurs étudiants des universités avec leurs professeurs et leurs condisciples a lieu au moment où ils prononcent leurs discours d'adieu (*schul actus*). Ces discours sont ordinairement au nombre de trois : en allemand, en latin, en français ou anglais.

Les seules cérémonies publiques dans les gymnases sont celles de l'examen public de cette séance d'adieu, les distributions de prix y étant inconnues aussi bien que le fameux concours général, objet des préoccupations des professeurs et des bons élèves de nos colléges français.

L'examen final, qui équivaut à notre baccalauréat, n'entraîne aucune dépense, si ce n'est que, dans certains gymnases, les élèves qui sortent de l'établissement pour entrer dans l'université, payent les frais d'impression du programme.

La rétribution scolaire payée par les élèves des gymnases varie dans les différents pays, et suivant l'importance des localités dans lesquelles les écoles sont placées. A Berlin, au *Friedrich-Wilhelms Gymnasium*, les élèves de toutes les classes payent 27 thalers (101 fr. 25) par an; à Halle, 16, 18, 20 thalers, suivant les classes ; à Vienne, 18 florins (38 francs) ; à Ansbach (Bavière), 18 florins ; à Leipzig (*Thomasschule*), 15, 18 et 24 thalers ; à Hanovre, 25 et 27 thalers ; à Stuttgard, 20 et 22 florins ; à Jever (duché d'Oldenbourg), 6, 7 et 12 thalers, selon les classes.

Outre les gymnases proprement dits *ou écoles latines*, il y a aussi, en Allemagne, un certain nombre de gymnases mixtes (*Realgymnasien*) où, à côté des classes pour l'enseignement classique et littéraire, il y en a d'autres pour les élèves de l'âge correspondant, qui se destinent exclusivement aux sciences.

On y trouve, en effet, les onze classes de l'école latine, les huit classes à peu près correspondantes de la *Realschule* avec cinq classes élémentaires, qui préparent aussi bien aux classes du gymnase qu'à celles de la *Realschule.*

On trouve également des gymnases où il y a, même dans les classes supérieures, deux divisions : l'une pour les lettres (*Humanisten*) et l'autre pour les sciences (*Realisten*), avec un enseignement commun pour certaines branches de l'instruction.

Les *Progymnases* ne sont, dans la plupart des cas, que des gymnases, sauf les deux classes supérieures. Beaucoup n'en ont que les divisions inférieure et moyenne, d'autres ont seulement la division inférieure et la moitié de la moyenne ; quelques-uns ont toutes les classes du gymnase à l'exception de la première. On y suit le plan d'études du gymnase.

Dans les villes qui n'ont pas les moyens d'entretenir un progymnase et une *Realschule*, le progymnase a souvent des classes parallèles pour les études classiques et non classiques. Mais, en général, les progymnases tendent à se développer en gymnases complets ; ils ne deviennent, ils ne peuvent, en principe, jamais devenir des *Realschulen.*

D'après l'acte de constitution de l'instruction publique en Prusse, chacun est libre d'enseigner, de fonder et de diriger des établissements d'instruction, à la condition qu'il prouve à l'État qu'il possède les qualités morales, scientifiques et techniques nécessaires.

Tous les établissements d'instruction, publics ou privés, sont donc sous la surveillance d'autorités nommées par l'État.

Les candidats au professorat doivent se présenter devant une des sept commissions d'examen, siégeant à Berlin, Bonn, Breslau, Greiswald, Halle, Kœnigsberg et Munster.

Ils doivent être munis de leur diplôme de maturité et d'un certificat d'assistance aux cours de faculté pendant trois ans. Ils y joignent un *curriculum vitæ* (récit de leur vie), écrit en latin s'ils désirent entrer dans un gymnase, et en français, s'ils visent à une *Realschule*.

Les matières de l'examen sont groupées en quatre divisions principales : grec, latin, allemand; mathématiques, sciences physiques et naturelles; histoire et géographie; théologie et hébreu (cette dernière division ne concerne que les candidats qui se destinent à l'instruction religieuse dans les écoles).

La commission d'examen accorde soit la *facultas docendi* complète, donnant le droit d'enseigner dans les deux classes supérieures d'un gymnase ou d'une *Realschule* du premier rang, soit la *facultas docendi* limitée, qui n'autorise que l'enseignement dans les classes moyennes ou inférieures. Une *fa-*

cultas docendi spéciale est donnée aux professeurs de langues vivantes, mais ils doivent prouver, en outre, qu'ils possèdent une connaissance du latin, de l'histoire et de la géographie, suffisante pour enseigner ces matières dans la division moyenne d'un gymnase. Les professeurs munis du diplôme complet reçoivent dans les gymnases et les *Real-schulen* le titre d'*Oberlehrer* (professeurs supérieurs); ceux qui n'ont que le diplôme restreint sont appelés *ordentliche lehrer* (professeurs ordinaires).

Les appointements des professeurs dépendent de l'importance et de la richesse de l'établissement dans lequel ils enseignent, de leur mérite personnel et de leur ancienneté.

Dans le *Friedrich-Wilhelms Gymnasium*, le directeur a 2,300 thalers (8,645 francs), les professeurs, selon leur rang, ont : 1,400, 1,300, 1,200, 1,025, 900, 800, et 500 thalers.

V

En parlant de l'introduction de l'étude du latin dans les écoles intermédiaires, j'ai dit un mot de la tendance qui se manifeste en Allemagne à rapprocher l'enseignement des *Realschulen* de celui des gymnases. Malgré les différences que l'on peut signaler entre les programmes des deux genres d'établissements, il est évident que la pensée qui y domine, c'est de donner satisfaction à tous les besoins de la société moderne, au moyen d'un système d'éducation générale, embrassant à la fois l'élément littéraire et l'élément scientifique, ou, selon la désignation proposée par Clavel, les *études antiques*, dont la connaissance du latin et du grec forment la base, et les *études modernes*, fondées sur la connaissance des langues vivantes, et celle des sciences physiques et naturelles. Mais cette conciliation entre les deux systèmes, opérée par une sorte de syncrétisme qui a eu pour premier résultat d'étendre, outre mesure, les matières de leur enseignement, n'était pas aussi facile à opérer qu'on avait pu le croire. Elle n'a satisfait ni ceux qui considèrent l'étude des langues et des littératures anciennes comme la condition essentielle de toute éducation libérale, et qui les voient avec peine céder peu à peu la place à d'autres branches d'enseignement auxquelles ils n'attachent pas une égale importance ; ni ceux qui, regardant comme un besoin essentiel le remaniement général de l'instruction secondaire, pensent qu'il faudrait avoir le courage de réduire à sa plus simple expression l'étude du grec et du latin, pour donner à la culture des langues vivantes et à la connaissance du monde réel, un temps bien plus utilement employé.

En attendant, les deux ordres d'établissements s'élèvent parallèlement et se partagent presque également toute la jeunesse allemande, qui sort de l'école primaire pour entrer dans les écoles d'enseignement secondaire. Dans la lutte établie entre la Realschule et le gymnase, c'est le dernier qui perd chaque jour du terrain, par suite de la prédominance croissante du point de vue utilitaire. Cet amour pur et désintéressé de la science, dont il y a vingt ans la jeunesse était animée, tend à disparaître. Après avoir passé dans les gymnases, sous l'influence des méthodes d'enseignement dont j'ai signalé l'excellence, et dont le résultat le plus précieux était d'inspirer le goût de l'étude, elle courait aux universités où, sous la direction de maîtres éminents, elle étudiait sérieusement les littératures grecque et latine, l'histoire, l'archéologie, l'esthétique et la philosophie, avant de se livrer aux études spéciales de droit, de théologie et de médecine. Ces heureuses dispositions se sont considérablement affaiblies, si l'on s'en rapporte aux plaintes qui s'élèvent de toutes parts en Allemagne. Le même esprit qui demande aux écoles secondaires une instruction toute pratique, pousse les étudiants des universités à négliger la haute culture philosophique et littéraire et à ne rechercher qu'une instruction spéciale, appropriée aux carrières que les élèves se proposent d'embrasser.

Les études antiques continuent cependant à se

soutenir dans les gymnases à cause des examens de
sortie, qui seuls confèrent aux jeunes gens le droit
d'arriver, par les universités, aux carrières libérales. Les Realschulen, de leur côté, essayent de
donner un enseignement qui, tout en préparant
aux professions commerciales et industrielles et
aux fonctions administratives inférieures, ouvertes
aux élèves qui ont subi avec succès l'*abiturienten
examen*, s'efforce de donner une instruction qui
permette aux élèves de suivre, moyennant une préparation spéciale, les cours des gymnases, afin de
les faire jouir des prérogatives qu'ils procurent.
C'est là que se trouve le nœud de la question qui,
en Allemagne comme en France, divise les esprits
au sujet de la réorganisation de l'enseignement secondaire.

Le principe dominant de notre société moderne
est ce sentiment d'égalité qui tend de plus en plus
à n'établir aucune distinction entre les différentes
classes de la société, au point de vue de l'éducation. Un système d'enseignement public, ouvrant
aux uns et fermant aux autres l'accès à toutes les
fonctions et à toutes les carrières, lui est parfaitement antipathique.

Après avoir obtenu une première satisfaction par
les lois qui proclament l'instruction primaire gratuite et obligatoire, il n'admet pas un système
d'enseignement secondaire organisant deux sortes

d'établissements, dont l'un ne formerait que des ouvriers ou des industriels, et l'autre des magistrats, des médecins, ou de hauts fonctionnaires. Telle serait la destination exclusive de la *Realschule* et des gymnases, si les matières dont se compose l'enseignement donné par l'un et par l'autre étaient restées entièrement distinctes, et si, par des efforts successifs, on n'était arrivé à les rapprocher l'un de l'autre.

Nous avons vu qu'en France les efforts tentés pour organiser des établissements analogues aux Realschulen n'ont pas eu tout le succès qu'on pouvaient attendre, et que, malgré l'excellence de quelques-unes des institutions de ce genre, les pères de famille, tout en reconnaissant les imperfections de l'éducation classique, avaient continué à donner toutes leurs préférences aux lycées.

Personne ne conteste cependant les avantages que procurent des institutions telles que les lycées d'enseignement secondaire ou les collèges *français* de Turgot et de Chaptal. La ville de Paris, en s'occupant de créer plusieurs établissements du même genre, croit avec raison rendre de grands services à l'instruction de la classe moyenne. Mais, pour les motifs exposés plus haut, bien des personnes expriment le regret de n'y pas voir donner une place au moins au latin, dans l'intérêt des jeunes gens qui ne renoncent pas aux professions libérales.

Il y aurait cependant un moyen de répondre à toutes les exigences, de donner satisfaction à la fois à ceux qui tiennent à ne pas voir descendre le niveau de ces hautes études, qui ont fait la gloire de l'esprit humain, et à ceux qui veulent que les gérations modernes ne demeurent pas´étrangères aux conquêtes de la science dans le domaine des réalités physiques; à ceux enfin qui tiennent en égale estime et jugent également nécessaire ce que j'ai désigné, avec l'estimable Clavel, sous le nom *d'études antiques et d'études modernes*.

Le problème a été résolu très-simplement et très-naturellement par les États-Unis.

Les divers établissements institués pour l'enseignement primaire et l'enseignement secondaire ont été conçus d'après un plan général formant une sorte d'échelle ascendante et continue dont chaque degré, faisant suite à celui qui le précède, conduit à celui qui le suit. Sur cette échelle se coordonnent l'enseignement primaire élémentaire, l'enseignement primaire supérieur, l'enseignement classique, l'enseignement des universités, les grandes écoles spéciales. Je n'ai besoin d'entrer dans aucun détail au sujet de l'instruction primaire élémentaire et de ses différents degrés, dans laquelle *les leçons de choses* occupent une place importante.

Les établissements d'instruction primaire supérieure correspondent aux écoles bourgeoises supérieures, aux Realschulen de l'Allemagne et à notre enseignement secondaire spécial. Ce ne sont pas, qu'on le remarque bien, des *écoles professionnelles*. Ce nom, que l'on donne quelquefois improprement en France à des écoles telles que celles de Turgot ou de Chaptal, par exemple, ne convient qu'aux établissements qui préparent réellement les élèves, ayant achevé leurs premières études, pour telle ou telle profession particulière, écoles de commerce, d'arts et métiers, d'industrie, de droit, de médecine, de navigation, de guerre, etc. Il s'agit, au contraire, dans cet enseignement moyen, de donner une instruction *générale*, dont la langue nationale et les langues étrangères, l'histoire, la géographie, les mathématiques, la physique, la chimie, l'histoire naturelle, le tout étudié de la manière la plus sérieuse, forment la base.

L'étude approfondie de l'histoire et des institutions politiques des États-Unis achève cette forte éducation, qui suffirait pour donner à la République des hommes éclairés et capables de remplir avec intelligence les devoirs qui incombent à tous les citoyens d'un État libre. Tous les enfants des deux sexes peuvent participer gratuitement à tous les degrés de cet enseignement primaire, élémentaire et supérieur. Ils sont organisés de manière à ce que chacun d'eux forme un ensemble de connaissances suffisant pour ceux des élèves

qui voudraient s'en contenter ou se trouveraient
dans l'impossibilité de pousser plus loin leurs
études.

Ceux qui, après avoir atteint l'âge de quinze à
seize ans, sortent de l'école supérieure ne se trouvent nullement dans le cas où sont les élèves de
nos lycées qui abandonneraient leurs études classiques après avoir fait leur quatrième et leur troisième. On sait que l'enseignement classique y est
organisé de telle sorte qu'il est indispensable de le
continuer jusqu'au bout, sous peine de ne rien
savoir de définitif et de complet. C'est à la suite de
l'enseignement reçu dans l'école supérieure que
commence, aux États-Unis, l'enseignement classique proprement dit, dans lequel l'étude des langues
et des littératures anciennes prend la première
place. Les progrès des élèves qui ont déjà reçu une
instruction étendue sont rapides. Leur nombre est
diminué de tous ceux qui ont pris d'autres direc-
tions. Le collége ne se peuple donc que d'une
jeunesse bien préparée, n'y entrant qu'avec le
désir bien prononcé d'en suivre les cours et dans
un âge où elle peut le mieux en profiter. Enfin,
après trois ou quatre années (de 15 à 18 ou 19 ans)
d'études scientifiques et littéraires, sérieusement
suivies, les élèves peuvent se faire inscrire aux
cours des Facultés de droit ou de médecine, ou
entrer dans les nombreuses écoles spéciales ou

professionnelles que les États-Unis ont établies pour l'agriculture, l'industrie, les mines, le commerce, etc.

Tel est en gros, et dégagé des détails qui serviraient à en faire mieux comprendre l'excellence, le système général de l'enseignement public aux États-Unis.

Il serait à désirer qu'il fût adopté dans les pays où l'on essaye en vain de concilier les besoins d'une instruction conforme aux tendances de la civilisation moderne avec le respect dû aux traditions purement classiques. On y a organisé deux sortes d'enseignement rivaux en faveur de deux sortes d'élèves qui ne trouvent, ni dans l'un ni dans l'autre, un enseignement donnant satisfaction au présent sans engager l'avenir. Serait-il si difficile à l'Allemagne de ne faire, à l'exemple des États-Unis, commencer l'enseignement classique du *gymnase* qu'à l'âge où les élèves terminent leurs études dans la *Realschule*, et à la France d'organiser l'enseignement des lycées de manière à ce qu'il fît suite à l'enseignement secondaire spécial? Que de difficultés disparaîtraient, que d'objections contre les études collégiales tomberaient d'elles-mêmes, s'il était établi que tous les élèves, depuis l'âge de 10 à 11 ans jusqu'à 15 ou 16, recevront désormais une instruction basée, avec les modifications jugées nécessaires, sur les programmes de l'enseignement secondaire spécial, en sorte que ceux qui, à cette époque, abandonneront l'établissement, après des examens de sortie, seront pourvus de connaissances réelles et immédiatement applicables, tandis que les autres, continuant leurs études jusqu'à la fin, recevront cette forte et complète instruction que couronnera le diplôme de bachelier ès-lettres ou de bachelier ès-sciences. Il est bien entendu que cette combinaison ne serait possible que si l'étude du latin, dans des proportions convenables, faisait partie de l'enseignement secondaire spécial. L'enseignement secondaire formerait donc deux divisions. Rien ne s'opposerait à ce qu'un même lycée réunît les deux divisions, dont la seconde ne serait que le complément de la première. Il n'y aurait nul inconvénient à ce que tel collége ne s'ouvrît que pour les élèves de la division supérieure, tel autre pour ceux de la division inférieure. En se transformant en établissements d'enseignement secondaire spécial, nos petits colléges communaux recevraient une organisation qui leur donnerait une nouvelle vie, puisque leurs élèves pourraient parcourir un cercle d'études constituant par lui-même une éducation complète, en même temps qu'ils se trouveraient tout préparés pour entrer dans la division supérieure du lycée le plus voisin. Dans le premier degré de cet enseignement vraiment secondaire, on n'aurait pas à se plaindre de voir sacrifier au profit

du grec et du latin cette étude de la langue maternelle, des langues vivantes, des mathématiques,
des sciences physiques et naturelles, de ce que
nous avons appelé les réalités du monde, et l'on
pourrait sans inconvénient donner, dans le degré
supérieur, tout le développement possible à cet enseignement classique dont personne ne révoque en
doute la nécessité et l'importance. Il n'a jamais été
question, en France du moins, de remplacer par
l'étude des sciences positives celle du grec et du
latin. On s'est demandé seulement s'il était indispensable que tous les enfants du pays se livrassent
avec le même soin à l'étude des langues et des littératures anciennes et s'il n'y avait pas, pour un
grand nombre d'entre eux, un genre d'instruction
plus utile et plus appropriée à certaines conditions
sociales. Ce sont ces considérations qui ont guidé les
législateurs dans l'organisation de l'enseignement
secondaire spécial. Elles ont, depuis, inspiré les
nombreux écrivains qui ont mis en lumière les imperfections, à certains points de vue, de l'enseignement des lycées tel qu'il est constitué aujourd'hui.
Il est à craindre qu'en élargissant le cercle des
études dans les premiers et en restreignant celui
des seconds, on ne parvienne à y introduire que des
réformes peu satisfaisantes. L'adoption du système
américain aurait des conséquences tout autrement
fécondes ; mais nous ne nous abusons pas au point

de prétendre que l'Allemagne, pas plus que la France, soit disposée à entrer dans une voie qui forcerait le corps enseignant à rompre avec des habitudes invétérées. Ces sortes de changements ne s'improvisent pas : ils ne peuvent être que le résultat de l'expérience et du temps.

VI

Statistique des gymnases et progymnases de la Prusse, des États allemands et de l'Autriche allemande.

I. — Royaume de Prusse.

1. — Province de Prusse. 22 gymnases, dont 16 protestants et 6 catholiques, ayant 7,282 élèves, 352 professeurs. Budget de l'État : 22,685 thalers.

2.—Brandebourg. 28 gymnases, trois progymnases, 9,201 élèves, 1,095 professeurs. 300,394 thalers.

3. — Poméranie. 16 gymnases et 2 progymnases, 4,954 élèves, 274 professeurs. 208,641 thalers.

4. — Posen. 11 gymnases, 2 progymnases, 4,357 élèves, 225 professeurs, 158,927 thalers.

5. — Silésie. 29 gymnases, 3 progymnases, 10,079 élèves, 483 professeurs. 390,071 thalers.

6. — Province de Saxe. 25 gymnases, 2 pro-gymnases, 6,876 élèves, 402 professeurs. 385,854 thalers.

7. — Schleswig-Holstein. 10 gymnases, 1,692 élèves, 150 professeurs. 125,863 thalers.

8. — Province de Hanovre. 18 gymnases, 2 pro-gymnases, 3,288 élèves, 247 professeurs. 155,794 thalers.

9. — Province de Westphalie. 16 gymnases, 7 progymnases, 4,847 élèves, 313 professeurs. 177,199 thalers.

10. — Province de Hesse-Nassau. 12 gymnases, 1 progymnase, 2,363 élèves, 201 professeurs, 73,778 thalers.

11. — Provinces Rhénanes. 24 gymnases, 17 progymnases, 5,570 élèves, 471 professeurs. 297,024 thalers.

12. — Hohenzollern. 1 gymnase, 197 élèves, 14 professeurs. 1,690 florins.

13. — Lauenbourg. 1 gymnase, 149 élèves, 11 professeurs. 5,435 thalers.

14. — Principauté de Waldeck et Pyrmont. 1 gymnase, 99 élèves, 11 professeurs. 6,997 tha-lers.

15. — Alsace-Lorraine. 4 gymnases, 16 col-léges. Mémoire.

Total pour le royaume de Prusse : 218 gymnases, 47 progymnases, 60,765 élèves, 4,238 professeurs. Dépense : 2,310,192 thalers (7,102,850 fr. 40 c.)

II. — ROYAUME DE BAVIÈRE.

28 gymnases, 78 écoles latines, 6 *Realgymnasien*, 10,621 élèves, 1,030 professeurs. 264,946 florins.

III. — ROYAUME DE SAXE.

17 gymnases, 3,924 élèves, 289 professeurs, 171,064 thalers.

IV. — ROYAUME DE WURTEMBERG.

7 gymnases, 5 lycées, 2,748 élèves, 265 professeurs. 110,123 florins.

V. — GRAND-DUCHÉ DE BADE.

7 lycées, 10 gymnases, 3 *pédagogien*, 3,916 élèves, 260 professeurs. 106,440 florins.

VI. — GRAND-DUCHÉ DE HESSE.

6 gymnases, 1 progymnase, 1,537 élèves, 101 professeurs. 20,800 florins.

VII. — GRAND-DUCHÉ DE MECKLEMBOURG-SCHWERIN.

6 gymnases, 2 progymnases, 2,166 élèves, 123 professeurs. 36,944 thalers.

VIII. — GRAND-DUCHÉ DE MECKLEMBOURG-STRÉLIZ.

3 gymnases, 436 élèves, 35 professeurs.

IX. — GRAND-DUCHÉ D'OLDENBOURG.

4 gymnases, 1 progymnase, 757 élèves, 56 professeurs. 96,620 thalers.

X. — GRAND-DUCHÉ DE SAXE-WEIMAR-EISENACH.

3 gymnases, 654 élèves 41 professeurs. 8,000 thalers.

XI. — DUCHÉ D'ANHALT.

4 gymnases, 248 élèves, 16 professeurs. 34,034 thalers.

XII. — DUCHÉ DE SAXE-ALTENBOURG.

1 gymnase, 1 progymnase, 396 élèves, 21 professeurs. 4,019 thalers.

XIII. — DUCHÉ DE BRUNSWICK.

6 gymnases, 1,574 élèves, 86 professeurs. 47,279 thalers.

XIV. — SAXE-COBOURG-GOTHA.

2 gymnases, 842 élèves, 35 professeurs. 36,393 florins.

XV. — DUCHÉ DE SAXE-MEININGEN-HELDBURGHAUSEN.

2 gymnases, 332 élèves, 5 professeurs. 8,745 florins.

XVI. — PRINCIPAUTÉ DE LIPPE.

2 gymnases, 335 élèves, 25 professeurs. 13,911 thalers.

XVII. — PRINCIPAUTÉ DE SCHAUMBOURG-LIPPE.

1 gymnase, 240 élèves, 13 professeurs.

XVIII. — PRINCIPAUTÉ DE REUSS (branche aînée).

1 gymnase-lycée, 734 élèves, 12 professeurs.

XIX. — PRINCIPAUTÉ DE REUSS (branche cadette).

2 gymnases, 341 élèves, 23 professeurs. 16,287 thalers.

XX. — PRINCIPAUTE DE SCHWARZBOURG-RUDOLSTADT.

1 gymnase, 192 élèves, 16 professeurs.

XXI. — PRINCIPAUTÉ DE SCHWARZBOURG-SONDERSHAUSEN.

1 gymnase, 265 élèves, 21 professeurs, 5,618 thalers.

XXII. — VILLE LIBRE DE BRÊME.

1 gymnase, 238 élèves, 16 professeurs. 40,000 florins.

XXIII. — HAMBOURG.

1 gymnase, 270 élèves, 17 professeurs.

XXIV. — LUBECK.

1 gymnase, 1 progymnase, 328 élèves, 34 professeurs.

Total pour les différents États allemands, outre la Prusse : 223 gymnases ou progymnases, 32,738 élèves, 2,519 professeurs.

XXV. — EMPIRE D'AUTRICHE (États allemands)
100 *gymnases.*

1. — ARCHIDUCHÉ D'AUTRICHE, au-dessous de l'Enns. 18 gymnases, 4,165 élèves, 297 professeurs. 116,560 florins.

2. — ARCHIDUCHÉ D'AUTRICHE, au-dessus de l'Enns. 5 gymnases, 966 élèves, 64 professeurs. 13,670 florins.

3. — DUCHÉ DE SALZBOURG. 1 gymnase, 309 élèves, 21 professeurs.

4. — DUCHÉ DE SLEIERMARK. 5 gymnases, 1,302 élèves, 90 professeurs. 7,000 florins.

5. — DUCHÉ DE CARINTHIE. 3 gymnases, 416 élèves, 50 professeurs. 5,850 florins.

6. — DUCHÉ DE KRAIN. 3 gymnases, 750 élèves, 41 professeurs.

7. — KUSTEN. 5 gymnases, 891 élèves, 78 professeurs.

8. — TYROL ET VORALBERG. 8 gymnases, 1,642 élèves, 123 professeurs.

9. — ROYAUME DE BOHÈME. 32 gymnases, 3,560 élèves, 204 professeurs.

10. — MARGRAVIAT DE MÄHREN. 16 gymnases, 3,580 élèves, 218 professeurs. 25,477 florins.

11. — COMTÉ DE HAUTE ET BASSE SILÉSIE. 4 gym-

nases, 1,280 élèves, 50 professeurs. 14,000 florins.

Total pour les États allemands autrichiens : 100
gymnases, 14,410 élèves, 940 professeurs.

RÉCAPITULATION :

	Gymnases ou progymnases.	Élèves.	Profess.
Prusse	265	60 438	4 238
Etats allemands	223	32 738	2 519
Autriche allemande . .	100	14 410	940
Total. . .	588	107 586	7 697

En ajoutant à cette statistique des gymnases celle
que nous avons donnée plus haut pour les écoles
réelles, on trouvera que, pour une population d'environ 50 millions d'habitants, le nombre des établissements secondaires est de :

Gymnases. . . .	588	107 586 élèves,	7 697 prof.
Ecoles réelles. .	463	88 956	4 850
Total. . .	1 051	196 542	12 547

CHAPITRE VI

LES UNIVERSITÉS

C'est à ses universités plus qu'à ses établissements d'enseignement primaire et secondaire que l'Allemagne doit l'honneur d'être considérée en Europe comme la terre classique de l'érudition, comme le pays où l'esprit scientifique a produit et doit produire les œuvres les plus sérieuses. Toutes les fois qu'il est question en France de proposer des réformes dans l'organisation de l'enseignement supérieur, on manque rarement de signaler comme des modèles à suivre les universités d'Iéna, de Gœttingue, de Heidelberg ou de Bonn ; et quand nous cédons à ce singulier travers d'esprit qui nous porte si souvent à dénigrer et à dédaigner ce qui nous appartient, nous assurons que tout serait pour le mieux si nous empruntions à l'Allemagne ses procédés et ses méthodes. En reconnaissant qu'il serait désirable de voir s'introduire dans notre enseignement supérieur de notables améliorations, je ne pense pas qu'il soit nécessaire de les demander à l'Allemagne.

Une appréciation faite dans un esprit aussi éloigné d'un engouement irréfléchi que d'un dénigrement systématique me permettra de signaler les avantages et les inconvénients que présente l'organisation de ses universités, comme je me suis efforcé de le faire pour les autres branches de l'instruction publique. Les usages et les habitudes appropriés aux mœurs et au caractère d'un peuple s'accordent souvent fort mal avec ceux d'un autre; au lieu de chercher à modeler nos institutions sur celles de l'Allemagne ou de tout autre pays, il y a plus d'utilité à perfectionner (ce qui est toujours possible) celles qui sont nées sous l'influence de notre génie national.

Le nombre et l'importance des universités de l'Allemagne ont été la conséquence naturelle de sa division en États indépendants les uns des autres et dont les capitales, résidences de souverains plus ou moins puissants, sont devenues autant de centres et de foyers tout préparés pour que les arts, les lettres et les sciences y reçussent de larges développements. Animés par une louable émulation, les princes consacrèrent une grande partie de leurs revenus à la création d'écoles de tous genres et principalement à la fondation, pour l'enseignement supérieur, d'établissements qui, par les avantages qu'ils réunirent et par la célébrité des professeurs auxquels fut assurée une existence honorée, indépendante, souvent même brillante, attirèrent les étudiants en foule. C'est ainsi que la Confédération allemande compte aujourd'hui, en y comprenant les pays allemands de l'empire d'Autriche et la Suisse allemande, 26 universités. A ces 26 universités, dites *complètes*, parce qu'elles réunissent les quatres facultés de théologie, de droit, de médecine et de philosophie, il convient d'ajouter 11 universités *incomplètes*. La Prusse en a 2 : Münster, fondée en 1631, et Braunsberg, en 1665 ; la Bavière en a 9 : Amberg, Aschaffenbourg, Augsbourg, Bomberg, Dillingen, Freysing, Passau, Ratisbonne et Spire.

Les plus anciennes de ces universités, celles de Prague et de Heidelberg, ont été fondées, la première par l'empereur Charles IV, la deuxième par le prince électeur Rupert Ier. Elles ont à leur tour servi de modèles à toutes les autres universités allemandes ; or, comme toutes ont emprunté leur forme, leurs institutions, leurs coutumes et leurs usages à Paris, l'origine et le développement de leur organisation intérieure ne doit pas être cherchée dans leur propre histoire, mais dans celle de l'université qui leur a servi de modèle.

Le nom d'université indiquait alors en France, comme en Italie[1], la réunion des maîtres et des étudiants (*universitas magistrorum et scolarium*), à quelque nation qu'ils appartinssent. On distinguait à Paris, comme on sait, quatre *nations* : France, Picardie, Normandie et Angleterre, cette dernière remplacée depuis par l'Allemagne. On n'y connaissait alors que deux facultés, la théologie et les arts (lettres et sciences). Celles de droit et de médecine ne furent établies qu'au treizième siècle.

L'université dè Paris possédait de grands priviléges : elle avait seule le droit d'enseigner ; elle n'était point soumise aux juges ordinaires ; elle avait sa juridiction particulière ; chacune de ses facultés avait à sa tête un doyen, et l'université tout entière avait pour chef un recteur électif. Les universités allemandes possèdent encore aujourd'hui en grande partie les mêmes priviléges.

Mais, tout en continuant à jouir de ces avantages, les universités n'en sont pas moins devenues des institutions de l'État. C'est au ministre de l'instruction publique qu'appartient la haute direction de leurs études. Il nomme les professeurs, sur la

1. L'université de Bologne a été fondée en 1111.

proposition du sénat académique. L'État, représenté dans chaque université par un fondé de
pouvoirs, nommé *curator*, subvient à ses besoins
en lui fournissant les fonds nécessaires si les ressources, dont dispose chaque établissement, ne
suffisent pas à son entretien. Le *sénat académique*
est composé du recteur en fonctions, du recteur de
l'année précédente, d'un certain nombre de professeurs ordinaires élus en conseil général par tous
les professeurs ordinaires, et enfin du juge académique. Dans un grand nombre d'États, le prince
est le *rector magnificentissimus* de l'université [1].

Dans ce cas le chef réel, qui est toujours un professeur de faculté, s'appelle *Prorector*.

Le *recteur* est élu chaque année par tous les professeurs ordinaires qui se réunissent en conseil général pour procéder en même temps à l'élection du
sénat académique dont tous les membres sont choisis, comme le recteur lui-même, parmi les professeurs ordinaires de l'université. Dans quelques
universités tous les professeurs sont de droit membres du sénat académique. C'est le recteur qui
représente l'université dans tous les rapports qui
peuvent exister entre elle et l'État. C'est à lui qu'appartient une partie de la juridiction universitaire;

---

1. C'est le grand-duc de Saxe-Weimar qui est le *rector magnificentissimus* de l'université d'Iéna.

lui seul fait les enquêtes et prononce les peines
dans les cas où il s'agit d'un délit grave. Il reçoit
les inscriptions des étudiants, leur délivre un certificat d'études et de bonnes mœurs, quand ils quittent l'université. Dans ce certificat, signé par le
recteur et par le curateur, on mentionne quels sont les
cours auxquels les étudiants ont assisté, combien
de temps ils sont restés dans l'université, quelles sont
les punitions ou les réprimandes qu'ils ont encou-
rues, et enfin quels sont les motifs qui les leur ont
attirées.

Le *juge académique* ne peut être ni professeur ni *privatdocent*[1] ; il doit avoir fait ses études
de droit et posséder les qualités requises par la
loi pour être juge ordinaire. C'est lui qui, sous la
surveillance du curateur, maintient la discipline et
exerce la police universitaire en faisant exécuter,
avec le concours du recteur et du sénat académique,
les règlements en vigueur à l'université. Dans toutes
les questions de droit et dans les conflits avec
d'autres autorités, c'est le juge qui représente les
intérêts légaux de l'université. En Prusse, il a le
même rang que les professeurs ordinaires ; il est
membre né du sénat académique, où il siége à côté
du recteur.

1. On verra plus loin quelles sont les attributions du *privatdocent*, dont le titre répond à celui des agrégés de nos Facultés.

14.

Au dessous du sénat se trouvent placées les *facultés*, comme autorités universitaires. Dans ce sens restreint, elles ne se composent que des professeurs ordinaires de chacune des facultés. Dans un sens plus étendu, c'est-à-dire commé corps enseignant, la faculté comprend, outre les professeurs ordinaires, les professeurs extraordinaires et les *privatdocenten*. Pour qu'un professeur ordinaire fasse partie de la faculté comme membre réel, il faut que non-seulement il soit nommé et payé comme tel par l'État, mais encore qu'il ait le grade de docteur, conféré par la faculté à laquelle il appartient et qu'il ait rempli toutes les conditions prescrites à cet égard par les règlements universitaires.

Chaque année, les membres d'une faculté élisent un *doyen* pris dans leur sein et chargé d'expédier les affaires courantes de la faculté et de la représenter auprès des autres autorités universitaires. Dans quelques universités, tous les professeurs ordinaires remplissent à tour de rôle les fonctions de doyen.

C'est la faculté qui compose le programme des études pour toutes les branches spéciales des sciences enseignées par ses membres. Le doyen demande à chacun des professeurs ordinaires et extraordinaires, de même qu'aux *privatdocenten* de sa faculté, quels sont les sujets qu'ils comptent traiter pendant les semestres suivants et à quelles

-heures ils désirent faire leurs cours. Après que le doyen a reçu tous ces renseignements, il réunit les professeurs ordinaires de la faculté, et il arrête avec eux le plan d'études ; ce dernier doit être composé de manière qu'un étudiant qui passe trois années consécutives à la même université trouve occasion de suivre tous les cours principaux qui constituent l'ensemble de la science à l'étude de laquelle il veut se consacrer.

Cette disposition ne s'applique cependant qu'aux cours des professeurs ordinaires et des professeurs extraordinaires. Les *privatdocenten* peuvent choisir pour sujets de leurs cours toutes les matières qu'ils désirent professer, pourvu qu'elles appartiennent à l'enseignement particulier de la faculté auprès de laquelle ils sont inscrits comme membres enseignants.

Aussitôt que le plan d'études est arrêté par les doyens des différentes facultés, le professeur d'éloquence le rédige en allemand et en latin, ou bien dans l'une ou l'autre de ces deux langues, et le recteur le fait imprimer après avoir reçu l'approbation du curateur.

Les facultés ont seules le droit de conférer les grades universitaires, bien qu'elles le fassent au nom de l'université tout entière.

III

Le corps enseignant des universités se compose de professeurs *ordinaires*, de professeurs *ordinaires honoraires*, de professeurs *extraordinaires* et de *privatdocenten*.

Les professeurs ordinaires ou titulaires constituent seuls la faculté proprement dite et établie comme autorité universitaire. Ils sont tous docteurs de la faculté à laquelle ils appartiennent. L'État les nomme titulaires de leur chaire spéciale et leur donne les appointements fixés par les règlements.

A l'université de Berlin, les appointements fixes d'un professeur ordinaire varient de 400 à 2500 thalers (1500 et 9375 francs); à Heidelberg, de 2500 à 8200 francs, et ceux d'un professeur extraordinaire de 1000 à 2800 francs. Les professeurs ordinaires reçoivent, outre ces appointements, leur part de droit d'examen et de plus la rétribution scolaire payée par les étudiants qui suivent leurs cours. A Heidelberg plusieurs professeurs arrivent à 25000 francs et même à 32000 francs. Il ne peut y avoir dans chaque faculté qu'un nombre limité de professeurs ordinaires ou titulaires. Cependant, si le cadre est rempli, il arrive souvent

que le gouvernement nomme des professeurs ordinaires au delà du nombre réglementaire, en leur
allouant les mêmes appointements qu'aux autres
professeurs ordinaires. En Prusse, ces professeurs
supplémentaires, appelés professeurs ordinaires
honoraires, font leurs cours comme leurs collègues, mais ils n'appartiennent pas à la faculté
restreinte et n'y entrent que lorsqu'il y a une va-
cance.

Les professeurs *extraordinaires* sont pris parmi
ceux des *privatdocenten* qui se distinguent par
leur mérite comme professeurs.

L'État les nomme à cet emploi pour les récom-
penser de leurs services et pour leur permettre d'arriver au grade de professeur ordinaire ; mais il ne
leur donne pas toujours des appointements fixes.
Ils tirent leur principal revenu de la rétribution scolaire que payent les étudiants et dont le montant
dépend du nombre plus ou moins grand de leurs
auditeurs.

Les *privatdocenten* (*privatim docentes*), parmi
lesquels se recrute le corps des professeurs extraordinaires, sont de jeunes savants qui, par des
épreuves publiques et spéciales subies devant la
faculté (*Habilitation*), acquièrent le droit de professer publiquement dans les salles de l'université
ou bien chez eux, et de faire ainsi partie du corps
enseignant de l'instruction supérieure. Le candidat

à ce titre doit avoir fini ses études au moins depuis deux ans. Il adresse au sénat ou à la faculté par laquelle il désire se faire recevoir une lettre écrite en latin, qui est transmise au ministère de l'instruction publique, mais il doit ajouter à cette lettre un *curriculum vitæ* écrit en latin, une dissertation (*dissertatio inauguralis*) et un travail scientifique en allemand et en latin, sur des sujets appartenant aux principales branches de la science qu'il compte professer.

C'est la faculté seule qui a le droit de nommer ces *privatdocenten*. Elle se contente d'annoncer ces nominations au ministère.

Les écrits et les certificats du candidat sont examinés par deux commissaires délégués par la faculté. Si cet examen lui est favorable, il est invité à faire en allemand ou en latin une leçon d'essai à laquelle il peut se préparer pendant un mois. La faculté décide ensuite s'il y a lieu de l'admettre parmi les membres du corps enseignant; s'il est agréé, la faculté lui donne encore le sujet d'une leçon publique qu'il doit faire en langue latine après un délai de trois mois, à partir de sa leçon d'essai. Dans certaines universités, la leçon d'essai est remplacée par un certain nombre de thèses défendues en public.

Quand le candidat a subi avec honneur ces difficiles épreuves, il est autorisé à ouvrir des cours sur

n'importe quel sujet de l'enseignement spécial
auquel il veut se consacrer, pourvu qu'il en ait
préalablement informé le recteur, afin que celui-ci
puisse les faire inscrire dans le programme officiel.

Les autres membres du corps enseignant dans
les universités sont les *lecteurs*; c'est-à-dire les
professeurs, de littérature et de langues étrangères.
Les maîtres d'agrément, c'est-à-dire de musique,
de dessin, d'armes et de gymnastique, reçoivent des
appointements fixes de l'université, outre la rétribution que leur payent leurs élèves.

Les étudiants qui ont quitté les gymnases, après
avoir subi les examens dont j'ai parlé plus haut,
pour suivre l'enseignement supérieur des facultés,
continuent leurs études pendant trois années aux
facultés de théologie, de droit et de philosophie,
et pendant quatre ou cinq ans à la faculté de
médecine.

Les études de l'université ont pour but de préparer les jeunes qui les ont suivies, soit aux épreuves
du doctorat, soit à ce que l'on nomme en Prusse
l'examen d'état (*Staatsprüfung*) que doit subir tout
candidat qui désire entrer dans une carrière libérale. Les étudiants, pour se préparer à l'une ou à
l'autre de ces épreuves, doivent prouver qu'ils ont
assisté, pendant la durée des études fixées par les
règlements, dans une université appartenant à la
confédération allemande, à tous les cours de faculté,

dont le nombre varie pour les différeuts pays et les différentes facultés. En moyenne, la totalité des cours exigés pour les étudiants en théologie, en philosophie et en droit, est de 18 à 24 dans les trois années, de 24 à 30 pour les étudiants en médecine dans leurs cinq années réglementaires.

Dans chacune des universités sont établis des cours spéciaux pour les jeunes gens qui aspirent aux fonctions de professeurs dans les *gymnases*. Ces cours sont dirigés par un directeur et par un autre professeur de l'université dont l'un préside aux exercices latins et l'autre aux exercices grecs. Ce sont autant d'écoles normales supérieures ou séminaires pour l'enseignement classique. Chacun de ces séminaires est composé de dix membres qui reçoivent par semestre une bourse de 20 thalers, accordée par le ministre de l'instruction publique. Chaque membre est obligé d'écrire une fois par semestre une dissertation en langue latine et de la soumettre à la correction du président de la section. Un autre membre donne un résumé du travail de son camarade et il en attaque les points douteux. L'autre se défend, et le professeur dirige ces débats, auxquels peuvent prendre part non-seulement tous les membres, mais encore tous les auditeurs. Ces dissertations écrites sont envoyées au ministre de l'instruction publique. Les membres du séminaire expliquent en outre, sous la direction du professeur, un auteur grec et un auteur latin ; de plus, ils posent des thèses et les défendent de vive voix.

Pour être reçus dans ces séminaires, les candidats sont obligés de présenter au directeur des dissertations dont la valeur décide de leur admission. La durée du temps pendant lequel un étudiant peut faire partie d'un séminaire n'est pas déterminée. On n'y reçoit cependant que ceux qui ont déjà, depuis plusieurs semestres, suivi les cours de la faculté.

Outre ces séminaires de philologie classique, il y a encore à Berlin un séminaire exclusivement consacré aux professeurs de langues vivantes. L'organisation de ce séminaire est la même que celle des séminaires de philologie classique. Il serait fort à désirer que l'on organisât en France des écoles préparatoires pour cette branche de l'enseignement, à laquelle on attache aujourd'hui une importance bien légitime.

Les futurs professeurs de mathématiques trouvent aussi dans les universités les mêmes cours préparatoires pour les sciences mathématiques.

Cette organisation de cours préparatoires au doctorat, et par suite au professorat, a beaucoup d'analogie avec les cours particuliers qui ont été organisés depuis quelques années, en France, par les professeurs de nos facultés des lettres et des sciences. Ces cours, faits avec autant de savoir que de dévouement, rendent de grands services à leurs auditeurs qui n'ont pas l'avantage de pouvoir participer à l'enseignement si solide et si complet que reçoivent les jeunes gens admis à l'école normale supérieure de Paris. Disons en passant que cette école célèbre peut, pour la force des études, soutenir la comparaison avec les établissements les plus vantés de l'Allemagne.

IV

J'attache moins d'importance à cette savante organisation des universités allemandes, d'ailleurs assez généralement connue [1], qu'aux méthodes suivies par les professeurs dans leur enseignement, à l'influence qu'ils exercent sur la jeunesse studieuse qui se presse autour de leurs chaires, et par suite sur l'esprit général de la nation.

Les écrivains français qui, dans les dernières années écoulées, se sont occupés des universités allemandes, à propos de la réforme de notre enseignement supérieur [2], ont signalé la différence ca-

---

1. Je me suis borné à en faire connaître les principales dispositions. On en trouvera une exposition plus complète dans l'ouvrage de M. J.-F. Minssen, ayant pour titre : *Étude sur l'instruction secondaire et supérieure en Allemagne*. Paris, 1866.

2. Entre autres MM. Renan, *Questions contemporaines*; K. Hillebrand, *De la réforme de l'enseignement supérieur*, Paris, 1868 ;

pitale qui existe entre elles et nos facultés : c'est que les professeurs des universités allemandes n'ont pas, comme ceux de nos facultés, des auditeurs auxquels ils ont à exposer, sous une forme plus ou moins brillante, les résultats de la science, mais bien des *élèves*, de véritables *étudiants.* Ils dirigent leurs travaux ; ils s'appliquent à les initier à la pratique des procédés et des méthodes qui leur ont servi à eux-mêmes pour acquérir les connaissances sur lesquelles se fondent leurs doctes leçons.

Les cours sont en majeure partie payants. Les uns sont *publics*, les autres *privés*. Le cours public est généralement d'une leçon par semaine. Il est peu suivi. Les étudiants y sont seuls admis. Le cours sérieux et vraiment didactique est le cours privé qui se fait de quatre à six fois par semaine, et où s'enseignent les branches principales de chaque science.

Dans les grandes universités, le même sujet est traité, soit simultanément, soit successivement, par trois professeurs appartenant à chacun des trois ordres. Liberté entière est laissée à l'étudiant de choisir le professeur qu'il préfère, car les examens se font par des commissions centrales choisies

Heinrich, *Les Facultés françaises et les Universités allemandes,* Lyon, 1866 ; Boissier, *Revue des Deux Mondes* du 15 juin 1868 ; Michel Bréal, *Quelques mots sur l'instruction publique en France,* Paris, 1872.

en dehors des facultés. Il lui est permis, de plus, de choisir l'université qui lui convient le mieux, de passer, quand il lui plaît, de l'une à l'autre, et de se faire inscrire pour les cours dont il croit avoir besoin.

Les professeurs de nos facultés, obligés de préparer chaque leçon, pour le fonds comme pour la forme, sont assujettis à un travail souvent fort pénible pour répondre à l'attente des auditeurs venus pour les entendre. Le professeur allemand n'y fait pas autant de façon. Il se contente souvent d'apporter le cahier dans lequel son cours est rédigé d'avance. Il dicte ou parle assez lentement pour que les étudiants puissent prendre leurs notes. Quand les trois quarts d'heure réglementaires sont écoulés, il se lève; la leçon ne l'a ni ému ni fatigué. Il en peut donner deux ou trois le même jour, tout en continuant ses propres travaux. Comme il est sûr qu'au bout de trois ans le public universitaire est complétement renouvelé, il suffit, à la rigueur, qu'il ait une provision de trois années de cours devant lui. Au commencement de sa carrière, il rédige ses cahiers que, pendant le reste de sa vie, il tient à jour, et enrichit du résultat de ses recherches et de ses lectures. C'est dans ses conférences avec ses élèves qu'il se met plus intimement en rapport avec eux, et qu'il exerce sur leur esprit une influence réelle en leur inspirant le goût du travail, l'esprit de recherche, en faisant appel à leur initiative personnelle. Cette forte direction scientifique analogue à l'enseignement de notre école normale supérieure, et qui caractérise le genre d'instruction que doit donner notre *école pratique des hautes études*, récemment établie, se retrouve dans toutes les branches d'enseignement d'une université allemande. C'est l'élève qui, dans le laboratoire de chimie, fait les analyses, qui, dans un cours de botanique, détermine le caractère des plantes, qui, dans un cabinet de physique, fait lui-même les expériences; c'est lui qui, s'il s'agit de sciences historiques, examine les inscriptions, les documents diplomatiques, rétablit les textes, compare les variantes. On conçoit tout ce que peut produire l'activité intellectuelle de l'élève dirigée par un professeur savant et zélé.

Dans leurs cours d'exposition, les professeurs, quand ils ne se bornent pas, comme on l'a vu plus haut, à lire leurs cahiers, ne s'occupent point de chercher à intéresser leurs auditeurs par le charme de leur parole. L'art de bien dire et de bien écrire est fort rare en Allemagne; on ne le trouve pas plus dans les livres que dans les salons, dans la conversation que dans les chaires. L'Allemand n'attache de prix qu'au fait et à l'idée, et se préoccupe peu de la façon dont le fait et l'idée lui sont présentés. Dans son cours, qui est une véritable classe, le pro-

fesseur donne sur le sujet qu'il traite toutes les
indications bibliographiques, raconte peu, expose
l'importance des méthodes critiques par lesquelles
on parvient à discerner le vrai du faux, le principal de l'accessoire, etc. C'est ainsi que naît et se
développe cet esprit scientifique, ce besoin d'exactitude, cette préoccupation du détail, qui sont émi-
nemment propres à former des érudits, des critiques et des philologues. Ces habitudes et ce genre
d'enseignement sont surtout favorables aux professeurs. Ils ont tout le temps nécessaire pour se livrer
à leurs propres travaux, et dans les ouvrages qu'ils
publient chaque année, ils offrent des modèles de
cette érudition à laquelle ils attachent tant de prix
et qui n'est nulle part aussi solide et aussi étendue
qu'en Allemagne. Nulle part on ne connaît mieux
les sources, nulle part on n'est plus capable de
citer des textes, d'énumérer les ouvrages imprimés
ou manuscrits que contiennent les bibliothèques
de l'Europe. Mais nulle part aussi on ne professe
un plus grand dédain pour les productions scientifiques, historiques ou littéraires qui ne possèdent
pas au même degré les qualités que l'on considère
comme essentielles au vrai savant. Nous avons cru
pendant longtemps que, tout estimables que sont
ces qualités, il en est d'autres sans lesquelles la
science la plus profonde et la plus consciencieuse
perd une grande partie de ses avantages. Nous

nous étions habitués à trouver que l'érudition française avait eu au xviᵉ, au xviiᵉ et au xviiiᵉ siècle, et possédait encore dans le nôtre, des représentants qui soutenaient parfaitement la comparaison avec les savants les plus éminents de l'Allemagne. Une autre opinion a prévalu depuis quelque temps, et c'est surtout en comparant l'enseignement des universités d'outre-Rhin avec celui de nos facultés que l'on s'est cru en droit de gémir sur notre infériorité.

V

Il est certain que les cours de nos facultés diffèrent autant de ceux des universités allemandes, que le caractère des Français diffère, en général, de celui des peuples d'origine germanique.

Nos facultés, je parle ici particulièrement de celles des sciences et des lettres, ne s'adressent pas, comme les universités allemandes, à des élèves spéciaux qui viennent y chercher un complément pour leurs études secondaires. Les professeurs, tout en contribuant beaucoup plus puissamment qu'on n'a l'air de le croire par leurs travaux et leurs recherches aux progrès de la science, ont une autre mission à remplir, celle d'en répandre et d'en propager les résultats. Nous appartenons, qu'on ne l'oublie pas, à une société où le nombre des esprits avides de connaître s'accroît de plus en plus. « De nos jours, dit fort bien, M. Heinrich [1], les lettres et les sciences, au moins par leurs grands résultats et leurs solutions les plus essentielles, ne sont plus le domaine exclusif d'un petit nombre, mais la propriété de tous. Il y a dans les sphères de l'intelligence une sorte d'opinion publique, force immense, à la fois mobile et souveraine, capricieuse parfois parce qu'elle est la voix de la foule, judicieuse cependant parce qu'elle rend ses arrêts à la lumière du bon sens français. Cette opinion, il faut que les facultés la forment et l'éclairent. Il leur appartient, en effet, de discerner, dans les découvertes de la science et de l'érudition, dans les systèmes de philosophie, dans les investigations de l'histoire, ce qui mérite une attention sérieuse. Leur enseignement doit se garder et d'une fidélité routinière aux doctrines anciennes et de cette témérité novatrice qui veut s'écarter à tout prix des chemins connus ; il représente à la fois le mouvement et la règle. Le jeune homme doit y puiser l'enthousiasme du progrès ; l'homme mûr, qui aime à se ressouvenir, doit y trouver l'écho des leçons qui ont formé sa jeunesse, en même temps que les inspirations nouvelles d'une science agrandie. Enfin, l'amour du vrai, le culte du beau, voilà ce

---

1. Ouvrage cité, p. 5.

que les facultés ont par-dessus tout charge d'entretenir et de propager. Certes, la part glorieuse que la Sorbonne a prise à la régénération de l'esprit français dans le grand courant philosophique et littéraire de la Restauration, cette sorte de magistrature intellectuelle qu'elle exerce encore aujourd'hui sont là pour attester et la puissance de notre enseignement et le zèle de ceux qui s'y livrent. »

C'est ainsi que s'expriment les hommes qui, ne se laissant pas influencer par les préjugés, ont pu voir de près et apprécier par eux-mêmes la nature de l'enseignement de nos facultés, le savoir réel de ses professeurs et l'influence sociale qu'ils exercent. Ceux qui ne trouvant pas dans notre enseignement supérieur ce qu'ils admirent avant tout dans celui de l'Allemagne, c'est-à-dire l'élaboration lente, sérieuse et patiente des éléments de la science, estiment beaucoup moins l'importance de la vulgarisation de ses résultats, se sont souvent montrés injustes envers les cours de nos facultés, et j'ai souvent regretté de trouver le nom d'un écrivain ordinairement plus équitable parmi ceux qui, méconnaissant les avantages qu'elles possèdent, semblent se complaire à exagérer les imperfections qu'ils leur supposent.

M. Renan[1] attribue l'infériorité de la France, au

1. *Questions constitutionnelles*; passage reproduit par M. Boissier, *Revue des Deux Mondes* du 15 juin 1868.

point de vue de la science et de l'érudition, à la manière dont sont faits les cours de nos facultés. Il prétend que les brillants succès obtenus par MM. Guizot, Cousin et Villemain ont égaré leurs successeurs, que cet exemple séduisant et dangereux a jeté l'enseignement dans une mauvaise voie. « Quand on vit l'éclat que ces éminents esprits avaient jeté, tout le monde, dit-il, voulut faire comme eux. L'État à certains jours tint salle ouverte pour des discours de science et de littérature. Deux fois par semaine, durant une heure, un professeur dut comparaître devant un auditoire formé par le hasard, composé souvent à deux leçons consécutives de personnes toutes différentes. Il dut parler sans s'inquiéter des besoins spéciaux de ses élèves, sans s'être enquis de ce qu'ils savent, de ce qu'ils ne savent pas. Quel enseignement devait résulter de telles conditions? Ouverts à tous, devenus le théâtre d'une sorte de concurrence dont le but est d'obtenir et de retenir le public, que seront les cours supérieurs ainsi entendus? De brillantes expositions, des récitations à la manière des déclamateurs de la décadence romaine. Qu'en sortira-t-il? des hommes véritablement instruits? des savants capables de faire avancer la science à leur tour? Il en sort des gens amusés. Quoi de plus humiliant pour le professeur, abaissé au rang d'un amuseur public, constitué par cela seul l'inférieur de son auditoire, assimilé à l'acteur antique dont le but était atteint quand on avait dit de lui : *saltavit et placuit.* »

Je ne sais si l'auteur a eu en vue quelque personnage auquel pourrait s'appliquer une critique aussi amère; mais il n'est personne qui ne la proclame souverainement injuste, si son intention était de lui donner une portée générale. On pourrait affirmer, dans ce cas, qu'il n'a vu de près, je ne dis pas seulement les cours de la Sorbonne et du Collége de France, mais encore ceux d'aucun des professeurs de nos facultés de province. De pareilles appréciations émanées d'un écrivain dont les ouvrages ne peuvent passer inaperçus, ont dû être accueillis avec un plaisir infini par les professeurs des universités d'Allemagne, déjà si convaincus de leur supériorité, et si bien disposés à tourner en ridicule ce qu'ils appellent *l'ignorance et la légèreté françaises.*

Ce qu'il y a de regrettable, c'est qu'une condamnation aussi formelle de notre enseignement supérieur a trouvé peu de contradicteurs, et qu'il a dû augmenter le nombre de ceux qui ne voient de salut pour lui que de le réformer à l'image de celui de l'Allemagne.

On peut assurer cependant que si les cours de philosophie, d'histoire, et de littérature ancienne et moderne étaient faits uniquement dans le but de former des érudits et des philologues, ils perdraient immédiatement les auditeurs qu'ils attirent aujourd'hui sans pouvoir attirer les étudiants auxquels ils seraient destinés. Les jeunes gens qui, après avoir terminé leurs études classiques, plus étendues en France qu'en Allemagne, se préparent, soit pour l'enseignement, soit pour toute autre carrière scientifique, ou qui travaillent uniquement par suite d'un amour désintéressé de la science, sont assez rares, et d'ailleurs l'école normale supérieure, l'école des chartes, la nouvelle école pratique des hautes études, certains cours du Collége de France, peuvent donner à leurs besoins intellectuels une ample satisfaction. Ceux qui désirent ce genre d'instruction spéciale sans être obligés de venir le chercher à Paris, trouvent facilement dans les conférences privées des professeurs des facultés tous les secours dont ils ont besoin [1].

En effet, tout en continuant cette œuvre de vulgarisation, qu'ils accomplissent si utilement à l'égard des étudiants et des gens du monde, les professeurs de faculté ont pris l'habitude de faire deux leçons, dont l'une est précisément ce cours privé des universités allemandes dans lequel ils sont en rapport

---

1. On sait que M. Duruy a établi dans chaque faculté des conférences à l'usage des jeunes maîtres attachés aux lycées qui se préparent ainsi sur place aux examens de licence et de doctorat.

plus intime avec de véritables disciples. Ils sont
donc parfaitement en mesure de remplir la double
mission qui leur est en quelque sorte imposée par
la nature même de notre état social. On ne voit
pas ce que nous gagnerions à transformer nos facultés et à *germaniser* leur enseignement; car en
supposant que l'amour de la science pure devînt
assez général pour que les jeunes gens se mon-
trassent plus assidus à leurs leçons qu'ils ne le
sont aujourd'hui, je ne pense pas que l'étude des
textes, les recherches bibliographiques, la science
des détails, qui, le plus souvent, forme des pédants,
orgueilleux d'un mérite qui ne fait honneur qu'à
leur mémoire, dussent être préférées à un enseignement plus élevé, plus large, inspirant de nobles
sentiments, élevant et agrandissant les âmes et,
par cela même, ouvrant l'intelligence aux études
sérieuses, un enseignement enfin tel que le conçoi-
vent les dignes successeurs des Cousin, des Guizot
et des Villemain.

Que l'on cesse donc de déplorer la décadence
de l'érudition française, parce que nos facultés ne se consacrent pas uniquement comme les
universités allemandes à former des érudits. On
énumère complaisamment les dissertations littéraires, philologiques, historiques, que produisent
chaque année, à grand renfort de livres et de dictionnaires, les professeurs *ordinaires* ou les *privat-*

docenten d'Allemagne[1]. On devrait aussi bien songer aux travaux sérieux et solides qui sont dus
aussi à nos professeurs, et surtout aux œuvres
d'une haute importance que publient les membres
de notre académie des Inscriptions et Belles-Lettres,
ces savants continuateurs de l'œuvre des bénédic-
tins français, de notre académie des Sciences morales et politiques, sans oublier les Mémoires dus
aux trois cents sociétés savantes qui dans nos départements prennent une part active au mouvement
scientifique et littéraire.

Concluons que, si nous pouvons, si nous devons
même faire quelques emprunts à l'Allemagne et
ntroduire dans notre enseignement supérieur
quelques-uns de ses procédés, il en est d'autres
qu'il serait tout aussi important pour elle de nous
emprunter à nous-mêmes.

VI

Un des avantages qu'il est juste de signaler dans
les universités allemandes, c'est que chacun de ces

1. Le nombre des professeurs des universités est de plus de
2 000, et chacun d'eux, en moyenne, produit au moins deux
travaux scientifiques par an. Cela fait, en ajoutant les thèses de
doctorat et tous les travaux d'érudition qui paraissent dans les
programmes des 400 lycées et colléges allemands, cinq à six mille
publications par an. (Hillebrand, ouvrage cité, p. 68.)

centres intellectuels et scientifiques réunit dans ses
quatre facultés toutes les branches du savoir humain. Elles y sont toutes représentées et elles ont
à leur usage tous les secours désirables : bibliothèques, musées, collections, instruments, hôpi-
taux, laboratoires, observatoires, y sont concentrés ;
toutes les méthodes, depuis la plus abstraite jusqu'à la plus pratique, y coexistent, et il n'est presque
pas une carrière à laquelle on ne puisse s'y préparer.

Il faut remarquer que ces établissements offrent
tous ou presque tous, outre l'enseignement distri-
bué dans nos cinq facultés, celui qu'on ne peut
acquérir chez nous que dans les écoles polytechnique, normale, forestière, des mines, des ponts et
chaussées, des chartes, des langues orientales, etc.
Le nombre des cours professés dans chaque université est prodigieux[1]. Il y a telle université
qui ne compte pas moins de 150 professeurs.
Les sciences spéculatives y sont cultivées à côté
des sciences historiques, les recherches naturelles y ont leur place à côté des études d'application immédiate. Les Allemands voient dans cette
concentration de toutes les facultés en un même
lieu la condition d'existence de leurs établisse-

---

1. Voir, à l'Appendice, les cours professés à l'université de
Berlin pendant un semestre. On en compte plus de 180 !

ments d'instruction supérieure. Ils y tiennent encore plus pour les professeurs que pour les élèves, car ils ont en vue l'intérêt de la science plus que celui de l'enseignement. La solidarité de toutes les sciences, la cohésion et la connexité des diverses études sont le thème sur lequel les Allemands reviennent sans cesse pour le représenter comme la solution *sine qua non* de la prospérité d'une université. Il n'y a rien qu'on recommande plus aux professeurs des diverses facultés que de communiquer sans cesse, d'en appeler les uns aux autres dans leur enseignement, de se tendre la main pour arriver au même but, de combiner leurs objets d'études de manière à assurer l'unité au programme universitaire qui, selon eux, doit être comme un édifice harmonieux et complet où toutes les parties concourent à l'effet total. « Le caractère propre de l'université, dit le sénat de Leipzig, est d'offrir à tout étudiant l'occasion de saisir chaque branche du savoir humain dans sa vivante cohésion avec les autres, et de se l'approprier librement dans son esprit plus que dans la lettre[1]. »

Il n'est personne en France qui ne comprenne combien cette réunion de toutes les branches de l'enseignement est utile et désirable. Aussi l'établissement de nos cinq facultés dans chaque centre

1. M. Hillebrand, ouvrage cité. p. 60.

universitaire est-il considéré généralement comme une des premières conditions de la réforme de notre enseignement supérieur.

Mais pour créer. dans ˗les chefs-lieux de nos quinze académies ce vaste ensemble d'études qui · auraient pour effet de ranimer sur tous les points le mouvement intellectuel jusqu'à présent concentré· à Paris et dans quelques cités du premier ordre, il faudrait des ressources que ne peut offrir le budget de l'État. Il sera donc indispensable de les demander à l'initiative privée et au bon vouloir des conseils généraux et des conseils municipaux.. Ce ne sera pas un des moindres bienfaits de cette décentralisation dont on parle si souvent en France et pour laquelle aucun effet sérieux ne s'est encore produit. Jamais l'Allemagne soumise à un pouvoir centralisateur n'aurait pu voir s'allumer en tant de lieux ces grands foyers intellectuels que l'on nomme des universités, si dans chacune de ces principautés, royaumes, grands-duchés, duchés et villes libres, un admirable esprit d'émulation n'avait animé les chefs des gouvernements, aussi jaloux les uns que les autres de fonder de magnifiques établissements et de les entourer de tout ce qui pouvait contribuer à en augmenter l'éclat et l'utilité. Il est des villes ayant moins de dix mille habitants, auprès desquelles, à ce point de vue, aucune ville française, à l'exception de Paris, ne pourrait soutenir la com-

paraison. Il est impossible de visiter une de nos
facultés de province sans être humilié de la pau-
vreté de sa bibliothèque, de l'insuffisance de ses
collections, et surtout de l'état misérable des ap-
pareils destinés à l'étude et à l'enseignement des
sciences physiques et chimiques. Il faut sans
doute tenir compte des lourdes charges que sup-
porte le budget d'un État obligé de subvenir à
tous les services publics, et dont la plus grande
partie est absorbée par la marine et la guerre.
Mais comment sur les deux milliards et demi votés
aujourd'hui pour les dépenses ordinaires n'a-t-on
pu trouver la moindre somme pour venir en aide à
notre enseignement supérieur? Comment, lorsque
la part contributive de l'État, pour les universités
d'Allemagne, est de 14 millions par an, en est-on
arrivé, en France, à croire avoir fait une bonne
affaire, non-seulement en ne donnant plus rien à
nos facultés, mais encore en faisant sur elles,
chaque année, un boni de cent à cent-cinquante
mille francs?

Ce n'est pas ainsi qu'ont agi les gouvernements
de l'Allemagne, comme l'a montré, en 1870, le
doyen de la faculté de médecine de Paris, M. Adol-
phe Würtz, chargé par M. Duruy de visiter les
principaux laboratoires des universités allemandes.

A l'exemple de Liébig qui fondait, en 1824,
le laboratoire de Giessen, les princes en ont, de-

puis vingt ans, établi de plus étendus et de
plus complets à Carlsruhe, à Heidelberg, à Gœttingue, à Greifswald, à Munich. Plus récemment
se sont élevées pour les travaux des chimistes
les constructions grandioses de Bonn, de Leipzig
et de Berlin. Il faut lire dans le remarquable rapport de M. Vürtz la description qu'il fait de ces
divers établissements scientifiques, et surtout de
ceux de Bonn et de Berlin, pour avoir une idée
de l'importance des instruments de travail mis
à la disposition de la science. C'est grâce à la
richesse du laboratoire d'Heidelberg que les Helm-
holtz, les Kirchhoff et les Bunsen ont pu faire leurs
admirables découvertes. On connaît leurs magnifiques travaux et au premier rang ceux qui concer-
nent les nouveaux métaux alcalins, césium et rubi-
dium et la méthode d'analyse spectrale qui les a
fait découvrir. La construction du laboratoire de
Berlin n'a pas coûté moins de 1,200,000 francs.
L'Autriche, s'associant au mouvement scientifique
de l'Allemagne, votait deux ans après Sadowa près
d'un million pour la construction d'un laboratoire
à Vienne. Le gouvernement autrichien, voulant de
plus réunir tous les établissements scientifiques de
la même ville dans de vastes édifices universitaires,
consacrait près de dix millions à cet important travail de concentration.

L'Allemagne s'impose donc les plus lourds sa-

crifices pour élever aussi haut que possible le niveau de ses établissements scientifiques, et c'est
ainsi qu'il faut ajouter à la liste de ses laboratoires
de chimie les laboratoires de physiologie, ceux
d'anatomie et d'anatomie pathologique élevés pareillement à Berlin, à Heidelberg, à Gœtingue, à
Munich, à Vienne, à Leipzig.

Je ne m'arrêterai pas à déplorer, avec M. Vürtz,
le pénible contraste que présentent ces magnifiques
créations avec l'insuffisance de nos établissements;
j'aime mieux rappeler la part glorieuse prise au
mouvement scientifique de ces dernières années par
les disciples des Lavoisier, des Berthollet, des Cu-
vier, des Geoffroy, des Gay-Lussac, des Thénard,
des Fresnel, des Biot, des Magendie. Si trop souvent les grandes découvertes de ces hommes de génie, franchissant la frontière, ont porté plus rapidement des fruits en pays étrangers qu'en France
où elles étaient nées; si même la science a été
moins cultivée chez nous que chez nos voisins, ne
craignons pas d'en chercher la cause dans l'insuffisance des ressources matérielles et des instruments
de travail. « Depuis quatorze ans, dit M. Vürtz,
l'agrandissement de la Sorbonne se borne à la première pierre posée en 1855. L'École de médecine,
resserrée dans un espace trois fois trop petit, et dont
les services pratiques sont installés dans des conditions déplorables, attend toujours la réalisation

des plans projetés. A Paris, le seul laboratoire universitaire offrant des dispositions convenables et des ressources suffisantes est celui de l'École normale supérieure, où M. Henri Sainte-Claire-Deville a employé au profit de la science son influence personnelle, et ce qui est vrai pour Paris l'est à plus forte raison pour les facultés de province, où les laboratoires bien dotés et bien installés (celui de Marseille, par exemple) sont de rares exceptions. »

Cet aveu de notre infériorité serait trop pénible à mon patriotisme, si je ne concevais aucune espérance de la voir cesser aussitôt que nous y appliquerons une volonté ferme et décidée. Il faudra bien reconstituer tôt ou tard nos grands centres universitaires d'autrefois, et le premier usage que feront les provinces, aussitôt que nos législateurs leur auront rendu leur autonomie, sera certainement d'y travailler avec ardeur. D'heureux symptômes du mouvement décentralisateur se manifestent dans la plupart de nos grandes villes. Lyon, Marseille, Lille, Nancy, Bordeaux sont prêts à s'imposer les sacrifices nécessaires pour devenir ce que sont pour l'Allemagne les universités de Bonn, de Munich, de Berlin, de Gœttingue, de Heidelberg et de Vienne.

Je trouve dans un intéressant travail, publié à Bordeaux par le docteur Azam, sur la décentralisation universitaire, un exposé des raisons qui de-

vraient assurer à cette ville l'avantage de devenir,
par la réunion des diverses facultés, un des centres
intellectuels de la France. La cité est assez importante et assez riche, dit-il, pour faire les frais que
nécessiterait l'organisation d'une véritable université, ce qui du reste ne ferait que rétablir celle qui
existait avant la révolution, et qui avait été fondée
au xv° siècle. Les dons et les offrandes que l'on ob-
tiendrait certainement de la munificence des familles opulentes qui habitent le chef-lieu de la Gi-
ronde permettraient de se passer des subventions
que l'État s'empresserait sans doute de promettre,
mais que les exigences budgétaires ne lui permettraient de donner que d'une manière insuffisante.
Le docteur Azam cite dans sa brochure les opinions
émises au sujet de cette décentralisation universitaire par des hommes dont l'autorité ne saurait être
suspecte, MM. Dumas et Quatrefages.

Je suis trop heureux de me rencontrer sur une
question qui m'est chère avec un homme tel que
M. Dumas pour résister au plaisir de citer un passage emprunté au rapport fait au mois de novembre 1870, après nos premiers désastres, à l'Institut occupé de la recherche des moyens propres à
développer en France l'étude des sciences :

« Si les causes de notre marasme, dit le savant
chimiste, ancien inspecteur général de l'Université,
semblent complexes et multiples, elles se réduisent,

en principe, à une seule : la centralisation administrative, qui, appliquée à l'université, a énervé
l'enseignement supérieur.

« Il n'est pas bon que tous les établissements
d'instruction supérieure soient soumis au même
régime, aux mêmes programmes ; il n'est pas bon
que leurs finances soient confondues et qu'ils aient
tout à demander à un centre commun, le mouvement intellectuel et les ressources matérielles. Ce
système ne pouvait conduire qu'à l'indifférence de
la part des villes, à l'apathie et au délaissement de
la part de leurs municipalités.

« En Suisse, en Suède, en Allemagne, en Angleterre, aux États-Unis, des universités nombreuses,
diverses dans leur origine et dans leurs tendances,
ayant chacune leur budget et le gérant au mieux
dans l'intérêt de leurs élèves, prospèrent au contraire sous des conditions de vie propre, d'autonomie, et offrent à l'observateur un spectacle plein
d'intérêt.

« Comment une ville qui possède une université
recevant de Paris ses administrateurs, ses professeurs, son budget, ses programmes et les diplômes de ses élèves pourrait-elle s'intéresser acti-
vement à sa prospérité ? N'est-il pas évident qu'elle
mesurera toujours sa part de coopération et d'i-
nitiative à sa responsabilité? L'autorité municipale,
les notables du pays, regardent en France les

établissements d'instruction supérieure comme la
chose de l'État ; dans les autres pays, c'est la chose
de la ville. Nous pourrions rappeler, M. Sainte-
Claire-Deville et moi, qui, l'un et l'autre, la con-
naissons bien, l'université de Bâle, qui est à nos
portes, et où maîtres, élèves, habitants, unis dans
un même intérêt comme une seule famille, suivent
avec la même passion les progrès de l'ancienne et
célèbre institution dont la cité s'honore. Genève, si
près de nous, n'est-elle pas dans le même cas ?

« Rendons à nos universités sous la surveillance
de l'État, et au besoin avec ses subventions, cette
indépendance dont elles jouissaient avant notre première Révolution. Les grands hommes que cette
époque a vus surgir sont autant de glorieux témoins
qui attestent devant l'histoire la force des études et
la vigueur de la discipline de ce libre enseignement
de nos pères. »

VII

Cette indépendance, qui est la condition essentielle de la vitalité des établissements d'instruction
supérieure, les universités allemandes en jouissent
aussi complétement qu'on peut le désirer. Le professeur peut enseigner, selon ses convictions, sa méthode, selon les livres qu'il préfère, pendant au-

tant ‘d’heures que bon lui semble, avec le libre choix de son sujet, sans surveillance et sans autre responsabilité que celle qu’impose l’opinion.

Ce que nous entendons en France par la liberté de l’enseignement, c’est-à-dire le droit pour les particuliers ou les associations religieuses ou laï-ques de fonder et d’entretenir des établissements d’instruction publique, rivaux de ceux de l’État, n’existe pas en Allemagne. L’enseignement à tous ses degrés, ainsi que je l’ai déjà fait observer, y est un monopole de l’État. On se préoccupe beau-coup en France des avantages ou des dangers qu’il y aurait à voir se constituer à côté des universités officielles des universités libres, et la question de savoir si les premières seules auront le droit de conférer les grades occupe une large place dans les discussions ayant pour objet l’enseignement su-périeur. On l’a vu en 1868, en 1869 et en 1870, lorsque le Sénat a eu à se prononcer sur les péti-tions sur ce sujet. Il a admis en principe la libre concurrence, tout en réservant à l’État, avec un droit de surveillance sur les établissements libres, la collation des grades universitaires. Les mêmes conclusions ont été la suite des délibérations d’une commission réunie par M. le ministre Ségris et pré-sidée par M. Guizot. Il est probable que c’est dans ces conditions que la loi qu’on attend constituera notre enseignement supérieur.

Le rapporteur de la dernière commission du Sénat sur les pétitions réclamant la liberté de l'enseignement, M. Quentin Bauchart [1], faisait remarquer que la liberté scientifique, c'est-à-dire le droit, dans les chaires des universités allemandes ou dans les cours qui en dépendent, *de professer toutes les opinions sur tous les sujets*, est complète, mais que la liberté d'enseignement, c'est-à-dire le droit pour toute personne d'enseigner, n'existe pas en Allemagne.

M. Quentin Bauchart avait raison. Mais comme les universités sont une création de l'État et qu'elles n'existent qu'en vertu de la toute-puissance de l'État, la liberté dont elles jouissent au point de vue des doctrines existe seulement en *fait* et non en *droit*. Elle est donc loin d'être absolue, comme on paraît le croire. Le gouvernement, qui l'a encouragée dans certaines circonstances où le mouvement des esprits s'accordait avec ses intérêts, ne manquerait pas d'user de son autorité, comme il l'a fait plus d'une fois, pour la renfermer dans d'étroites limites. Très-tolérant en ce qui concerne la liberté philosophique, il se montrerait fort disposé à l'entraver dans le cas où elle lui paraîtrait de nature à contrarier ses vues politiques. Il n'hési-

---

1. Séance du mardi 15 février 1870. Les pétitions dont il s'agit avaient réuni 41 434 signatures.

terait pas à traiter de la même manière la liberté religieuse, s'il rencontrait dans les ministres du culte,
avec lesquels il a jusqu'ici marché d'accord, une
opposition prononcée. Cette liberté dans l'expression des idées et des doctrines qui a existé tant que
l'Allemagne a présenté une confédération d'États
autonomes et indépendants les uns des autres, ne
sera-t-elle pas sérieusement menacée lorsque, réunie sous le sceptre d'un empereur tout-puissant,
elle devra subir l'influence autoritaire de la Prusse?

Au reste, cette liberté pratique appartient à l'u-
niversité comme corporation bien plus encore
qu'aux membres qui la composent. C'est plutôt,
comme on l'a fait observer, le règne du privilége,
tel qu'il existait au moyen âge, que le règne de la
liberté individuelle telle que la revendique la société
moderne. Plus d'une fois certains professeurs ont
été forcés de quitter une université parce qu'ils
étaient avec elle en dissentiment d'opinion. Ce
sont des républiques indépendantes du gouvernement, tant que les questions pécuniaires n'interviennent pas. Elles ont des revenus propres, et lorsqu'ils
sont insuffisants, l'État ne leur marchande pas ses
subsides; mais, dans ce cas, elles perdent une partie
de leur indépendance proportionnée à l'importance
des secours qu'elles reçoivent. Le recteur est élu
d'ordinaire par le sénat composé de tous les professeurs, nommés eux-mêmes par le ministre; mais il

est des universités, où il est nommé directement par le gouvernement. A Gœttingue, par exemple, l'université n'a pas même le droit de présentation. Le gouvernement choisit qui il lui plaît.

On a beaucoup vanté aussi la liberté dont jouissent les étudiants des universités ; et l'on s'est plu, en Allemagne, à tracer les tableaux les plus poétiques de leur existence, surtout au sein de ces vieilles universités des petites villes où règnent encore des habitudes et des mœurs conservant en plein XIXᵉ siècle un reflet des traditions du moyen âge. Les professeurs, de même que les étudiants, forment un corps ayant des mœurs spéciales et des habitudes d'esprit qui en font une classe à part. L'étudiant pendant le temps qu'il passe à l'université est *citoyen académique.* A ce titre, il fait partie d'une république studieuse, qui le protége comme un de ses enfants. Avant d'être le sujet de l'État, il est le sujet du sénat académique, qui a la police des études et juge les délits dont il peut se rendre coupable.

A côté des établissements où l'élève studieux vient recevoir les doctes leçons des maîtres renommés qu'il respecte et qu'il aime, on peut voir les cabarets où coule à grands flots la bière, où l'air est obscurci par les bouffées du tabac dont sont bourrées les longues pipes. C'est là qu'autrefois les étudiants célébraient leurs franches lippées *pleno poculo et dulci Jubilo,* comme le dit une de ces vieilles chansons dont ils répètent encore les refrains. On voit encore de nos jours, dans les rues étroites et tortueuses, à la nuit tombante, ondoyer leurs joyeux cortéges aux flambeaux, au bruit du classique *Gaudeamus igitur.*

Nos étudiants d'autrefois à Paris, à Poitiers, à Caen, ont connu et pratiqué cette vie scolaire à la fois turbulente et occupée, dissipée et studieuse. Aujourd'hui, les élèves des facultés n'ont rien qui les distingue des autres habitants des villes où ils viennent prendre part à l'enseignement scientifique. Il n'en est pas ainsi en Allemagne. Le *particularisme* qui règne encore dans ce pays se reflète dans les associations scolaires d'étudiants appartenant aux différentes contrées germaniques. Les membres de ces associations se distinguent par des toques, des casquettes, des rubans de diverses couleurs. Ils prennent les noms des provinces qui en ont fourni le contingent: *Franconia, Rhenania, Westphalia, Thuringia,* etc. Quelques-uns de ces corps possèdent encore de hardis compagnons, plus forts en escrime qu'en droit romain, que l'on rencontre plus souvent dans les cafés que dans les salles de cours. Ils se promènent dans les rues avec des bouledogues qui ne les quittent jamais. Leur prétention est de faire peur à tout le monde, et ils ne font peur à personne. Il existait encore, il y a 28 ou 30 ans, dans quelques-unes de nos contrées académiques des personnages de ce genre. Ils ont disparu. Il ne faut pas féliciter l'Allemagne d'en avoir conservé le type ridicule. Disons toutefois que la folie du duel, que punissent rigoureusement les règlements universitaires, commence à être hautement désapprouvée par les étudiants sérieux. On cite un étudiant de Giessen qui, ayant tué en duel un de ses *commilitones*, a été condamné à deux ans de forteresse.

Les règlements ayant pour objet la répression des délits commis par les étudiants s'appliquent au duel, aux voies de fait, à la perturbation du repos public, aux offenses à l'autorité, aux attroupements, aux sociétés secrètes, aux dettes, à l'excommunication d'un camarade, brutal ostracisme plus cruel et plus odieux que ces *brimades* usitées dans quelques-unes de nos écoles spéciales, et même que ces traitements ridicules infligés aux nouveaux venus par les *anciens* des universités d'Oxford et de Cambridge.

Les lois universitaires distinguent, outre les réprimandes et les punitions du même genre, quatre sortes de renvoi : le renvoi pur et simple, *relegatio ;* le conseil de se retirer, *consilium abeundi ;* la retraite donnée ou ordonnée, *demissio ;* l'exclusion définitive, *exclusio*. Ordinairement, on voit dans le vestibule de l'université où chaque professeur colle sur un tableau noir une note indiquant le sujet et l'heure de la leçon, un autre tableau sur lequel sont des pancartes faisant connaître les peines infligées aux délinquants. Voici une de ces formules :

« A votre magnificence et à l'illustre sénat académique, nous faisons savoir, conformément aux conventions existantes, que l'étudiant N...., pour avoir insulté un de ses *commilitones*, ou pour avoir pris part comme témoin à un duel au pistolet, ou pour avoir violé un domicile privé ou pénétré de force chez telle personne, etc., a été puni par nous de la peine de la *relegatio*.

En vous le faisant savoir, nous vous envoyons le signalement du susdit.

Suit le nom de l'université et la signature de recteur.

VIII

Ce n'est certes pas à cet attachement à des usages gothiques et à des habitudes scolaires que les universités allemandes doivent leur renommée et la juste célébrité dont elles jouissent. L'importance et l'étendue de leur enseignement, le culte de la science, le goût des recherches et des études sérieuses, les immenses ressources dont la munificence des princes a doté ces centres intellectuels, sont pour les maîtres et les élèves qu'ils forment des titres plus respectables et plus solides. Mais cette supériorité que je n'ai pas craint de reconnaître, tout en fai-

sant quelques réserves essentielles, l'Allemagne la
conservera-t-elle toujours? N'est-elle pas fatalement
condamnée, comme toutes les puissances qu'enivre
et aveugle une prospérité inespérée à voir arriver
les jours de décadence? Ce n'est pas à nous de le lui
prédire, car nous pourrions craindre qu'on ne prît
nos prévisions pour des désirs. Mais il est des symptômes dont l'Allemagne elle-même accuse la mani-
festation et qu'il ne nous est pas possible de ne point
recueillir.

J'en trouve un dans le discours récemment prononcé par le docteur Dœllinger chargé par ses collègues de remplir les fonctions de *rector magnificus*
dans une fête nationale, qui se célébrait à Munich [1].
M. Dœllinger, chef du mouvement religieux qui
agite en ce moment l'Église catholique en Bavière
est naturellement un grand admirateur des universités de son pays. Il cite avec quelque orgueil
les paroles savantes d'un homme d'État qui connaît
familièrement la science allemande et qui a longtemps dirigé les destinées de la France : « Si l'on
pouvait donner à la France douze universités à la
manière allemande, ce serait le moyen de régé-
nérer, de relever le pays. » Mais ces universités sont
exposées, suivant lui, à trois dangers, contre lesquels

1. Ce discours a été traduit pour la *Revue politique et littéraire* et publié dans le numéro du 8 août 1872.

il engage ses concitoyens à lutter courageusement.
Le premier est celui qui les menace dans leur liberté,
c'est-à-dire dans la cause première de leur prospérité, dans cette liberté qui est la condition même de
leur existence. Il leur importe en second lieu de se
mettre en garde contre le matérialisme qui les entraîne vers une décadence fatale et qui serait le
résultat de la prédominance des sciences physiques
et naturelles sur les lettres et la philosophie. Elles
ont enfin tout à redouter d'une centralisation exces-
sive. M. Dœllinger espère que l'individualisme sau-
vera l'Allemagne de ce fléau. Mais il ne peut s'empêcher de craindre que les petites universités ne se
fondent ensemble ou même ne se suppriment au
profit des grandes, en attendant que les grandes
elles-mêmes ne se fondent ensemble au profit d'une
seule ! S'il en était ainsi, la France et l'Allemagne
présenteraient un singulier contraste ; car, tandis
qu'il se fait chez nous un mouvement de décentralisation qui tend à reporter l'action et la vie sur tous
les points du territoire, la domination du militarisme
prussien aurait pour résultat d'éteindre ou du moins
d'affaiblir singulièrement les centres créés dans
les capitales des anciens États, au profit d'un centre
unique, devenu le Paris du nouvel empire.

IX

Voici quelle était en 1871 la statistique des 26 universités d'Allemagne, y compris celle de l'Autriche-allemande et celle de la Suisse-allemande.

Royaume de Prusse.

9 *universités.*

783 professeurs et maîtres, 7 420 étudiants.

1° — UNIVERSITÉ DE BERLIN, fondée par le roi Frédéric-Guillaume III par décret du 10 août 1809 ; elle compte 176 professeurs et maîtres, 2 958 étudiants, savoir :

I. La Faculté de théologie a 5 professeurs ordinaires, 1 honoraire, 6 extraordinaires, 5 *privatdocenten.*

II. Faculté de droit : 8 professeurs ordinaires, 1 honoraire, 6 extraordinaires, 2 *privatdocenten.*

III. Faculté de médecine : 11 professeurs ordinaires, 16 extraordinaires, 25 *privatdocenten.*

IV. Faculté de philosophie (lettres et sciences) : 29 professeurs ordinaires. 31 extraordinaires, 26 *privatdocenten,* 4 lecteurs et maîtres.

2° — UNIVERSITÉ DE BONN, fondée par Frédéric-Guillaume III (décret du 18 octobre 1818) : 5 facultés, 108 professeurs et maîtres, 634 étudiants en 1870-1871, sans compter 155 étudiants engagés dans l'armée.

I. Faculte de théologie évangélique : 6 professeurs ordinaires, 2 *privatdocenten*.

II. Faculté de théologie catholique : 5 professeurs ordinaires, 2 extraordinaires, 1 *privatdocent*.

III. Faculté de droit : 8 professeurs ordinaires, 2 extraordinaires, 2 *privatdocenten*.

IV. Faculte de médecine : 7 professeurs ordinaires, 6 extraordinaires, 5 *privatdocenten*.

V. Faculté de philosophie : 27 professeurs ordinaires, 12 extraordinaires, 22 *privatdocenten*, 1 maître.

3° — Breslau (Prusse), fondée à Francfort, par le duc de Brandebourg Joachim I; université catholique léopoldine transférée à Breslau par Frédéric-Guillaume III le 3 août 1811; 5 facultés, 113 professeurs et lecteurs; 887 étudiants.

I. Faculté de théologie catholique : 6 professeurs ordinaires, 2 *privatdocenten*.

II. Faculté de théologie évangélique : 6 professeurs ordinaires, 1 honoraire, 1 *privatdocent*.

III. Faculté de médecine : 7 professeurs ordinaires, 6 extraordinaires, 16 *privatdocenten*.

IV. Faculté de droit : 6 professeurs ordinaires, 1 extraordinaire, 1 *privatdocent*.

V. Faculté de philosophie : 21 professeurs ordinaires, 6 extraordinaires, 2 honoraires, 12 *privatdocenten*, 8 lecteurs, 11 maîtres.

4° — Université royale de Georges-Auguste, à Gœttingue (Hanovre) commencée en 1734 et établie en septembre 1737. Elle tire son nom de son fondateur le roi Georges II : 4 facultés, 110 professeurs 780 étudiants.

I. Faculté de théologie : 6 professeurs ordinaires, 3 extraordinaires, 1 *privatdocent*, 3 répétiteurs.

II. Faculté de droit : 8 professeurs ordinaires, 2 extraordinaires, 3 *privatdocenten*.

III. Faculté de médecine : 9 professeurs ordinaires, 6 extraordinaires, 5 *privatdocenten*.

IV. Faculté de philosophie : 31 professeurs ordinaires, 12 extraordinaires, 12 *privatdocenten*, 9 maîtres.

5° — UNIVERSITÉ DE GREIFSWALD, fondée le 17 octobre 1456 par le comte Wratislaw de Poméranie : 4 facultés, 65 professeurs, 388 étudiants.

I. Théologie : 5 professeurs ordinaires.

II. Droit : 6 professeurs ordinaires, 1 *privatdocent*.

III. Médecine : 7 professeurs ordinaires, 4 extraordinaires, 5 *privatdocenten*.

IV. Philosophie : 17 professeurs ordinaires, 3 extraordinaires, 5 *privatdocenten*.

V. Académie à Elzena, fondée le 25 mai 1835, 12 professeurs, 18 étudiants (11 indigènes, 9 étrangers).

6° — UNIVERSITÉ DE WITTEMBERG, fondée par Frédéric le Sage de Saxe (18 octobre 1502), fondée par Frédéric III de Brandebourg en 1694, réunie à l'université de Halle en 1817 : nouveaux statuts en 1864 ; 4 facultés, 89 professeurs et maîtres, 881 étudiants en 1871.

I. Théologie : 7 professeurs, ordinaires, 5 extraordinaires, 3 *privatdocenten*.

II. Droit : 7 professeurs ordinaires, 1 *privatdocent*.

III. Médecine : 9 professeurs ordinaires, 3 extraordinaires, 11 *privatdocenten*.

IV. Philosophie : 21 professeurs ordinaires, 1 honoraire, 7 extraordinaires, 18 *privatdocenten*, 5 maîtres.

7° — UNIVERSITÉ DE KIEL (Holstein), fondée en 1655 ; 4 facultés, 63 professeurs et maîtres, 112 étudiants.

I. Théologie : 6 professeurs ordinaires.
II. Droit : 5 professeurs ordinaires, 1 extraordinaire, 5 *privatdocenten*.
III. Médecine : 6 professeurs ordinaires, 4 extraordinaires, 8 *privatdocenten*.
IV. Philosophie : 15 professeurs ordinaires, 1 extraordinaire, 7 *privatdocenten*, 5 maîtres.

8° — UNIVERSITÉ DE KŒNIGSBERG (Prusse), université d'Albert, fondée en 1544 par le margrave Albert de Brandebourg ; 4 facultés, 72 professeurs et maîtres, 517 étudiants (1871).

I. Théologie : 6 professeurs ordinaires.
II. Droit : 4 professeurs ordinaires, 2 extraordinaires, 1 *privatdocent*.
III. Médecine : 9 professeurs ordinaires, 4 extraordinaires, 11 *privatdocenten*.
IV. Philosophie : 21 professeurs ordinaires, 2 extraordinaires, 8 *privatdocenten*, 4 maîtres.

Hesse électorale.

9° — UNIVERSITÉ DE MARBOURG, fondée en 1527 par le landgrave Philippe de Grossmüthigen ; 4 facultés, 66 professeurs, 263 étudiants.

I. Théologie : 7 professeurs ordinaires, 2 *privatdo-centen.*

II. Droit : 6 professeurs ordinaires, 1 extraordinaire, 4 *privatdocenten.*

III. Médecine : 8 professeurs ordinaires, 3 extraordinaires, 5 *privatdocenten.*

IV. Philosophie : 18 professeurs ordinaires, 2 extraordinaires, 6 *privatdocenten,* 4 maîtres.

Royaume de Bavière.

229 professeurs, 2 205 étudiants.

10° — UNIVERSITÉ D'ERLANGEN, 1742-1743 ; 4 facultés, 49 professeurs, 374 étudiants.

I. Faculté de théologie luthérienne : 7 professeurs ordinaires, 3 extraordinaires.

II. Droit : 6 professeurs ordinaires, 1 *privatdocent.*

III. Médecine : 8 professeurs ordinaires, 3 extraordinaires, 3 *privatdocenten.*

IV. Philosophie : 14 professeurs ordinaires, 4 extraordinaires.

11° — UNIVERSITÉ DE MUNICH, fondée par le comte Louis Maximilien de Bavière, 1746 ; 5 facultés : 118 professeurs, 1 660 étudiants.

I. Faculté de théologie catholique : 7 professeurs ordinaires, 2 extraordinaires, 1 *privatdocent.*

II. Droit : 9 professeurs ordinaires, 4 extraordinaires.

III. Statistique : 7 professeurs ordinaires, 1 extraordinaire.

IV. Médecine : 16 professeurs ordinaires, 15 extraordinaires, 6 honoraires, 14 *privatdocenten.*

V. Philosophie : 28 professeurs ordinaires, 3 extraordinaires, 5 honoraires, 5 *privatdocenten,* 5 maîtres.

12° — UNIVERSITÉ DE WURTZBOURG, fondée par Jules Maximilien, 1402 ; 5 facultés, 67 professeurs, 671 étudiants.

I. Théologie catholique : 7 professeurs ordinaires, 2 *privatdocenten*.

II. Droit : 8 professeurs ordinaires, 1 *privatdocent*.

III. Statistique : 4 professeurs ordinaires.

IV. Médecine : 9 professeurs ordinaires, 4 extraordinaires, 7 *privatdocenten*, 2 prosecteurs.

V. Philosophie : 14 professeurs ordinaires, 2 extraordinaires, 4 *privatdocenten*, 3 maîtres.

Royaume de Saxe.

13° — UNIVERSITÉ DE LEIPZIG (1499). Fondateur, Frédéric Ier ; 4 facultés, 136 professeurs, 1 665 étudiants en 1870.

I. Théologie : 7 professeurs ordinaires, 2 honoraires, 1 extraordinaire, 3 *privatdocenten*.

II. Droit : 9 professeurs ordinaires, 1 honoraire, 9 extraordinaires.

III. Médecine : 8 professeurs ordinaires, 2 honoraires, 13 extraordinaires, 17 *privatdocenten*.

IV. Philosophie : 24 professeurs ordinaires, 2 honoraires, 23 extraordinaires, 11 *privatdocenten*, 5 maîtres.

Hesse-Darmstadt.

14° — UNIVERSITÉ DE GIESSEN (1607). Louis V, grand-duc de Hesse-Darmstadt ; 4 facultés, 55 professeurs, 310 étudiants.

I. Théologie évangélique : 4 professeurs ordinaires, 2 *privatdocenten*.

II. Droit : 4 professeurs ordinaires, 2 *privatdocenten*.

III. Médecine : 7 professeurs ordinaires, 4 extraordinaires, 2 *privatdocenten*.

IV. Philosophie : 16 professeurs ordinaires, 7 extraordinaires, 4 *privatdocenten*, 4 maîtres.

Mecklembourg-Schwerin.

15° — UNIVERSITÉ DE ROSTOCK, fondée en 1419 par Jean III et Albert V de Mecklembourg-Schwerin, ayant 4 facultés, 32 professeurs et maîtres, 137 étudiants.

I. Théologie : 4 professeurs ordinaires.

II. Droit : 4 professeurs ordinaires.

III. Médecine : 8 professeurs ordinaires, 1 extraordinaire, 2 *privatdocenten*.

IV. Philosophie : 9 professeurs ordinaires, 1 extraordinaire, 4 *privatdocenten*, 1 maître.

Saxe-Weimar, Cobourg-Gotha et Altenbourg.

16° — UNIVERSITÉ D'IÉNA, gymnase luthérien, en 1548, puis université en 1557 ; 4 facultés, 63 professeurs, 402 étudiants.

I. Théologie : 4 professeurs ordinaires, 2 honoraires, 1 *privatdocent*.

II. Droit : 5 professeurs ordinaires, 2 honoraires, 2 extraordinaires.

III. Médecine : 6 professeurs ordinaires, 4 extraordinaires, 2 *privatdocenten*.

IV. Philosophie : 11 professeurs ordinaires, 3 honoraires, 2 extraordinaires, 4 *privatdocenten*, 6 maîtres.

Royaume de Würtemberg.

17° — Université de Tubingen, fondée en 1477, université en 1770 ; 7 facultés, 83 professeurs, 689 étudiants.

I. Théologie évangélique : 6 professeurs ordinaires, 1 extraordinaire, 3 répétiteurs.

II. Théologie catholique : 5 professeurs ordinaires, 1 extraordinaire, 2 répétiteurs.

III. Droit : 6 professeurs ordinaires, 1 extraordinaire.

IV. Médecine : 6 professeurs ordinaires, 2 extraordinaires, 5 *privatdocenten*.

V. Philosophie : 9 professeurs ordinaires, 7 extraordinaires, 2 *privatdocenten*, 1 maître.

VI. Statistique : 4 professeurs ordinaires, 2 extraordinaires, 1 maître.

VII. Sciences naturelles : 9 professeurs ordinaires, 2 extraordinaires, 2 *privatdocenten*, 6 maîtres.

Grand-Duché de Bade.

18° — Université de Fribourg-en-Brisgau, 1537-1697 ; 4 facultés, 48 professeurs, 250 étudiants.

I. Théologie : 7 professeurs ordinaires, 1 *privatdocent*.

II. Droit : 7 professeurs ordinaires.

III. Médecine : 9 professeurs ordinaires, 4 extraordinaires, 2 *privatdocenten*.

IV. Philosophie : 9 professeurs ordinaires, 1 honoraire, 2 extraordinaires, 3 *privatdocenten*, 3 maîtres.

19° — Heidelberg, 1386-1802 : 4 facultés, 110 professeurs, 822 étudiants.

I. Théologie : 4 professeurs ordinaires, 3 extraordinaires, 2 *privatdocenten*.

II. Droit : 6 professeurs ordinaires, 6 extraordinaires, 5 *privatdocenten*.

III. Médecine : 9 professeurs ordinaires, 8 extraordinaires, 5 *privatdocenten*.

IV. Philosophie : 18 proféseurs ordinaires, 11 extraordinaires, 19 *privatdocenten*, 14 maîtres.

Pays allemands de l'Autriche.

4 *universités.*

432 professeurs, 7 035 étudiants.

20° —UNIVERSITÉ DE GRATZ, 1486-1863 ; 4 facultés, 74 professeurs, 911 étudiants.

I. Théologie : 6 professeurs ordinaires, 1 suppléant.

II. Statistique et droit : 8 professeurs ordinaires, 3 extraordinaires, 4 *privatdocenten*.   .

III. Médecine : 9 professeurs ordinaires, 3 extraordinaires, 2 *privatdocenten*, 7 adjoints.

IV. Philosophie : 15 professeurs ordinaires, 4 extraordinaires, 6 *privatdocenten*, 3 adjoints, 3 maîtres.

21° — UNIVERSITÉ DE INNSBRUCK, 1673-1826 ; 4 facultés, 60 professeurs et maîtres, 524 étudiants.

I. Théologie catholique : 9 professeurs ordinaires, 1 extraordinaire.

II. Droit et statistique : 11 professeurs ordinaires, 2 extraordinaires, 1 suppléant, 1 *privatdocent*.

III. Médecine : 9 professeurs ordinaires, 2 extraordinaires, 2 *privatdocenten*.

IV. Philosophie : 16 professeurs ordinaires, 1 extraordinaire, 1 *privatdocent*, 1 adjoint, 3 maîtres.

22° — PRAGUE, 1347 ; 4 facultés, 95 professeurs, 1713 étudiants.

I. Théologie catholique : 5 professeurs ordinaires, 1 extraordinaire, 2 *privatdocenten*.

II. Droit et statistique : 10 professeurs ordinaires, 5 extraordinaires, 3 *privatdocenten*.

III. Médecine : 48 professeurs ordinaires, 8 extraordinaires, 14 *privatdocenten*.

IV. Philosophie : 21 professeurs ordinaires, 6 extraordinaires, 6 maîtres.

23° — UNIVERSITÉ DE VIENNE, 1365-1825 ; 4 facultés, 199 professeurs, 3 887 étudiants.

I. Théologie catholique : 8 professeurs ordinaires, 1 extraordinaire, 1 suppléant, 2 adjoints.

II. Droit : 10 professeurs ordinaires, 5 extraordinaires, 8 *privatdocenten*.

III. Médecine : 16 professeurs ordinaires, 22 extraordinaires, 12 *privatdocenten*.

IV. Philosophie : 29 professeurs ordinaires, 9 extraordinaires, 17 *privatdocenten*, 10 maîtres.

V. Théologie évangélique : 6 professeurs ordinaires.

Suisse allemande.

24° — UNIVERSITÉ DE BERNE, 1834 ; 4 facultés, 70 professeurs, 314 étudiants.

I. Théologie évangélique : 4 professeurs ordinaires, 1 extraordinaire, 2 *privatdocenten*.

II. Droit : 6 professeurs ordinaires, 2 *privatdocenten*.

III. Médecine : 8 professeurs ordinaires, 1 honoraire, 12 *privatdocenten*.

IV. Philosophie :. 9 professeurs ordinaires, 8 extraordinaires, 2 honoraires, 14 *privatdocenten*, 1 maître.

25° — UNIVERSITÉ DE ZURICH (1833); 4 facultés, 75 professeurs, 336 étudiants.

I. Théologie : 6 professeurs ordinaires, 1 extraordinaire, 3 *privatdocenten*.

II. Droit : 8 professeurs ordinaires, 2 *privatdocenten*.

III. Médecine : 9 professeurs ordinaires, 3 extraordinaires, 6 *privatdocenten*.

IV. Philosophie : 7 professeurs ordinaires, 7 extraordinaires, 7 *privatdocenten*.

V. Mathématiques et histoire naturelle : 6 professeurs ordinaires, 2 extraordinaires, 8 *privatdocenten*.

Russie (pays allemands).

26° — DORPAT, 1532-1699-1802; 5 facultés, 61 professeurs, 712 étudiants.

I. Théologie : 4 professeurs ordinaires, 1 extraordinaire, 1 *privatdocent*.

II. Droit : 6 professeurs ordinaires, 1 *privatdocent*.

III. Médecine : 10 professeurs ordinaires, 2 extraordinaires, 5 *privatdocenten*.

IV. Histoire et philologie : 6 professeurs ordinaires, 2 extraordinaires, 2 *privatdocenten*.

V. Physique et mathématiques : 9 professeurs ordinaires, 4 *privatdocenten*, 6 lecteurs, 6 maîtres.

Les 26 universités comptaient, en 1871, 2486 professeurs et 22 237 étudiants.

RÉSUMÉ.

	Universités.	Professeurs et Maîtres.	Étudiants.
Prusse.	9	783	7 420
Bavière..	3	229	2 205
Saxe.	1	136	1 665
Hesse-Darmstadt..	1	55	310
Mecklembourg-Schwerin	1	32	137
Saxe-Cobourg-Gotha..	1	63	402
Wurtemberg.	1	83	689
Bade.	2	158	1 072
Autriche allemande.	4	428	7 033
Suisse allemande..	2	145	650
Russie allemande.	1	64	712
Total.	26	2 173	22 315

CHAPITRE VII

ÉCOLES SPÉCIALES POUR LES ARTS, LE COMMERCE ET L'INDUSTRIE.

Les écoles bourgeoises, les *Realschulen* et les gymnases, ne préparant à aucune profession particulière et donnant une instruction générale, scientifique ou littéraire, sont de véritables établissements d'instruction secondaire. Quant aux universités, c'est encore une instruction générale plus élevée et plus étendue que les jeunes gens viennent y chercher dans les facultés de philosophie correspondant à nos facultés des lettres et des sciences. Celles de droit et de médecine seules préparent par des études spéciales à des professions déterminées.

Le nom d'écoles *spéciales* ou *professionnelles* appartient aussi aux établissements fondés pour les jeunes gens qui se destinent aux arts, à l'industrie, au commerce, à la marine, à la guerre.

L'étude des beaux-arts, musique, peinture,

sculpture, architecture, constitue une des parties
les plus importantes de l'éducation publique, en
raison de l'influence qu'ils exercent sur la moralité,
les idées politiques et les croyances religieuses des
peuples; mais il me serait difficile de faire connaître avec des détails suffisants les établissements
consacrés à leur enseignement théorique ou pratique, sans sortir des limites que j'ai dû me pres-
crire. On a pu voir que le chant et le dessin occupent
dans l'enseignement primaire et secondaire une
grande place. Ces premières études ne sont que la
préparation et le prélude de celles qui se poursuivront
plus tard dans les écoles supérieures. Malgré le soin
avec lequel les maîtres de l'enfance s'attachent à
lui inspirer de bonne heure le goût de la musique,
ce goût ne serait pas une passion universelle, et un
besoin général, le sentiment musical ne serait pas
chez les Allemands une faculté naturelle, se développant sans travail et sans peine, si les germes
jetés dans l'âme de l'enfant n'étaient pas puissamment développés par des institutions spéciales dans
la jeunesse et dans l'âge mûr. Tout concourt à
nourrir et à entretenir ce goût. Partout les gouvernements ont encouragé la formation de ces
utiles sociétés chorales, qui sous les noms de
Liedertafel, de *Liederkranz*, de *Gesang Verein*,
de *Saenger Verein*, se sont multipliées au point que
l'on en compte au moins 1500 en Prusse et dans

les autres États ·d'Allemagne. Partout on chante
avec ardeur, partout on écoute chanter avec dé-
lices. Il y a des concerts qui durent vingt-quatre
heures consécutives, sans que les auditeurs semblent éprouver la moindre fatigue. Quels encouragements ne donne pas cette attention du public
aux compositeurs sûrs de trouver pour leurs œuvres
et de justes appréciateurs et des admirateurs en-
thousiastes! La musique en Allemagne est une
chose sainte, et nulle part les charmes de la mélodie
ou les puissants effets de l'harmonie ne sont employés avec plus de soin à faire pénétrer dans les
âmes les vérités morales et les principes religieux.

Le culte de l'art et l'amour du beau ne reçoivent
pas de moins puissantes excitations, grâce aux collections réunies à grands frais dans les capitales
par les souverains des grands et des petits États.
Les musées de peinture de Berlin, de Munich, de
Dresde et de Vienne ne sont pas les seuls qui offrent
à l'admiration publique les chefs-d'œuvre des grands
maîtres. Des villes d'une moindre importance se
sont fait un honneur de former aussi de belles collections artistiques. La plupart des capitales ont
leurs académies des beaux-arts d'où sortent chaque
année des sujets distingués. L'académie de Munich
a non-seulement des cours de peinture, de sculpture, d'architecture et de gravure, elle a aussi des
maîtres pour l'enseignement de l'histoire de l'art,

de l'anatomie, de la perspective, de la géométrie descriptive, etc. D'ailleurs, parmi les cours nombreux dont se compose l'enseignement des universités, l'esthétique occupe toujours une place considérable. Dans ces cours supérieurs, l'art antique est l'objet d'études savantes, éclairées par l'histoire et la philologie. L'archéologie est depuis Winckelmann un sujet de leçons dans toutes les universités. Elles deviennent l'occasion d'une foule de dissertations de la part des professeurs qui entretiennent des relations intimes avec l'Italie, la Grèce, l'Égypte et l'Orient. Ils connaissent à fond les nombreuses collections d'antiquités dont s'enorgueillissent Mannheim, Bade, Mayence, Wiesbaden, Bonn, Gotha, Weimar, Dessau, etc. — Ils énumèrent et célèbrent avec enthousiasme tous les objets recueillis dans les musées nationaux, sans oublier ceux de Paris, de Londres, de Florence, de Rome, de Naples, et il n'est pas étonnant que la connaissance de l'art antique soit répandue dans les États allemands plus que partout ailleurs.

II

Les écoles dans lesquelles les jeunes gens reçoivent un enseignement spécial pour le commerce, l'industrie et les arts mécaniques sont fort nombreuses en Allemagne. La Prusse n'en possède pas moins de trente, réunissant 3045 élèves avec 193 professeurs. On en compte trente-cinq en Bavière, avec 8100 élèves et 439 professeurs ; le royaume de Saxe en possède quatre, ayant 443 élèves et 47 professeurs ; le duché de Saxe-Cobourg-Gotha, trois, réunissant 272 élèves, avec 21 professeurs; celle de la ville libre de Brême a 236 élèves et 16 professeurs; celle de Hambourg 1000 élèves et 28 professeurs; les pays allemands de l'Autriche enfin, cinq, réunissant 1852 élèves recevant des leçons de 98 professeurs. Toutes ces écoles forment donc un total de 79, fréquentées par 14235 élèves et ayant 795 professeurs.

Au-dessus de ces établissements, il existe, au nombre de 17, de hautes écoles ayant quelque analogie soit avec notre École polytechnique, nom que portent plusieurs d'entre elles, soit avec notre école centrale des arts et manufactures.

Aachen a 253 élèves et 33 professeurs ; Berlin (académie d'architecture), 612 élèves et 29 professeurs ; Berlin (académie de commerce), 600 étudiants, 30 professeurs ; Hanovre (école royale polytechnique), 260 élèves, 26 professeurs; Dresde (*idem*), 320 élèves, 34 professeurs; Darsmtadt (*idem*), 280 élèves, 32 professeurs ; Brunswick (collége Carolin), 200 élèves, 25 professeurs; Brünn (institut technique), 186 élèves, 24 professeurs; Grätz (*idem*), 321 étudiants, 39 professeurs (l'établissement possède une bibliothèque de 66267 volumes); Ofen (école polytechnique),

444 élèves, 26 professeurs; Prague, 892 élèves, 78 professeurs; Munich (école polytechnique), 600 étudiants, 39 professeurs; Stuttgard, 580 étudiants, 56 professeurs; Carlsruhe, 550 élèves, 30 professeurs; Zurich, 867 étudiants,
92 professeurs; Riga, 188 élèves, 25 professeurs; Vienne
(institut polytechnique), 740 étudiants, 74 professeurs: ce
qui donne, pour les dix-sept écoles supérieures spéciales,
7993 élèves et 692 professeurs.

Habituée à donner à ses institutions une organisation régulière formant un ensemble savam-
ment coordonné, la Prusse a suivi pour ses écoles
industrielles et commerciales un plan qui consiste
à les répartir dans chacune de ses provinces en les
rattachant néanmoins à un centre commun, c'est-à-
dire à un institut supérieur, ayant son siége à Berlin. Cet institut industriel central est pour les écoles
commerciales ce qu'est l'université aux gymnases
qui y préparent Chaque cercle a donc son école
préparatoire (*provinzial - gewerbe - schule*). De
chacune d'elles sort tous les ans un élève admis
après examen à l'établissement central. Il y reste
jusqu'à l'âge de 18 à 20 ans. Celui qui a satisfait
aux conditions de l'examen d'entrée reçoit du gouvernement une bourse annuelle de 300 thalers
(1125 francs) pendant tout le temps que dure son
cours d'études. Cette bourse sert à son entretien
comme externe, car l'institut n'a pas de pensionnat.

L'école forme deux divisions : les élèves de la

première répètent d'abord ce qu'ils ont pu apprendre dans l'école préparatoire ; puis ils passent à l'étude plus sérieuse de la physique et de la chimie. Une fois entrés dans la section supérieure, ils se livrent surtout à la pratique, tout en continuant à étudier les théories des constructions, des machines surtout, pour lesquelles le pays fait les plus grands sacrifices. On achète pour l'établissement, sur les fonds généraux accordés au commerce, à l'industrie et aux travaux publics, tous les instruments de travail jugés nécessaires et principalement les machines que l'on fait venir d'Angleterre, de France et d'Amérique. Dès qu'elles arrivent, elles sont dessinées, puis copiées ou imitées en nature et enfin données gratuitement à ceux des fabricants dont l'État veut encourager les entreprises.

Cette école ne ressemble ni à notre Conservatoire, ni à notre École centrale des arts et manufactures. Elle donne une éducation toute pratique et immédiatement applicable ; elle est instituée surtout pour les enfants appartenant aux classes ouvrières. C'est à proprement parler une école d'apprentissage d'un ordre élevé, établie sur une large échelle. Elle forme non des ingénieurs, mais des artisans et de véritables chefs d'établissements industriels. La section supérieure forme deux classes, selon les professions auxquelles se destinent les élèves. Dans la première sont les tourneurs, les ébénistes, les ouvriers en fer; dans la seconde, les tailleurs de pierre, les graveurs, les lapidaires, les fondeurs, les teinturiers, les fabricants de produits chimiques, les constructeurs de machines et les mécaniciens. L'établissement a donc des ateliers, deux pour les grands travaux, l'autre pour les moindres, des laboratoires de chimie, des machines à vapeur, etc.

La Saxe, qui a devancé la Prusse dans les développements de son industrie, a depuis longtemps de nombreuses écoles d'arts et métiers. Chemnitz, Zittau, Plaüen ont des écoles dans lesquelles les élèves sont préparés pour l'institut supérieur technique de Dresde.

Au nombre des écoles spéciales figurent les instituts agronomiques, les écoles d'agriculture, d'horticulture, les écoles forestières que l'Allemagne possède en assez grand nombre et dont l'organisation n'est pas moins remarquable que celle de ses autres établissements techniques. Parmi les écoles consacrées à l'étude et à la pratique de l'agriculture, on peut citer avec honneur celle de Möglin dans la province de Postdam, d'Eldena, de Hohenheim dans le Würtemberg; et parmi les écoles forestières, celles de Neustadt en Prusse, de Tharand dans la Saxe, de Hanovre, de Brunswick, de Giessen, de Carlsruhe, etc. Les villes de Berlin et de Dresde ont aussi des écoles vétérinaires renommées. Il suffira de connaître les principaux

établissements préparant aux carrières professionnelles pour avoir une idée de l'organisation qu'ont
reçue en Allemagne la plupart des institutions de
ce genre.

III

École industrielle de Barmen.

Une des meilleures écoles industrielles ou de perfectionnement pour les ouvriers est en Prusse : celle
de Barmen.

Cette ville qui, réunie à celle d'Elberfeld, compte
aujourd'hui 100,000 habitants, occupe une vallée
couverte de métiers et d'ateliers où les ouvriers
jouissent de la plus grande liberté, trouvent à leur
portée tous les moyens d'instruction, des écoles de
toutes sortes, caisse d'épargne, secours mutuels,
pensions de retraite, etc. Dans l'année 1851, le
conseil municipal, ayant demandé au ministre l'autorisation de créer une école technique, en obtint la
permission. Mais le gouvernement refusa de lui accorder aucun subside. L'institution fut donc établie
aux frais de la commune, qui voulut lui donner une
organisation analogue à celle des écoles techniques
les plus florissantes du Würtemberg, de la Bavière
et surtout de la Suisse. Elle se compose de deux di-

visions dont l'inférieure est spécialement destinée
aux ouvriers, et dont la supérieure prépare à l'Institut royal des arts et métiers. On y enseigne l'arithmétique, l'algèbre, la géométrie, la chimie, la physique, l'allemand, le français, l'écriture, le dessin,
a trigonométrie, la stéréotomie et l'architecture.
Un soin tout particulier est donné à l'étude du dessin. Pour les élèves qui dessinent d'après la bosse,
chacun d'eux est renfermé dans une petite cellule
rectangulaire dont une fenêtre ferme un des deux
côtés et dont les trois autres sont clos par des draperies de couleur vert foncé. Le modèle en plâtre,
placé devant une de ces draperies, se dessine très-nettement sur un fond doux à l'œil et les élèves
peuvent, en faisant glisser les draperies sur les tringles qui les supportent, faire varier à leur fantaisie
la position de l'ombre sur le sujet qu'ils ont à reproduire[1].

A peine établie, l'école avait vu accourir d'Elberfeld un si grand nombre d'ouvriers qu'il fut nécessaire de l'agrandir, ce qui nécessita de la part du
conseil municipal, toujours généreux, une nouvelle
allocation de 600,000 francs. Ce sont les administrations municipales qui presque partout ont fondé
les écoles professionnelles. La ville de Berlin en a
trois qui comptent 13 à 1,400 élèves. Les cours

---

1. Baudouin, ouvrage cité, p. 170.

ont lieu le dimanche, de huit heures du matin à une
heure du soir. Les ouvriers payent environ 15 centimes par séance. Les leçons sont gratuites pour les
apprentis.

Écoles supérieures de Stuttgard.

La ville de Stuttgard, dont le gymnase jouit d'une
grande réputation et possède une riche collection
d'instruments de physique et de mathématiques, se
distingue surtout par ses écoles préparatoires aux
arts techniques, son école supérieure de commerce,
son école d'architecture et son école polytechnique. Tous ces établissements sont parfaitement organisés et pourvus abondamment de tous les instruments de travail. Quant à l'enseignement, il ne
diffère pas de celui des établissements du même
genre existant en Allemagne pour les jeunes gens
appelés à occuper des positions élevées dans les arts,
le commerce et l'industrie. On a vu précédemment,
d'ailleurs, combien le royaume de Würtemberg attache de prix à ses établissements d'instruction publique de tous les degrés. Il en a offert une preuve
dans l'exposition générale de dessin, de travaux de
modelage et d'écriture des écoles communales et
privées, qui a eu lieu le 10 août 1872, à Stuttgard.

A cette exposition ont pris part : 400 écoles wür-
tembergeoises, dont 118 écoles professionnelles

supérieures, 79 *realschulen*, 78 gymnases, 91 écoles
du peuple, 4 séminaires formant des instituteurs,
3 écoles agricoles, ainsi que 9 établissements dans
lesquels on enseigne les humanités, dirigés par la
commission d'instruction et par des particuliers, et
10 écoles supérieures de filles. Tous ces travaux,
faits en grande partie par des élèves appartenant à
des écoles d'instruction moyenne ou strictement
primaire, quelques-uns par de simples apprentis,
ont été fort remarquables et ont obtenu un véritable
succès.

École commerciale de Leipzig.

L'école commerciale de Leipzig a été fondée, en
1830, par la Chambre de commerce, pour recevoir :
1° les apprentis qui, déjà employés dans les maisons de commerce, ne peuvent consacrer à leur
instruction que peu d'heures chaque jour ; 2° les
jeunes gens qui ne sont attachés à aucune maison
et qui peuvent, avant de s'engager dans le commerce, suivre les cours de l'école pendant trois années consécutives. Le comité préposé à l'établissement reçoit des jeunes gens de toutes les nations
sans distinction de religion. Ils doivent avoir plus de
14 ans et moins de 16, et prouver par les résultats
des examens d'admission qu'ils sont suffisamment
préparés pour suivre les cours. L'école n'a pas d'in-

ternes; les élèves sont donc placés comme pensionnaires chez des professeurs ou dans des familles honorables et sûres, désignées par le directeur. Ceux de la première classe seulement obtiennent la permission de fumer, en produisant une autorisation écrite de leur père ou de leur mère; mais, en aucun cas, même avec cette autorisation, ils ne peuvent fumer dans les rues et dans les promenades publiques de la ville. « Il est permis de douter, dit M. Baudouin, auquel j'emprunte ces détails, que cette défense soit strictement observée. »

Ils ne peuvent prendre de leçons d'équitation sans la permission du directeur, même quand ils ont été autorisés à aller au manége. Ils ne doivent pas parcourir à cheval les rues ou les promenades de la ville. Il leur est sévèrement défendu de fréquenter les établissements publics de danse et d'aller jouer au billard dans les cafés de la ville. Les théâtres et les concerts d'abonnement sont permis une fois par mois seulement; mais les bals masqués et les théâtres de famille sont absolument interdits. Le comité délégué par la Chambre de commerce charge un inspecteur spécial, choisi parmi les professeurs de l'école, de veiller à ce que toutes ces prescriptions soient fidèlement observées. Cet inspecteur doit aller visiter de temps en temps les élèves à domicile, faire l'inspection de leurs livres, de leurs cahiers, de leurs effets et prendre des ren-

seignements auprès des personnes qui les ont en
pension, sur leur conduite et la nature des sociétés
qu'ils fréquentent. Cet inspecteur tient un journal
particulier sur lequel il consigne ses observations,
et il fait chaque semaine son rapport au directeur
de l'école.

Cette surveillance si minutieuse, cette sorte d'in-
quisition journalière est entièrement contraire aux
usages observés ailleurs, et forme un frappant contraste avec la liberté dont jouissent les élèves et les
étudiants dans la plupart des villes d'Allemagne.

Le cours des apprentis renferme trois classes
comprenant cinq années d'études. Le cours supérieur
se subdivise en trois classes, et chaque classe dure
un an. Elles comprennent les langues allemande,
anglaise, française et italienne ; la cosmographie, la
géographie physique, politique et commerciale ; la
statistique commerciale ; l'histoire générale, la physique, la chimie et la technologie ; les sciences commerciales, théoriques et pratiques, telles que l'a-
rithmétique commerciale, la tenue des livres ; la
correspondance dans les quatre langues enseignées,
la législation commerciale, le droit maritime, l'économie politique, la calligraphie et le dessin.

Cet établissement n'a pas eu tout le succès que
l'on pouvait attendre des dispositions prises pour
donner aux élèves une instruction si étendue. Il
avait l'inconvénient de n'être ni une école élémen-

taire de commerce, ni une école polytechnique supérieure. Les chefs de maison ne trouvent pas chez les
jeunes gens sortis de cet établissement cette simplicité, cette docilité et ce désir d'apprendre qui carac-
térisent les élèves des *Realschulen*. Ceux-ci, sortis
de ces écoles avec des connaissances générales, qui
les rendent aptes à saisir promptement la théorie
des affaires, adoptent sans résistance les traditions
de la maison qui les reçoit. Ceux qui ont passé plusieurs années à l'école de commerce de Leipzig, où
on leur a donné un enseignement trop savant, arrivent avec des habitudes déjà prises, des systèmes
personnels, des opinions économiques arrêtées
qui ne s'accordent pas toujours avec les traditions
de la maison où ils sont employés.

L'Académie pour le commerce et l'industrie fondée, comme l'école de Leipzig, par la Chambre de
commerce de Francfort, a reçu une organisation
analogue. Il en est de même de l'école de commerce
de Vienne établie, en 1857, au moyen d'une sous-
cription.

IV

Écoles d'arts et métiers, Écoles polytechniques, Université technique, en Bavière.

L'instruction donnée dans les écoles d'arts et métiers a été préparée par celle qu'ont reçue les élèves

dans les écoles élémentaires, et spécialement par l'étude du dessin, du dessin linéaire et du dessin d'ornement. Il faut y joindre les connaissances usuelles qu'ils y ont acquises et l'usage des *Jardins d'école*, que l'on cherche à établir dans tous les établissements intermédiaires. Les écoles d'arts et métiers se partagent en deux branches : les écoles industrielles et les écoles rurales; le dessin répond aux besoins des premières, et les jardins à ceux des secondes. L'enseignement comprend l'arithmétique supérieure, le dessin géométrique et au compas, le tracé des ornements et contours, les éléments de l'histoire naturelle; puis vient l'étude du dessin architectural, le dessin ordinaire, les exercices de style, la tenue des livres, et, suivant la profession que doit adopter l'élève, les notions les plus nécessaires de la chimie.

Il n'est question dans ce programme ni de la religion, ni de l'histoire, ni de la géographie, ni de la grammaire, ni des langues vivantes; la loi bavaroise, reconnaissant l'importance de ces enseignements, envoie les élèves dans les écoles du dimanche ou dans les gymnases, où ils peuvent recevoir ces différents genres d'instruction. Ce passage continuel de l'élève des arts et métiers dans les cours du dimanche ou dans les gymnases offre d'assez graves inconvénients; mais la loi tient à ce que les écoles d'arts et métiers soient des écoles purement industrielles. Comme cependant le législateur a compris qu'avant d'être artisans, commerçants, manufacturiers, les élèves sont des hommes, et qu'à ce titre ils ont besoin d'une instruction générale, il faut bien qu'ils aillent chercher ailleurs cette instruction que ne leur donne pas l'établissement. J'en conclus que c'est toujours à tort que l'on commence trop tôt pour les jeunes gens l'enseignement spécial; il devrait faire suite à l'enseignement des *Realschulen* et des gymnases, parce qu'alors les élèves auraient reçu cette instruction générale qui est indispensable à toutes les carrières, et qu'ils pourraient alors suivre avec plus de fruit les cours dont se compose un véritable enseignement professionnel. L'école d'arts et métiers de chaque cercle doit avoir une chaire d'agriculture ; les professeurs qui en enseignent la théorie doivent en connaître la pratique. Les jardins d'école peuvent servir aux études d'horticulture ; mais l'agriculture, pour être étudiée sérieusement, a besoin d'être pratiquée en grand. Les élèves qui s'y destinent visitent donc, sous la direction de leurs maîtres, de grandes fermes, comme les élèves qui se destinent à l'industrie visitent les grandes manufactures. C'est seulement ainsi que l'agriculture et l'industrie leur apparaissent, non pas sous leur forme scientifique, mais sous une forme vivante et animée, sous celle qui frappe le plus vivement les yeux et l'imagination. Les élèves, d'après le règlement, doivent suivre les exercices les plus importants de l'agriculture, voir les semailles, la moisson, le battage du grain, le soin des troupeaux, les bergeries, la manière de faire le beurre, le fromage, les différents emplois du lait, et tout ce qui a rapport à la conservation des produits de la terre, les outils du labourage et la façon de s'en servir. Plusieurs propriétaires et plusieurs manufacturiers ouvrent aux élèves leurs fermes et leurs usines, et le gouvernement publie les noms des personnes qui donnent un exemple qu'il est désirable de voir généralement suivi.

Ce n'est ni dans les écoles primaires, ni dans nos collèges d'enseignement secondaire spécial, qu'il me semble convenable d'enseigner ou de faire pratiquer l'agriculture. Les élèves qui y sont admis ont besoin, avant tout, d'une éducation générale, et ils ont assez à faire que d'étudier l'arithmétique, la géométrie, la physique, la chimie, l'histoire naturelle, l'histoire, la géographie et les langues. C'est un faux point de vue, à mon sens, que de considérer ces établissements comme des écoles *professionnelles*. Qu'on laisse donc aux enfants tout le temps nécessaire pour que leur intelligence se développe et pour qu'ils acquièrent cette foule de connaissances dont ils trouveront l'application dans toutes les conditions que leur réserve l'avenir. Quand cette éducation secondaire sera terminée, que l'on orga-

nise pour eux des écoles industrielles, commerciales, agricoles et manufacturières. Ne mettons ni
dans l'école primaire, ni dans l'école secondaire,
l'agriculture et la manufacture, c'est-à-dire l'enseignement *spécial;* ne songeons, en un mot, à ouvrir
les écoles spéciales et professionnelles qu'aux jeunes gens et aux jeunes filles ayant, à 15 ou 16 ans,
terminé les études qui constituent une bonne et solide éducation préparatoire. On a été trop préoccupé, dans le plan d'études de nos écoles d'enseignement secondaire spécial, du point de vue de
l'utilité pratique ; on a été jusqu'à proposer pour
des élèves de 10 à 12 ans, dans chacune de ces écoles, un enseignement spécial plus ou moins conforme aux habitudes industrielles ou manufacturières des pays où ils font leurs études. Les **Realschulen** d'Allemagne n'ont pas toujours échappé à
cette fâcheuse préoccupation. Les meilleures sont
celles qui se distinguent par un enseignement bien
entendu des écoles spéciales de commerce, d'industrie et d'agriculture.

C'est dans l'intérêt de l'agriculture et des futurs
agriculteurs que je présente ces observations ; et
c'est pour que les écoles d'arts et métiers et d'agriculture aient plus d'importance que j'insiste pour
qu'on fasse d'elles des établissements séparés, distincts, et ne se confondant point avec d'autres. Il
est de la plus haute importance d'encourager l'agri-

culture et d'en inspirer le goût. Qu'y a-t-il de mieux pour en faire connaître le prix que d'en faire une branche toute particulière d'enseignement? Sans doute, il est nécessaire que l'enfant du fermier sache dès son bas âge combien la profession d'agriculteur mérite d'être honorée; mais il sera encore plus disposé à s'y livrer lorsque l'éducation qu'il aura reçue lui aura montré que c'est là que se font les fortunes, parce que c'est là qu'est le travail et l'économie, et c'est ce qu'il apprendra beaucoup mieux encore dans les établissements où on lui fournira les moyens d'en tirer par son savoir les résultats les plus certains.

Après les écoles d'agriculture et d'arts et métiers se placent, dans l'ordre d'importance, les écoles polytechniques. Dans celles de Bavière, comme dans celles des autres pays allemands, l'enseignement commence par le dessin supérieur, c'est-à-dire le dessin architectural, géométrique et de perspective, les mathématiques, la géométrie descriptive, la physique expérimentale et les éléments de l'architecture civile; il se termine par le dessin des machines et de l'architecture proprement dite, les mathématiques, la théorie des machines, la chimie pratique, le moulage, les notions les plus importantes de la science des ponts et chaussées. Il y a trois grandes écoles polytechniques : à Munich, à Nuremberg et à Augsbourg. A Munich, on s'occupe principalement de l'architecture et de ce qui a rapport aux beaux-arts ; à Nuremberg, de la métallurgie, de la ciselure et des arts analogues ; à Augsbourg, de la fabrication des étoffes de laine et de coton, de l'art de la teinture dans toutes ses variétés. Pour être admis à l'École polytechnique, il faut avoir quinze ans accomplis, et avoir fréquenté avec succès les écoles d'arts et métiers.

Les jeunes gens qui se destinent à l'agriculture et qui, après avoir terminé leur cours d'études dans l'école d'arts et métiers, voudraient se perfectionner dans la dynamique, la chimie, la mécanique et la connaissance des marchandises, sont admis dans les écoles polytechniques de Nuremberg et d'Augsbourg.

Les cours de l'École d'arts et métiers sont de trois ans. Il en est de même pour ceux de l'École polytechnique.

Pour couronner cet enseignement, la Bavière a créé, sous le nom de *Technische Hochschull*, une université technique qui répond à notre Faculté des sciences. Seulement elle comprend un plus grand nombre de cours et surtout des cours spéciaux, et, pour en avoir l'équivalent, il faudrait joindre à notre Faculté des sciences notre Conservatoire des arts et métiers. C'est de cette université technique que sortent les ingénieurs, les employés des travaux publics, les conservateurs des eaux et forêts, et l'élite des hauts industriels et des grands agriculteurs.

Elle se compose des cours suivants : science forestière, mécanique supérieure, ponts et chaussées, hydraulique, technologie des arts chimiques et des arts mécaniques, économie rurale, pharmacie, économie politique, science des mines, police et législation de la police. Il faut y joindre les cours accessoires : physique, mathématiques, géographie et ethnographie universelle, histoire naturelle générale, zoologie, botanique générale, botanique forestière, minéralogie, histoire universelle, histoire spéciale, logique, métaphysique, éléments du droit, législation politique et civile de la Bavière.

Peuvent être admis dans l'Université technique : 1° les jeunes gens ayant fait des études spéciales et désirant compléter ces études, tels que les élèves en pharmacie; 2° les élèves de l'Académie des beaux-arts; 3° les élèves architectes qui, sans être élèves ordinaires de l'Académie des beaux-arts, en ont suivi les cours; 4° les élèves forestiers; 5° les élèves sortis de la classe supérieure des écoles polytechniques avec la note *très-bien*.

V

École polytechnique et École d'agriculture de Vienne.

L'École polytechnique de Vienne a été fondée
pour l'enseignement des arts mécaniques, le progrès des manufactures et le développement de l'industrie nationale. Après avoir suivi jusqu'à l'âge
de 16 ans les cours de l'école préparatoire, les élèves
entrent, ou dans la division *industrielle*, ou dans la
division *commerciale*. On enseigne dans la première : d'abord la chimie générale, puis la chimie
industrielle. Les expériences faites dans le laboratoire ont surtout pour objet la fermentation du vin
et de la bière, les eaux-de-vie, le vinaigre, la fabrique du savon, la teinture, l'impression sur les étoffes. Les autres parties de l'enseignement sont la
physique, les mathématiques supérieures, la géométrie descriptive, la trigonométrie rectiligne et
sphérique, les sections coniques, le calcul différentiel et intégral, l'architecture civile et hydraulique,
le dessin, la technologie, les principes qui régissent
les principaux arts et métiers. Il va sans dire que,
pour un si vaste ensemble d'études, l'établissement
possède de riches collections, de machines, de produits chimiques, de modèles en tout genre, une

bibliothèque riche en ouvrages relatifs à l'industrie et au commerce.

La section commerciale n'a pas un programme moins étendu : la correspondance commerciale, la théorie, la législation, l'histoire du commerce et des échanges, la connaissance des différentes espèces de marchandises.

Les élèves, après avoir subi des examens sur toutes les matières enseignées dans les cours, reçoivent un certificat d'aptitude qui leur ouvre l'accès aux emplois publics exigeant les connaissances dont ils sont pourvus.

L'institution polytechnique publie une revue qui, sous le nom d'*Annales*, fait connaître les progrès de l'industrie et de l'agriculture, et l'état des sciences dans les écoles et dans l'empire.

Le gouvernement est convaincu que le plus haut degré de perfectionnement dans l'étude de l'agriculture ne peut être atteint, dans une école, que par l'établissement des bases scientifiques les plus larges et les plus solides. La nouvelle institution est donc un établissement purement scientifique. Elle comprend deux sections : celle d'agriculture et celle des sciences forestières, l'une et l'autre divisées en trois parties, *élémentaire, spéciale* et *auxiliaire*. Les deux sections sont réunies sous une seule direction. Les cours des deux sections sont combinés avec des travaux dans les différents laboratoires, des visites dans les musées et des excursions aux fermes modèles et aux chasses et forêts de l'État.

La haute école d'agriculture accorde la liberté d'enseignement la plus complète aux professeurs aussi bien qu'aux étudiants. Ces derniers ont le droit de choisir ce qui leur convient. Mais un plan d'études spécial, organisé en vue d'une durée d'études de trois ans, est composé par le conseil des professeurs de chaque section. Ce plan est recommandé aux étudiants, sans toutefois qu'ils soient astreints à l'accepter.

Pour l'admission en qualité d'étudiant régulier, le diplôme *de maturité* délivré par un gymnase supérieur ou par une *Realschule* supérieure est exigé. Sans la possession de ce diplôme, personne n'est reçu qu'à titre d'étudiant *irrégulier* et seulement à l'âge de dix-huit ans. Les étudiants *réguliers*, aussi bien que ceux qui ne le sont pas, sont immatriculés. Les premiers ont le droit de se faire examiner sur les matières qu'ils ont étudiées; sur leur demande, un certificat leur est délivré, constatant le résultat des épreuves subies.

Les deux catégories d'étudiants payent une certaine somme pour l'immatriculation et pour l'assistance aux cours; mais l'exemption du payement de cette somme est accordée dans certains cas et sous certaines conditions: elle ne peut être obtenue que par des étudiants réguliers.

Des brevets d'aptitude aux fonctions agricoles ou forestières ne sont délivrés qu'aux étudiants réguliers qui, à cet effet, ont à subir un examen sérieux sur toutes les catégories des cours de chaque section.

La commission d'examen est nommée par le ministre. Les cours sont faits par des professeurs titulaires, des professeurs supplémentaires, les uns et les autres nommés par l'empereur sur la proposition du ministre ; par des professeurs agrégés nommés par le ministre, et des agrégés libres. Ces professeurs peuvent avoir des adjoints et des assistants nommés par le conseil des professeurs et agrégés, et par le ministre. Les agrégés libres sont admis pour toutes les matières de nature à avancer les travaux de l'école. Les professeurs titulaires sont placés, pour le rang et les conditions du service, sur le pied de parfaite égalité avec les professeurs de l'Institut polytechnique ; ils touchent annuellement, pendant les cinq premières années, un salaire de 2,500 florins, augmenté tous les cinq ans de 200 florins, plus 300 florins à titre d'indemnité de logement.

La direction de chaque section est confiée au conseil des professeurs. A leur tête est placé le doyen, élu parmi eux tous les ans, et touchant en cette qualité un supplément de 300 florins.

La direction générale de la haute école est attri-

buée au conseil réuni des professeurs des deux
sections, sous la présidence du recteur choisi parmi
eux annuellement, et touchant un supplément de
600 florins.

Le conseil réuni des professeurs décide sur l'admissibilité des agrégés libres. A cet effet, les candidats ont à produire leur diplôme de docteur, un
curriculum vitæ, le programme des conférences
faites par eux, et un ouvrage traitant un sujet en
rapport avec leurs études académiques.

Ils soutiennent, en outre, une thèse scientifique
(*colloquium*) et font une conférence d'épreuve. Ils
peuvent être dispensés de l'une ou de l'autre de ces
conditions, s'ils ont déjà obtenu une certaine notoriété. Après leur admission officielle, ils ont le droit
de demander des honoraires aux étudiants qui
assistent à leurs conférences, d'attester la présence
régulière des auditeurs dans les cours, et de leur
délivrer des certificats privés. Dans le conseil des
professeurs, ils sont représentés par un délégué
élu parmi eux, et ayant, en cette qualité, voix dé-
libérative.

On voit que les conditions d'admissibilité des
agrégés libres sont, dans la haute école d'agriculture de Vienne, les mêmes que dans toutes les universités de l'Allemagne à l'égard de cette catégorie
de professeurs de facultés. Quant aux professeurs
honoraires, ils sont nommés par l'État pour **toutes**

les chaires qui ne sont occupées ni par les professeurs titulaires ou supplémentaires, ni par les agrégés libres. Ils reçoivent de l'État un traitement fixe
et doivent avoir satisfait antérieurement à toutes les
conditions d'admissibilité exigées des agrégés
libres ; cependant des hommes spéciaux peuvent
être nommés en certains cas, sans avoir rempli ces
conditions ; mais les compétiteurs réguliers, s'il y
en a, leur sont toujours préférés. Les professeurs
agrégés ont, comme les agrégés libres, voix délibé-
rative dans le conseil général des professeurs.

VI

Académie Thérésienne, à Vienne.
École d'administration.

L'impératrice Marie-Thérèse a fondé, en 1746,
pour l'éducation de la jeune noblesse, un collége
qui porte le nom d'*Académie Thérésienne.* Elle voulait former un corps de fonctionnaires supérieurs
distingués, instruits de manière à rendre des services utiles au souverain et à l'État. La direction en
fut confiée aux Jésuites. Fermée par l'empereur Jo-
seph II, cette école fut rétablie par l'empereur Fran-
çois qui la remit entre les mains des Piéristes. Mais,
depuis 1849, l'enseignement et la surveillance en
sont confiés à des séculiers, jugés, avec raison, plus

aptes que les ecclésiastiques à former des administrateurs.

L'Académie Thérésienne comprend une école préparatoire, un gymnase et un pensionnat d'élèves en droit. La durée des études est de douze années. Dans le gymnase, les études ordinaires comprennent : la religion, le latin, le grec, l'allemand, l'histoire, la géographie, les mathématiques et la philosophie ; les études extraordinaires : les langues bohémienne, hongroise, polonaise, croate, française, italienne, anglaise ; la sténographie, le dessin, la danse, la gymnastique, l'escrime, la natation, l'équitation, la calligraphie et le chant. C'est un gymnase véritablement polyglotte, puisque les élèves apprennent dix langues étrangères.

L'établissement possède un riche muséum, une bibliothèque considérable, de grandes collections d'histoire naturelle, des échantillons de minéraux et de produits industriels tirés de différentes contrées, un grand jardin botanique, une pépinière pour l'étude des essences forestières, des modèles de mécanique, un cabinet de physique complet, un laboratoire de chimie, etc.

C'est pendant les quatre dernières années que les jeunes gens se préparent aux fonctions élevées de l'administration. Ils étudient, dans la première année, l'histoire de l'empire d'Allemagne et du droit allemand, l'histoire d'Autriche, la philosophie politique universelle, les Institutes de Justinien et l'histoire du Droit romain ; dans la seconde : la procédure civile romaine, les pandectes, le droit allemand général, le droit canonique, le droit philosophique ; dans la troisième et la quatrième : le droit civil et le droit pénal autrichien, les sciences pratiques, le droit commercial et la statistique de l'Autriche. Outre ces études qui sont obligatoires, les élèves peuvent encore étudier le droit des gens, la législation de l'Allemagne, le code des mines, le droit féodal autrichien, l'économie politique, les doctrines de l'administration autrichienne, la médecine légale et quelques points particuliers d'histoire.

Chaque étudiant doit, à son entrée, faire connaître le genre d'emploi ou la partie des services publics auxquels il se destine, lorsqu'il est admis dans l'établissement. Il reçoit une indemnité annuelle de 300 florins.

Jusqu'en 1849, les nobles seuls étaient admis à l'Académie Thérésienne ; aujourd'hui elle est ouverte à tous. Le gouvernement autrichien, tout en accordant aux grands noms les fonctions auxquelles la fortune et l'éducation leur donnent droit, prend aussi dans les rangs ordinaires de la société des administrateurs spéciaux auxquels il confie des positions importantes et quelquefois des postes difficiles.

Les écrivains qui se sont occupés de l'Académie Thérésienne, tout en reconnaissant l'utilité d'une semblable institution pour donner à l'administration des sujets bien préparés, y avaient signalé un vice d'organisation qui en paralysait les bons effets. Elle avait été primitivement conçue au point de vue d'une aristocratie nobiliaire chez laquelle le genre d'éducation adopté tendait à entretenir un esprit d'orgueil, un attachement aux préjugés gothiques, et une admiration de l'autorité absolue des princes, qui ne sont plus heureusement de notre temps. L'admission de jeunes gens appartenant à toutes les classes de la société a fait disparaître, sans doute, ces fâcheuses tendances que favorisait, sous l'influence des Jésuites et des Piéristes, une discipline tyrannique et tracassière, inquisitoriale, fondée sur l'espionnage et rendant impossibles les rapports affectueux, la confiance et la sincérité qui existent naturellement parmi les jeunes gens appelés à partager les mêmes études et à vivre sous le même toit pendant de longues années.

Nous n'avons pas, en France, d'école officielle et spéciale, destinée à former des sujets pour les fonctions élevées de l'administration. L'essai fait en 1849 a été promptement abandonné. Les élèves qui suivent les cours des écoles de Droit peuvent y puiser les diverses connaissances qu'embrasse le programme de l'Académie Thérésienne.

On a plus d'une fois, cependant, émis le vœu de voir s'établir une école spéciale d'administration, dont les cours seraient organisés de manière à ce que les jeunes gens qui auraient subi avec succès l'examen de sortie présentassent les garanties de capacité et d'aptitude que l'on devrait exiger des candidats aux fonctions administratives.

École industrielle et Polytechnicum de Zurich.

L'exposé des différents établissements d'instruction publique dans les divers cantons de la Suisse, que l'on peut lire dans le rapport de M. Baudouin, prouve que ce pays ne le cède en rien, à ce point de vue, aux États les plus florissants de l'Allemagne. La ville de Zurich, en particulier, est depuis longtemps en possession d'une renommée dont elle se rend de plus en plus digne par la savante et harmonieuse organisation de ses écoles de tous les degrés. Je n'ai à mentionner ici que son école industrielle et son *Polytechnicum*.

L'école industrielle comprend deux divisions : l'école inférieure et l'école supérieure. Celle-ci se subdivise elle-même en cours de mécanique, de chimie, de commerce. Le recteur de l'école est un de ses professeurs, que le conseil cantonal choisit au scrutin secret. Chaque mois, tous les professeurs, ses collègues, se réunissent sous sa présidence pour examiner les questions qui intéressent la direction et les besoins de l'école. L'administration de l'établissement est, en outre, surveillée, comme celle de tous les établissements d'instruction publique, par une Commission de neuf membres, élus par les habitants du canton.

Le gouvernement attache une grande importance aux leçons de gymnastique. Afin d'avoir de bons maîtres, il choisit des jeunes gens bien faits, intelligents, annonçant d'heureuses dispositions pour les exercices du corps, et les envoie étudier à ses frais, pendant quelques années, dans le grand établissement de Dresde.

Presque tous les établissements d'éducation supérieure, en Suisse, sont organisés militairement en compagnies d'infanterie. Depuis l'âge de onze ans, tous les enfants ont leurs heures d'exercices militaires et revêtent l'uniforme comme s'ils faisaient partie de l'armée. D'anciens militaires consacrent les loisirs de la retraite à leur instruction.

Chaque année, les compagnies d'infanterie et d'artillerie se réunissent près d'une ville désignée d'avance pour les grandes manœuvres, qui sont commandées ordinairement par un officier supérieur.

Pendant les exercices, les enfants-soldats sont hébergés par les habitants des villes. Après les manœuvres, le directeur des armes (ministre de la guerre) peut, sur la proposition de l'instructeur général, porter à l'ordre du jour ceux qui se sont distingués pendant les exercices. C'est ainsi que les jeunes Suisses s'habituent au métier des armes, se familiarisent avec l'idée de la mort sur le champ de bataille, et se plient de bonne heure aux devoirs de la discipline. L'introduction des exercices militaires dans tous nos établissements d'instruction publique produira les mêmes résultats.

Les élèves de la division supérieure reçoivent un enseignement qui comprend la religion, les langues allemande, française, anglaise et italienne, l'histoire universelle des peuples, l'histoire particulière de la Suisse, la géographie, l'algèbre complète, la trigonométrie, la géométrie analytique, la mécanique, la géométrie descriptive, la théorie des ombres, la perspective, l'arithmétique commerciale, la science du commerce, la technologie mécanique, la théorie des banques, l'économie politique, la théorie des lettres de change, la législation des divers pays, la tenue des livres, le dessin linéaire et artistique, le travail des bureaux, la connaissance des marchandises, l'histoire naturelle, la statistique du commerce, la physique, la chimie et la technologie chimique, la calligraphie, le chant, la gymnastique et l'escrime.

Les cours de cette division supérieure sont répar-

tis en trois années, espace bien court si tous les
élèves étaient obligés de parcourir toutes les branches de cet enseignement encyclopédique. Mais
ils jouissent de cette liberté des études que les
Allemands désignent sous le nom de *Lernfreiheit*,
c'est-à-dire qu'ils peuvent choisir parmi les cours
de l'école ceux dont les sujets conviennent le
mieux à leurs goûts, à leurs dispositions et à leurs
projets d'avenir.

L'école polytechnique (*Polytechnicum*) de Zurich, créée par le Conseil fédéral en 1854, a pour
but de former des ingénieurs civils, d'enseigner les
sciences d'application, et enfin d'alimenter le personnel de tous les établissements d'enseignement
technique. Elle forme en quelque sorte deux écoles
supérieures distinctes : une université et une école
polytechnique. La première est organisée comme
la plupart des universités d'Allemagne. La seconde
comprend six divisions : l'école des constructeurs,
l'école du génie civil, l'école de mécanique, l'école
de chimie, l'école des forestiers et une école supérieure des sciences naturelles et mathématiques,
des sciences littéraires et des sciences morales et
politiques. Le gouvernement fédéral, jaloux d'élever
aussi haut que possible l'enseignement de cette
magnifique institution, a soin d'y appeler les savants les plus célèbres de toutes les parties de l'Europe. Il y a plus de 50 professeurs en titre, 12

professeurs adjoints, 2 assistants et 14 professeurs agrégés. Les leçons sont faites en allemand,
en français et en italien, au choix du professeur.
Elles sont publiques, car toute personne peut y assister en payant un droit de présence. Cette rétribution appartient entière au professeur, s'il n'a pas
de traitement fixe; dans le cas contraire, il doit en
verser le tiers dans la caisse de l'école.

VII

Écoles militaires et maritimes.

Un pays aussi essentiellement militaire que la
Prusse devait avoir créé depuis longtemps des
écoles spéciales qui, comme notre excellente école
de Saint-Cyr, préparent de bons officiers pour l'armée. Les aspirations ambitieuses de l'empire allemand prussianisé ne peuvent manquer de pousser fatalement les nombreux États qu'il embrasse,
et dont jusqu'à présent les ressources avaient eu
en grande partie pour objet la culture intellectuelle, et la création d'établissements d'instruction
publique, de bibliothèques nombreuses et de
riches musées, à redoubler d'efforts pour offrir au
monde l'édifiant spectacle d'une nation puissante
par le nombre de ses soldats. La Prusse, en particulier, attache plus d'importance que jamais à son

19.

École des cadets, fondée à Berlin, en 1717, et réunissant en 1871 700 élèves.

Elle possède six autres établissements (*provincial institute*) : à Culm, ayant 180 élèves ; à Potsdam, 240 ; à Wahlstatt, 220 ; à Bensberg, 220 ; à Plön, 188 ; à Wiesbaden, 140. — Total, 1888 élèves cadets[1]. Les élèves entrant dans les écoles de province sont reçus de 10 à 15 ans. Ceux de l'école militaire de Berlin sont admis entre 15 et 18 ans. La pension est de 260 thalers pour les sujets prussiens et de 360 pour les étrangers. Les fils d'officiers, n'ayant pas droit à l'obtention d'une bourse, ne payent que 150 thalers. Il y a 920 bourses, dont un tiers à 30, un tiers à 60 et un tiers à 100 thalers.

L'ensemble des fonctionnaires employés dans ces écoles se décompose de la manière suivante :

8 commandants, 1 officier d'état-major (Berlin), 96 capitaines et lieutenants ; 14 sous-officiers, 15 économes chargés de l'administration intérieure des compagnies ; 84 professeurs militaires et civils, 17 pédagogues civils, 1 directeur des études (Berlin), 34 hautbois et tambours (Berlin), 158 gardes, gardiens, etc. Les recettes propres des écoles représentent le total de 322,580 thalers en chiffres ronds (le thaler 3 fr. 75), pensions, contributions scolaires, fondations, etc., etc. Les dépenses montent à 554,579 thalers ; l'État y contribue annuellement pour la somme de

1. Ce nombre est aujourd'hui porté à 1948.

231,999 thalers, soit 119 thalers 4 1/2 sgr. par élève. Parmi les dépenses figurent 4,750 thalers donnés aux élèves à titre d'argent de poche (de 2 jusqu'à 6 thalers; à Berlin, de 2 jusqu'à 10 thalers); 234,400 thalers pour nourriture, babillement et blanchissage; 32,499 pour livres, éclairage et chauffage.

Mais il ne suffit plus à l'Empire allemand de mettre sur pied un ou deux millions d'hommes; il lui faut une marine.

L'Empereur d'Allemagne a donc tout récemment approuvé le projet, qui lui a été soumis, d'une organisation d'Académie maritime à Kiel. Le but de l'Académie est de donner aux officiers de marine les connaissances scientifiques les plus étendues ayant rapport à leur profession, et de les rendre ainsi capables d'occuper plus tard les hauts emplois.

Les officiers que leur caractère, leur conduite et leurs talents, font désigner par leurs chefs comme devant tirer le plus grand profit de cette instruction supérieure, seront envoyés à Kiel par le gouvernement, et ils devront justifier de leur zèle et de leurs progrès par de nombreux examens sur des questions scientifiques. Seront admis à suivre les différents cours tous les officiers de marine qui pourront le faire sans négliger les autres devoirs.

La durée des cours de l'Académie de marine sera de deux années. Les études commenceront en octobre et finiront en juin ; les trois mois de vacances seront employés à des exercices pratiques. Les cours de première année comprendront : mathématiques, philosophie naturelle, chimie, théorie de la guerre navale dans toutes ses branches, tactique militaire au point de vue des débarquements, surveillance des côtes, défense des côtes, fortifications de campagne, principe des lois internationales militaires et navales, administration, hygiène, spécialement dans son application à la vie du bord et dans les différents climats, éléments de logique, de morale, etc. La Prusse espère sans doute pouvoir bientôt, comme l'Angleterre, chanter son *Rule Britannia !*

L'Empire d'Autriche ne possédait pas moins de soixante écoles militaires, au temps où il était forcé d'entretenir de fortes garnisons dans les provinces que lui avait données le droit de la guerre, et qui, comme notre Alsace-Lorraine à l'égard de la Prusse, ne supportaient qu'en frémissant un joug abhorré. Ce même droit de la guerre, dont il avait tant abusé, s'est tourné contre lui, et c'est maintenant au perfectionnement de l'éducation populaire, au développement de son commerce et de son industrie, qu'il s'applique, avec une ardeur dont il faut le féliciter, et qui est bien préférable à toute la puissance qu'il employait autrefois pour comprimer la liberté des peuples.

Parmi les établissements militaires de l'Autriche, ou peut citer son École des ingénieurs à Vienne, et son Académie militaire à Neustadt.

De la première, fondée en 1735 et réorganisée en 1797, sont sortis les officiers les plus distingués du corps de génie. Elle a à sa tête un directeur général, un directeur particulier, deux inspecteurs enseignants, quinze professeurs militaires et civils, et deux aumôniers ; elle a, en outre, plusieurs employés, quatre médecins, un chirurgien et un nombre considérable de serviteurs. Le cours des études est de sept années. Nul n'est admis dans les cours de la septième année, s'il n'est pas reconnu apte à entrer comme officier dans le corps du génie. Ceux qui ne satisfont pas à cette condition peuvent aspirer au grade d'officier dans les autres corps de l'armée. Le nombre des élèves est de 300.

C'est encore l'impératrice Marie-Thérèse qui a institué l'Académie militaire de Neustadt pour l'instruction des officiers d'infanterie. Elle a, comme toutes les institutions de ce genre, un cours préparatoire et un cours normal. On y est admis à 12 ans, en produisant un certificat attestant que l'on a suivi avec succès les cours d'instruction religieuse, d'allemand, d'écriture, etc. [1]

1. Je n'ai pas besoin d'ajouter à ces détails très-abrégés, que, dans le mouvement qui pousse l'Autriche comme l'Italie, la Rus-

sie, l'Espagne, et l'on peut ajouter toutes les nations de l'Europe, vers l'étude de tout ce qui peut améliorer et perfectionner l'enseignement dans tous les établissements d'instruction publique, les indications statistiques consignées dans plusieurs parties de cet ouvrage se modifient chaque jour et que les progrès accomplis dans quelques années permettront d'en augmenter le chiffre.

ÉCOLES SUPÉRIEURES POUR LES JEUNES FILLES

I

Il existe en Prusse et en Allemagne un grand nombre d'établissements d'instruction primaire pour les jeunes filles. Depuis plusieurs années elles participent aussi aux leçons données dans les écoles bourgeoises et les écoles réelles qui leur sont ouvertes. Mais, au-dessus de ces deux ordres d'établissements, il n'existe, excepté dans quelques grandes villes, rien qui ressemble à cet enseignement supérieur, à ces hautes études littéraires et scientifiques qui sont devenues chez plusieurs nations de l'Eürope, comme aux États-Unis, l'objet des aspirations des femmes appartenant aux classes élevées de la société. Malgré quelques tentatives isolées qui se sont produites dans ces derniers temps, on peut dire que l'éducation des femmes allemandes ne s'était pas encore élevée au-dessus du niveau qui a longtemps, en France, en Angleterre et ailleurs, marqué la limite que l'enseignement donné

aux jeunes filles et aux femmes ne devait pas fran-
chir. Nous ne pouvons y signaler rien qui se rap-
proche de l'éducation supérieure que les jeunes
gens reçoivent dans les Gymnases et encore moins
dans les Universités. Ce n'est pas dans le pays classique des inégalités sociales et politiques qu'il faut
s'attendre à voir s'introduire de longtemps le principe moderne de l'égalité dans l'éducation pour les
deux sexes. On voit donc ce qu'il faut entendre par
la qualification d'*écoles supérieures* de jeunes filles.
Il ne s'agit ici, en effet, que de ce degré d'instruction, dont j'ai fait connaître la nature dans les
chapitres consacrés aux écoles bourgeoises et aux
écoles réelles.

Avant de parler des tentatives ayant pour objet
une plus grande extension et une plus grande importance donnée à l'éducation des filles, je dirai
quelques mots de ces écoles supérieures, auxquelles
s'appliquent ce que l'on sait des écoles de garçons
du même degré.

La ville de Berlin ne possède pas aujourd'hui
moins de sept écoles supérieures pour les jeunes
filles. Trois ont été fondées par l'État, et les quatre
autres par la ville elle-même. Ces sept écoles réunissent aujourd'hui 2 660 élèves. L'école fondée en
1838 par l'administration municipale est une des
plus florissantes. Le programme des études est le
même que celui des écoles bourgeoises. On y con-

sacre seulement un plus grand nombre de leçons à l'enseignement de la langue française. Les cours sont presque gratuits, car les dépenses mensuelles ne dépassent pas, même pour les élèves des divisions supérieures, 3 thalers, c'est-à-dire 11 fr. 25. L'établissement n'a pas de pensionnaires. Les jeunes filles qui y sont admises vivent dans leurs familles. Les États du Nord n'ont plus d'internats cloîtrés, il n'en existe plus que dans quelques États du Sud.

L'*École royale*, plus récemment établie à Berlin, donne à peu près le même enseignement aux jeunes filles pendant les huit années qu'elles y passent. On y a joint une division supérieure (*oberschule*), dont les cours sont de deux années, et une école normale destinée à former des institutrices privées et des maîtresses d'école.

Cette école normale d'institutrices est parfaitement organisée. L'enseignement y est gratuit et se complète en trois ans. Le nombre des élèves est de 36; on n'en reçoit par conséquent que douze chaque année. Pour y être admises, les jeunes filles doivent : 1° être âgées de 16 ans accomplis; 2° appartenir à une famille irréprochable de Berlin, et 3° enfin avoir subi avec succès un examen écrit et un examen oral portant sur les matières suivantes : religion, langue allemande, langue française, arithmétique, géographie, histoire, écriture.

Pendant les premiers mois qui suivent leur entrée dans l'école, les élèves doivent étudier dans tous ses détails l'organisation de l'École royale, ainsi que la tenue des classes et les méthodes qu'on y suit. Au bout de six mois, elles rendent compte au directeur de leurs observations et lui font connaître en même temps les branches d'enseignement pour lesquelles elles ont besoin d'être spécialement préparées. Dans le deuxième semestre, on leur explique les différents systèmes d'enseignement et les règles pédagogiques que l'expérience indique comme les meilleures. En même temps elles vont dans l'après-midi, accompagnées par une ancienne institutrice, donner des leçons de tricot et de travaux d'aiguille, dans les quatre classes inférieures de l'École royale. Dans la troisième année, elles sont envoyées dans les écoles publiques de la ville pour faire la classe aux élèves des divisions les moins avancées. Les leçons théoriques et pratiques de pédagogie sont, avec raison, l'objet de soins particuliers de la part des directeurs de l'école normale. Le cours se compose en général de quatre parties : la pédagogie, la théorie, l'éducation et l'art d'enseigner. Elles ont à faire sur cette science des compositions écrites d'après lesquelles on peut juger de leur aptitude.

Les progrès de l'enseignement seront médiocres, tant que les écoles normales d'institutrices ne se seront pas multipliées. On vient récemment d'en

fonder une à Droyssig. Celle de Münster, établie en
1832, est soutenue par une dotation provenant des
biens d'un ancien couvent de femmes, supprimé en
1811. Elle reçoit 50 élèves sur lesquelles 16 seulement sont pensionnaires. Les autres ont leur rési-
dence dans la maison paternelle ou dans des familles honorables désignées par les directeurs de
l'établissement.

II

Leipzig, qui avait fondé en 1804 la première
Bürgerschule pour les garçons, a voulu offrir aux
jeunes filles le même degré d'instruction. La création de cette école supérieure était d'autant plus nécessaire que la ville n'avait eu jusqu'alors pour
l'éducation des filles que des écoles privées dans
lesquelles on ne s'occupait guère que de leur apprendre à lire et à écrire. Aujourd'hui l'école supérieure est en pleine prospérité. Il y a fort peu de
différence entre les programmes de l'enseignement
pour les élèves des deux sexes. On les trouve en
général trop chargés, et le labeur exigé des enfants
de dix à seize ans qui les suivent paraît excessif
pour un âge où les exercices physiques, qui forti-
fient le corps, ne doivent pas être sacrifiés aux travaux de l'esprit.

L'école israélite de Francfort, désignée sous le

nom de *Philanthropine*, a été organisée pour faire participer les jeunes filles à l'enseignement supérieur qu'elle donne aux garçons. La ville a cherché à y attirer, par des offres avantageuses, les professeurs les plus estimés. Le plan d'études rappelle celui des *Bürgerschulen* de l'Allemagne du Nord.

Il en est de même d'un autre grand établissement fondé par Francfort en 1804 et réorganisé en 1852. C'était, eu égard à l'époque où il se créait, une école modèle, *Müsterschule*, et il a conservé ce nom. Les professeurs y appliquent avec beaucoup de succès la méthode des interrogations et évitent tout ce qui ressemble à un enseignement dogmatique, reposant sur les grammaires ou les traités ordinaires d'histoire, de géographie, d'arithmétique, etc. Pour l'enseignement de la langue française, par exemple, le professeur choisit un certain nombre de mots inconnus aux élèves. Il les écrit sur le tableau noir, en explique le sens précis, puis il s'adresse à l'une des élèves, lui demande comment elle exprimerait telle idée, tel objet, tel fait. Après un quart d'heure d'exercice, il choisit quelques autres mots nouveaux, les explique aussi rapidement, pose des questions à d'autres élèves, et c'est ainsi que se passe la leçon tout entière. Une méthode analogue est appliquée à l'enseignement de la géographie, de l'arithmétique, des sciences physiques, etc.

Les leçons de gymnastique données aux jeunes filles de la *Müsterschule* rappellent celles que reçoivent les élèves des États-Unis d'Amérique. L'un des professeurs est assis au piano, tandis que l'autre préside aux différents mouvements qu'il commande. Les plus jeunes écolières se réunissent deux à deux, trois à trois, et commencent à marcher en cadence sur des airs à deux ou à quatre temps, dans le mouvement indiqué par le pianiste. Elles forment en marchant des figures portant des noms : la *chaîne*, la *couronne*, etc. A un moment donné elles chantent à l'unisson des petites chansons dont les paroles sont tirées de Gœthe, de Schiller ou d'autres poétes nationaux.

Quand elles sont plus grandes, elles font d'abord les exercices de bras et de jambes, classés d'après la méthode de Spiess. Elles finissent plus tard par se livrer à des exercices plus compliqués, à des marches plus savantes. Elles sont aussi habituées à entremêler ces exercices de chants : elles exécutent des chœurs à trois et à quatre parties.

L'école supérieure de Munich a été établie sur le modèle des écoles de l'Allemagne du Nord. Il en est de même de celle qu'a fondée en 1826 la municipalité de Carlsruhe, à laquelle la grande-duchesse, fille de la reine de Prusse, porte un vif intérêt. La ville de Mannheim a créé en 1863 une école du même degré.

Les écoles supérieures de filles (*Hauptschulen*) ne sont pas encore fort nombreuses en Autriche. Jusqu'à présent le gouvernement n'a pas paru fort disposé à donner aux femmes une forte instruction, et il n'a établi pour elles qu'un petit nombre d'écoles publiques. Il préfère les pensionnats cloîtrés, qui dans les États du Nord sont maintenant l'objet de critiques sévères.

Je n'ai pas à m'étendre sur les programmes suivis dans ces différentes écoles, ni sur les méthodes d'enseignement qui y sont appliquées. Elles ne diffèrent qu'en quelques points des écoles bourgeoises et des écoles réelles pour les garçons. Je me borne donc à donner un aperçu des écoles supérieures de filles, *Höhere Töchterschulen*, de l'Allemagne, d'après le dernier annuaire des universités et des écoles publié à Berlin en 1872 :

La PRUSSE et ses provinces en ont **260**, réunissant 36 421 élèves, le nombre des professeurs est de 1 192 maîtres, et celui des maîtresses de **791**.

ROYAUME DE SAXE : **4** écoles supérieures, 298 élèves, 26 maîtres, 9 maîtresses.

GRAND-DUCHÉ DE BADE : 8 écoles, 1 360 élèves, 57 maîtres, 30 maîtresses.

GRAND-DUCHÉ DE HESSE-DARMSTADT : **11** écoles, 1 601 élèves, 57 maîtres, 49 maîtresses.

MECKLEMBOURG-SCHWERIN : 1 école, 40 élèves, 4 maîtres, 5 maîtresses.

MECKLEMBOURG-STRÉLITZ : 2 écoles, 390 élèves, 10 maîtres, 7 maîtresses.

OLDENBOURG : une école, 329 élèves, 8 maîtres, 8 maîtresses.

SAXE-WEYMAR-EISENACH : une école, 195 élèves, 15 maîtres, 9 maîtresses..

ANHALT : 5 écoles, 814 élèves, 40 maîtres, 21 maîtresses.

BRUNSWICK : 2 écoles, 650 élèves, 21 maîtres, 19 maîtresses.

SAXE-COBOURG-GOTHA : 2 écoles, 305 élèves, 17 maîtres, 7 maîtresses.

SAXE-MEININGEN-HILDBURHHAUSEN : une école, 48 élèves, 6 maîtres, une maîtresse.

LIPPE : 2 écoles, 130 élèves, 6 maîtres, 3 maîtresses.

VILLE DE BRÊME : 3 écoles, 803 élèves, 19 maîtres, 18 maîtresses.

HAMBOURG : 2 écoles, 497 élèves, 22 maîtres, 22 maîtresses.

LUBECK : 2 écoles, 235 élèves, 15 maîtres, 7 maîtresses.

Ces divers États ont donc 47 écoles supérieures de jeunes filles, réunissant 7 800 élèves, 308 maîtres et 203 maîtresses.

TOTAL GÉNÉRAL.

	Écoles.	Élèves.	Maîtres.	Maîtresses
Royaume de Prusse . .	260	36 421	1 192	791
États allemands	47	7 800	308	203
Total pour la Prusse et les Etats allemands. . . .	307	44 221	1 500	994

III

La question de l'extension que doit prendre l'éducation des femmes se lie essentiellement à celle qui a pour résultat l'amélioration de leur condition sociale. Partout où l'on a songé à leur ouvrir l'entrée des écoles jusqu'à présent réservées exclusivement aux jeunes gens, on a vu dans cette aspiration à des études plus hautes et plus sérieuses le désir naturel d'exercer des fonctions que l'insuffisance de leur instruction ne leur permettait pas d'aborder. Rien ne semble plus légitime que ce besoin d'assurer leur indépendance, de relever leur dignité morale et d'augmenter le respect qui leur est dû. On a compris que la mère de famille, chargée le plus souvent de présider à la première éducation de ses fils et de ses filles, ne peut accomplir ce devoir sacré qu'autant qu'elle y est préparée par une forte éducation, c'est-à-dire par une éducation fortifiant à la fois son intelligence et son cœur.

« Les femmes, a dit de Maistre, n'ont inventé ni l'algèbre ni le télescope, mais elles font quelque chose de plus grand que tout cela; c'est sur leurs genoux que se forme ce qu'il y a de plus excellent dans le monde : un honnête homme et une honnête femme. Si la jeune fille s'est laissé bien élever, elle élève des enfants qui lui ressemblent, et c'est le plus grand chef-d'œuvre du monde. »

Ce n'est pas seulement à ce point de vue que se placent ceux qui demandent aujourd'hui une instruction supérieure pour les femmes. Si elles ont toujours, et dans quelque condition que ce soit, le devoir de bien élever leurs enfants, elles sont, de plus, bien souvent forcées de demander au travail les moyens d'assurer leur existence et leur bien-être. Filles ou veuves sans enfants, elles ont à fournir à leurs propres besoins, et la justice exige que l'on multiplie les carrières auxquelles des études spéciales peuvent les rendre propres. Tel est le double but que se proposent d'atteindre les nombreuses associations qui se forment pour ce que l'on appelle l'émancipation des femmes par l'éducation.

A l'exemple d'un grand nombre de pays par lesquels elle a été devancée, la Prusse a compris le besoin d'abord de donner aux femmes une instruction plus étendue, puis de songer à leur assurer des positions sociales que cette instruction même leur permettrait d'occuper. C'est ainsi que, sous le patronage de la princesse de Prusse, il vient de se fonder un nouvel institut qui portera le nom de *Victoria lyceum*, afin de fournir aux jeunes filles, ayant terminé leurs études scolaires, l'occasion d'étendre et de perfectionner leurs connaissances. On y a institué des conférences sur l'histoire naturelle, l'histoire générale, l'histoire de l'art et la littérature des principaux peuples. Ces conférences devront, autant que possible, se faire dans la langue du peuple dont elles auront à traiter. On a nommé un Comité directeur, composé de professeurs trèsconnus et de quelques membres de la noblesse. Une demoiselle écossaise, mademoiselle Archer,

20

qui prête son concours à cet institut, a fondé également à Berlin une association pour l'éducation
des femmes. Mesdames Louise Otto et Augustine
Schmidt publient à Leipzig une revue bi-mensuelle
dans laquelle mademoiselle Minna Pinoff réclame
énergiquement pour son sexe le partage égal de
l'instruction, et, de plus, sa participation aux fonctions publiques. Mademoiselle Archer demande un
salaire égal pour les travailleurs des deux sexes. Il
est probable que les efforts tentés dans ce sens seront assez longtemps infructueux et qu'ils ne recevront pas du gouvernement et de l'opinion publique
l'accueil favorable qui leur est fait ailleurs. Mais le
mouvement ne s'en produit pas moins, quel qu'en
puisse être le résultat. C'est ainsi que plusieurs
femmes qui ont étudié la médecine en Russie, où
les écoles leur sont ouvertes, ont demandé leur
immatriculation dans l'université de Kœnigsberg.
Cette autorisation ne leur a pas été accordée, quoiqu'elles se fondent sur l'exemple donné par l'université de Zurich.

C'est, en effet, en 1864, que les deux premières
étudiantes se sont fait inscrire pour suivre les cours
de cette université. Depuis cette époque le nombre
des dames qui suivent les cours s'est considérablement accru. On comptait dans le semestre d'été
de 1872, sur 353 inscriptions, 63 prises par des
demoiselles, dont 51 pour la Faculté de médecine,

et 12 pour la Faculté de philosophie. Six dames depuis 1864 ont subi avec honneur les épreuves du doctorat. Le chiffre des étudiantes est aujourd'hui considérable, puisque les cours de l'université sont suivis par 107 dames appartenant seulement à la Russie.

La Hongrie a aussi sa société pour l'instruction supérieure des femmes. On y a organisé des cours sur toutes les branches des sciences et des lettres. 50 femmes ont été déjà admises dans l'administration des postes, et 30 dans celle des télégraphes. Trois dames ont subi dernièrement l'examen supérieur de sténographie. Enfin, des discussions ont eu lieu relativement au suffrage des femmes.

IV

Une dame russe, madame Catherine Dikhova, a obtenu de l'empereur de Russie la fondation, à Saint-Pétersbourg, d'un collége pour les femmes. Elle voudrait, de plus, doter son pays d'un collége médical, analogue au célèbre établissement de ce nom à Philadelphie. Jusqu'à présent les jeunes filles de Russie qui veulent étudier la médecine se rendent à Zurich pour suivre les cours de l'université. Madame Dikhova a voulu visiter les États-Unis pour y faire une étude particulière des établissements d'instruction publique destinés aux femmes. Elle avait à peine vingt ans lorsqu'elle a entrepris ce voyage. Après quatre mois de séjour en Amérique, elle avait appris la langue anglaise, elle parlait déjà six langues, le russe, le polonais, le français, l'allemand, le grec, le latin. Elle avait pris ses grades avec grand honneur à l'université de Kasan, lorsqu'elle n'avait encore que quinze ans. Peu satisfaite de l'éducation qu'elle avait reçue dans les écoles ordinaires, elle s'était adressée à des professeurs particuliers; pendant quatre ans, elle s'était livrée à l'étude des sciences mathématiques et physiques et elle avait subi de brillants examens à l'université de Moscou.

Un journal de Philadelphie (*Philadelphie Ledger*) qui nous donne ces détails ajoute que madame Catherine Dikhova était allée à Oneida étudier la question de la femme (*woman question*).

C'est le conseil des ministres, présidé par l'empereur de Russie même, qui a décidé que les femmes devront recevoir toute l'instruction qui leur sera nécessaire pour être admises dans certains emplois publics. Elles sont fortement encouragées à se livrer surtout à l'enseignement pour lequel leur aptitude est reconnue. Elles sont employées dans le service des télégraphes, et en qualité de secrétaires dans les administrations publiques. Les mêmes tentatives sont faites avec succès en Italie pour faire participer les femmes aux bienfaits de l'instruction supérieure. A Florence, à Milan, à Bologne, on a organisé pour elles des cours et des conférences scientifiques et littéraires ; c'est madame Torriana qui s'est chargée de prendre à Milan l'initiative de ces cours.

La plupart des villes de France ont maintenant des cours d'enseignement supérieur pour les jeunes filles. On sait que ce n'est pas sans peine qu'on a pu les instituer. Lorsque M. Duruy organisa ceux de la Sorbonne, il rencontra la plus vive opposition de la part de plusieurs évêques, à la tête desquels s'était placé un prélat qui, dans tous ses ouvrages, avait proclamé avec éloquence le droit des femmes à une haute culture intellectuelle, et fait remarquer que leur rôle dans la famille et dans la société dépend de l'éducation qu'elles ont reçue. Mais la nouvelle institution avait le tort de confier à des professeurs laïques, à des professeurs de l'université, un enseignement dont le clergé avait la prétention de s'attribuer exclusivement la direction. Les dangers chimériques qu'il signalait n'ont pas arrêté ceux des pères et des mères de famille, malheureusement encore trop peu nombreux, qui, se faisant une juste idée des devoirs de la femme et de l'influence qu'elle doit exercer, profitent pour leurs filles des cours organisés à Paris et dans les départements.

L'Angleterre, qui entre toujours tardivement et

après de mûres réflexions dans la voie des innovations, mais qui y marche résolûment quand elle en
reconnaît l'utilité, a, plus que toutes les nations de
l'Europe, obéi à ce sentiment de justice qui porte
les hommes les plus éclairés à faire sortir les femmes
de l'infériorité où elles ont été si longtemps retenues
au point de vue de l'instruction. C'est par centaines
que se comptent les associations fondées, soit pour
les instruire, soit pour leur venir en aide, aussi bien
pour leurs besoins physiques que pour leurs besoins
intellectuels.

Parmi les femmes distinguées qui se sont vouées
à la défense des intérêts et des droits de leur sexe,
je mentionne avec plaisir mademoiselle Élisabeth
Blackwell. Reçue en 1849 doctoresse à Genève, État
de New-York, elle a organisé dans cette ville un
hôpital pour les femmes indigentes, que dirige aujourd'hui sa sœur la doctoresse Emily Blackwell.
Depuis son retour en Angleterre, elle y a constitué
une *Société nationale pour la santé;* elle a com-
mencé un enseignement général dans le but d'initier les femmes aux *Lois de la vie.* Elle engage
avec les plus vives instances les mères de famille à
s'occuper de l'éducation de leurs enfants, non-seulement au point de vue pédagogique, mais d'abord
et avant tout au point de vue physiologique[1].

1. La *lecture* de miss Blackwell *sur la santé*, faite dans la première séance de la société qu'elle a entrepris de fonder à Londres,

L'éducation générale que reçoivent les jeunes filles anglaises, l'esprit de liberté dans lequel elles sont élevées, les portent naturellement à tout ce qui peut accroître leur importance, et elles ont saisi avec empressement les facilités qui leur ont été offertes pour prendre part à l'enseignement supérieur. Depuis que les syndicats des diverses universités les ont admises à subir les examens auxquels sont astreints les étudiants, elles ont été prises d'une noble émulation, et elles étudient avec la même ardeur les langues et les littératures anciennes et modernes, la philosophie, l'histoire, l'économie politique et même la théologie[1].

Cette méthode des examens est excellente. C'est à elle que l'on doit les meilleures institutrices françaises du 1er et du 2e degré qui subissent avec succès ceux de l'hôtel de ville. Les examens qui ont lieu pour les jeunes filles qui suivent l'ensei-

a été traduite en français par madame Hippolyte Meunier et fait partie de la précieuse Bibliothèque Franklin à 25 centimes.

1. L'université de Cambridge faisait connaître tout récemment le résultat de ces examens. Cent cinquante-quatre étudiantes s'étaient fait inscrire pour les subir. C'est pour l'histoire, et principalement pour l'histoire d'Angleterre, qu'elles ont eu le plus de succès. Les trois quarts ont été admises, et un dixième avec la mention *bien*. Pour la langue latine, sur treize qui se sont présentées, onze ont été reçues. Le grec a produit des résultats moins satisfaisants. En logique et en économie politique, quatre sur sept ont été reçues. Les examens sur la langue française ont été fort satisfaisants.

gnement supérieur de la Sorbonne attestent aussi d'une manière non équivoque leur aptitude et leur intelligence.

Si l'instruction est par elle-même un immense avantage pour les jeunes filles qui la reçoivent, elle est surtout désirable pour les heureuses conséquences qu'elle doit avoir. Pour la plupart des hommes politiques et des penseurs de l'Angleterre qui ont pris au sérieux, comme M. Stuart Mill, l'éducation des femmes, l'instruction n'est pas un *but*, mais un *moyen*. Elle confère des droits, elle impose des devoirs. Non-seulement les grandes associations anglaises s'occupent de multiplier les professions auxquelles une éducation soignée prépare naturellement les femmes, mais elles ont encore en perspective le moment où les fonctions publiques, les professions libérales, le droit, la médecine, leur seront ouvertes. Comme conséquence naturelle se pose la question de savoir si, participant aux charges de l'État, elles auront le droit d'exercer des fonctions politiques, et, avant tout, si la société pourra leur refuser le droit de suffrage.

V

Cette question, plus ou moins agitée en Europe, semble être résolue aux États-Unis.

La nation qui, la première, a voulu que tous les

enfants des deux sexes reçussent le même degré d'instruction, qui n'a pas craint de réunir dans les mêmes établissements les garçons et les filles, devait être aussi la première à accorder le droit aux *fonctions* à celles qui possédaient déjà le droit au *savoir*. La légitimité du premier ne fait pas l'ombre d'un doute. Ceux des États qui n'ont pas admis jusqu'à présent les jeunes filles à suivre les cours des universités paraissent de plus en plus disposés à leur en ouvrir l'entrée. Comme ce sont elles-mêmes qui partout réclament avec énergie contre les inégalités sociales et politiques dont elles se disent victimes, elles constituent une puissance morale qui a déjà exercé une grande influence sur l'opinion publique. Elles ont offert 1 250 000 francs à l'université Cornell, à Ithaca, pour avoir le droit de prendre part à ses cours. L'université de Vermont a accueilli favorablement la même demande. On sait déjà qu'un grand nombre de femmes, après avoir subi dans plusieurs facultés de médecine l'épreuve du doctorat, pratiquent la médecine et la chirurgie avec le plus grand succès, et personne ne trouve étrange dans ce pays que ce soit une femme plutôt qu'un homme qui donne des soins aux femmes et aux enfants. Dans l'Illinois, une loi dernièrement votée permet aux femmes d'exercer la médecine, le droit, la théologie, en un mot toutes les professions civiles, au même titre que les hommes. Par les journaux qu'elles rédigent et par leurs prédications, elles défendent avec ardeur la cause de leur émancipation. A Chicago, Mme Mira Bradwell publie le journal *Legal News* ; Miss Dyot en rédige un autre, intitulé *le Pionnier*, à New-Rochelle. On compte par centaines les femmes instruites qui font des conférences ou des prédications.

Quant aux fonctions publiques, il y a déjà un grand pas de fait dans certains États. A New-York, au *Cooper Institute*, des jeunes filles sont spécialement préparées pour des fonctions dans les télégraphes ; plusieurs ont été nommées inspectrices des écoles. La ville de Montpellier (Vermont) a fait plus : elle a donné à une femme les fonctions, jusqu'à présent réservées aux hommes seuls, de surintendante des écoles.

C'est en 1868 que le congrès général de la Société pour le suffrage des femmes en Amérique se réunit dans l'État de New-Jersey. 150 déléguées y représentèrent les femmes américaines. Quelques-unes, entre autres madame Trial, réclamèrent pour leur sexe, non-seulement l'égalité en toutes matières politiques, mais encore la *domination*, la suprême direction dans l'État. L'assemblée ne suivit pas jusqu'à cette extrémité les prétentions du sexe féminin ; elle vota néanmoins plusieurs résolutions en faveur de l'attribution aux femmes de tous les droits politiques.

Durant la session de la même année, le sénat fut saisi de plusieurs propositions sur le même sujet. Les sénateurs Wilson et Pomeroy soutinrent les demandes adressées par les pétitionnaires. Ils ne réclamèrent pas seulement pour les femmes le droit de voter : ils établirent qu'elles pouvaient être éligibles pour tous les emplois remplis par les hommes. En attendant, le sénat adopta la résolution d'attribuer à celles qui seraient employées dans les bureaux du gouvernement un salaire égal à celui des hommes remplissant les mêmes fonctions.

Cette année même, le gouverneur du Massachusetts a recommandé dans son Message de conférer aux femmes, par un amendement à la Constitution, le droit de suffrage et l'aptitude aux fonctions publiques. Cette proposition a été appuyée par le clergé au sein de l'assemblée. Un adversaire du projet ayant dit qu'avant d'entamer toute discussion il était convenable d'attendre que la majorité des femmes, officiellement consultées dans chaque municipalité, se prononçât en faveur de la mesure, il a été décidé que la question serait soumise à cette épreuve décisive. Quel sera le résultat de ce *plébiscite* d'un nouveau genre? Il serait assez difficile de le prévoir.

Il ne faut pas demander au pays où la liberté illimitée des opinions peut donner accès aux excentricités les plus inattendues, les solutions que doivent

recevoir les questions politiques ou sociales qui s'a-
gitent dans nos pays européens. Elles s'accor-
deraient peu avec nos mœurs, nos habitudes
et nos usages. Mais ce qui ressort de cette exposition sommaire des débats auxquels l'éducation des
femmes donne lieu dans l'ancien et le nouveau
monde, c'est que le besoin de les associer aux progrès de la science et d'élever leur niveau intellectuel et moral, en leur ouvrant l'entrée des cours
d'enseignement supérieur, préoccupe tous les esprits sérieux. Après avoir vu toutes les nations civilisées de l'Europe attacher le même prix aux améliorations que réclament les écoles destinées spécialement à l'éducation des jeunes filles, la Prusse
et l'Allemagne sont à leur tour entrées dans la
même voie, et c'est un progrès dont il faut les féliciter.

APPENDICE

TABLEAU

Des établissements d'instruction publique de tous les degrés, en Prusse et dans les divers États allemands, avec le nombre des élèves et des professeurs.

---

1. — ÉCOLES PRIMAIRES.

60 000 écoles environ et 6 millions d'élèves.

2. — REALSCHULEN ET HÖHERE BÜRGERSCHULEN.

Prusse.........	211 écoles,	53 287 élèves,	2 802 professeurs.
États allemands..	214	23 360	1 417
Autriche.......	38	12 309	631
Total.....	463	88 956	4 850

3. — GYMNASES ET PROGYMNASES.

Prusse...........	265 écoles,	60 438 élèves,	4 238 profess.
États allemands....	223	32 738	2 519
Autriche allemande.	100	14 410	940
Total......	588	107 586	7 697

4. — UNIVERSITÉS.

Prusse...........	9 univers.,	873 profess.,	7 420 étud.
Bavière.........	3	229	2 205
Saxe...........	1	135	1 665
Hesse-Darmstadt.....	1	56	310
Mecklembourg-Schwerin.	1	36	137
Saxe-Cobourg-Gotha...	1	66	402
Wurtemberg........	1	84	689
Bade...........	2	162	1 072
Autriche allemande....	4	432	7 035
Suisse allemande.....	3	273	1 475
Total...	26	2 346	22 410

24

5. — ÉCOLES SPÉCIALES POUR LE COMMERCE, L'INDUSTRIE, ETC.

États prussiens . . .   30 écoles, 3045 élèves, 193 professeurs.
États allemands. . .   49   11633   649
        Total. . .   79   14678   842

6. — ÉCOLES SPÉCIALES SUPÉRIEURES,
INSTITUTS POLYTECHNIQUES.

17 écoles, 7993 élèves, 692 professeurs.

7. — ENSEIGNEMENT SUPÉRIEUR POUR LES JEUNES FILLES.

	Écoles.	Élèves.	Maitres.	Maitresses.
Royaume de Prusse.	260	36421	1192	791
États allemands. . .	42	7800	308	203
Total. . .	307	44221	1500	994

8. — ÉCOLES NORMALES PRIMAIRES.

États prussiens . . . .   93 écoles, 4381 élèves.
États allemands   52   3863
        Total. 145   8244

Résumé général pour l'Allemagne.

Écoles primaires, 6 000 000 d'enfants.

	Écoles.	Élèves.	Profess.
Realschulen et höhere Burgerschulen.	463	88956	4850
Gymnases	588	107586	7697
Universités.	26	22410	2346
Écoles spéciales pour le commerce et l'industrie.	79	14678	2644
Écoles spéciales, instituts polytechn.	17	7993	692
Écoles supérieures de filles.	307	44221	2494
Écoles normales primaires	145	8244	300
Total. . . .	1625	294088	21023

PROGRAMMES

DES ÉTABLISSEMENTS DE TOUS LES DEGRÉS

— — —

I. — ENSEIGNEMENT PRIMAIRE

———

Emploi du temps dans la Salle d'asile ou Kindergarten de Gotha. — 3 classes; méthode Frœbel

DIVISION DE LA JOURNÉE

3ᵉ CLASSE. — *Enfants de 3 ans.*

Avant midi.

De 9 h. à 9 1/4... Jeu gymnastique, précédé d'un chant religieux.

9 1/4 à 9 1/2 . Les surfaces.

9 1/2 à 10 .... Jardinage.

10 1/2 à 11 1/2. Tissage avec les bandes de papier.

11 à 11 1/2... Exercice gymnastique, suivi d'un chant religieux.

Après midi.

De 1 h. 1/2 à 1 3/4. Jeu gymnastique, précédé d'un chant religieux.

1 3/4 à 2 ..... Causeries religieuses.

2 à 2 1/2 ..... Dessin de fantaisie.

2 1/2 à 3 ..... Liberté dans le jardin.

3 à 3 1/2 ..... Piquer.

3 1/2 à 4 ..... Jeu gymnastique, avec chant final.

2ᵉ CLASSE. — *Enfants de 4 ans.*

Avant midi.

De 9 h. à 9 1/4... Jeu gymnastique, précédé d'un chant religieux.

9 1/4 à 9 1/2... Les cubes.

9 1/2 à 10.... Causeries sur l'histoire et la botanique.

10 1/2 à 11... Calcul avec les petits carrés.

11 à 11 1/2... Exercice gymnastique, suivi d'un chant
religieux.

Après midi.

De 1 h. 1/2 à 1 3/4. Jeu gymnastique, précédé d'un chant religieux.

1 3/4 à 2..... Les règles plates.

2 à 2 1/2..... Causeries religieuses.

2 1/2 à 3..... Calcul avec les petits carrés.

3 à 3 1/2..... Jardinage.

3 1/2 à 4..... Jeu gymnastique, avec chant final.

1ʳᵉ CLASSE. — *Enfants de 5 ans.*

Avant midi.

De 9 h. à 9 1/4... Jeu gymnastique, précédé d'un chant religieux.

9 1/4 à 9 1/2... Causeries morales.

9 1/2 à 10.... La boîte d'architecture.

10 1/2 à 11... Étude de calcul avec de petits cubes.

11 à 11 1/2... Exercice gymnastique, suivi d'un chant
religieux.

Après midi.

De 1 1/2 à 1 3/4.. Jeu gymnastique, précédé d'un chant religieux.

1 3/4 à 2..... Constructions.

2 à 2 1/2..... Calcul avec le cube.

2 1/2 à 3..... Liberté dans le jardin.

3 à 3 1/2..... Causerie sur la botanique et l'histoire naturelle.

3 1/2 à 4..... Jeu gymnastique, avec chant final.

Plan d'études d'une école primaire du Würtemberg

Enfants de 6 à 8 ans.

LECTURE

Première année.

Épeler. — Lecture de la Bible vers la fin de l'année.

Deuxième année.

Lecture de l'écriture latine, c'est-à-dire en caractères français; lecture courante, régulière et accentuée de l'écriture allemande.

ÉCRITURE

Formation des petites et grandes lettres ; mots composés d'une et de deux syllabes.

Orthographe des mots d'après la prononciation; calligraphie; mots polysyllabiques.

CALCUL

Numération ; addition et soustraction de nombres moindres que 30.

Addition et soustraction des nombres compris entre 1 et 100 ; écriture des chiffres ; valeur des nombres ; multiplications et divisions faciles.

RÉCITATION

Versets de la Bible; les dix Commandements ; courtes prières pour l'école et la famille.

Versets de la Bible, récitation de morceaux donnés à apprendre; le *Pater noster*; les prières du matin et du soir.

HISTOIRE SAINTE

Courtes histoires tirées de l'Ancien et du Nouveau Testament.

Suite et fin du cours de l'année précédente.

ENSEIGNEMENT PAR L'ASPECT

Description des objets qui se trouvent à l'école, à la maison, dans la ville, etc.

Même cours (suite).

CHANT

Petites chansons à la portée des enfants.

Comme l'année précédente.

Enfants de 8 à 10 ans.

LECTURE

Troisième année.	Quatrième année.
Lire couramment et sans faute; exercices de prononciation.	Continuation des lectures tirées de la Bible.

ÉCRITURE

Leçons d'orthographe ; copier des passages de la Bible.	Écrire des phrases simples. Les enfants qui annoncent quelques dispositions reçoivent les premiers principes du dessin.

GRAMMAIRE

Récitation de passages de la Bible; analyse et construction des phrases.	Récitation comme l'année précédente ; premières règles de grammaire et d'orthographe.

CALCUL

Calcul de tête; les quatre premières règles. Calcul écrit : addition et soustraction des nombres de quatre chiffres, multiplication des dizaines et des centaines, division par un seul chiffre.	Conversion des monnaies, poids et mesures, et leur expression en changeant d'unité.

RÉCITATION

Versets de la Bible.	Comme l'année précédente.

HISTOIRE SAINTE

L'instituteur raconte un fait, et les élèves s'exercent à le raconter après lui.	Comme l'année précédente.

ENSEIGNEMENT RÉEL

Histoire naturelle. Étude des plantes : herbes et fruits des champs, plantes toxiques et médicinales, céréales.	Les animaux domestiques, les oiseaux, les insectes. Minéralogie : sels, mines.

CHANT

Kinderlieder (chansons d'enfants).	Comme l'année précédente.

Enfants de 10 à 12 ans.

LECTURE

Cinquième année.	Sixième année.
La Bible. Chaque enfant doit la lire deux fois depuis sa dixième jusqu'à sa quatorzième année.	Comme l'année précédente.

ÉCRITURE

Continuation des leçons d'orthographe ; calligraphie.	Calligraphie et lectures. Les leçons de dessin deviennent générales.

GRAMMAIRE

Réciter facilement ce que l'on a appris par cœur ; dictées.	Suite.

CALCUL

Les quatre règles.	Commencement des fractions.

RÉCITATION

Versets de la Bible.	Comme l'année précédente.

HISTOIRE SAINTE

L'instituteur suit la même méthode ; il raconte un événement, et les élèves le redisent à leur tour.	Comme l'année précédente.

ENSEIGNEMENT RÉEL

Description de la chambre de l'école (de la classe), du village, du district ; géographie de la contrée.	Histoire du pays natal ; explication des montagnes, des vallées, des fleuves, etc.

CHANT

Chants à plusieurs voix.	Comme l'année précédente.

Enfants de 12 à 14 ans.

LECTURE

Septième année.

Lire couramment, correctement.

Huitième année.

Lecture accentuée.

ÉCRITURE

Exercices de calligraphie.

Écriture latine, c'est-à-dire d'auteurs allemands imprimés avec des caractères français.

GRAMMAIRE

Explication de la syntaxe; dictées générales.

Compositions littéraires ; lettres, comptes courants, quittances, etc.

CALCUL

Continuation des fractions ; multiplication et division des fractions.

Problèmes sur les questions pratiques en usage dans le cours de la vie ordinaire.

RÉCITATION

Versets de la Bible.

Lecture et récitation de quelques fragments de la Bible.

HISTOIRE SAINTE

Suite et même méthode. Le maître raconte, et les élèves répètent après lui.

Comme l'année précédente.

ENSEIGNEMENT RÉEL

Géographie de la Terre-Sainte; voyage de l'apôtre saint Paul; explication des machines à vapeur.

Description des cinq parties du monde, et de l'Allemagne en particulier. Prénomènes météorologiques : les orages. Principes de l'agriculture et de l'hygiène.

CHANT

Chant à deux et quatre voix.

Comme l'année précédente.

ÉCOLE NORMALE PRIMAIRE

—

École normale évangélique de Carlsruhe

DEUX ANNÉES DE COURS

Nombre d'heures par semaine.

RELIGION.	6 heures pour chaque cours.
PÉDAGOGIE	2 heures dans le cours de 2me année.
LANGUE ALLEMANDE. .	(lecture et composition) 7 et 6 heures.
GÉOMÉTRIE.	3 heures dans chaque cours.
DESSIN . :	2 —
GÉOGRAPHIE	2 —
CALCUL.	3
PHYSIQUE ET CHIMIE.	12
HISTOIRE NATURELLE.	2
ÉCONOMIE RURALE . .	2 —
CALLIGRAPHIE	2 —
MUSIQUE	12 heures et 11 heures.
GYMNASTIQUE.	2 heures.
ENSEIGNEMENT POUR LES SOURDS-MUETS .	1 heure dans le 2me cours.

———

II. — ENSEIGNEMENT SECONDAIRE

—

1o REALSCHULEN

Plan d'études de la Realschule de Crefeld

CLASSE DE SIXIÈME

RELIGION. — L'élève, comme dans les autres Realschulen, doit connaître à fond la Bible, le Nouveau Testament et les systèmes philosophiques des différentes Confessions. Il doit savoir les événements les plus importants de l'histoire ecclésiastique, les faits les plus marquants dans lesquels ont figuré les principaux personnages de l'Ancien et du Nouveau Testament.

ALLEMAND. — Grammaire allemande, première partie de la syntaxe. (Les élèves qui ont jusqu'ici étudié leur langue d'après la méthode maternelle commencent à l'étudier suivant la méthode synthétique.) Exercices d'orthographe, des morceaux choisis en prose et en vers sont lus pendant la classe, et les élèves doivent les raconter, les livres fermés, ou les rapporter par écrit.

LATIN. — Déclinaisons et conjugaisons. L'étude est poussée jusqu'à la syntaxe au moyen d'exercices adaptés aux règles. On exerce les élèves à faire de petites traductions par écrit et de vive voix.

ARITHMÉTIQUE. — Suite. (Elle a déjà été commencée dans l'Ecole primaire ou la Bürgerschule.) Une grande partie de la classe est consacrée au calcul mental, et la plupart des problèmes proposés doivent être résolus mentalement.

HISTOIRE NATURELLE. — Éléments. Description des mammifères. Le professeur a soin d'avoir devant lui les animaux empaillés (Toutes les Realschulen ont des collections). Commencement de la Botanique (Chaque élève, en venant en classe, apporte les plantes qui doivent faire le sujet de la leçon du professeur.) Caractère des principales familles d'après le système de Linné.

HISTOIRE. — Aperçu général. Histoire ancienne et plus particulièrement celle de la Grèce.

GEOGRAPHIE. — Premières notions ; manière de se servir des globes et des cartes ; Mappemonde ; description et limites des continents ; principales divisions ; coup d'œil sur les cinq parties du monde.

ÉCRITURE. — Dessin d'imitation ; chant à une voix.

CLASSE DE CINQUIÈME

RELIGION.

ALLEMAND. — On se sert du même recueil de morceaux choisis que dans la classe précédente ; les élèves rapportent oralement le morceau qu'ils ont lu la veille et récitent des fables ou quelques fragments d'auteurs. On commence à leur donner quelques sujets à traiter et ils continuent la grammaire : substantifs et verbes irréguliers.

LATIN. — Première partie de la syntaxe ; révision des principes. Récitation. Quelques fables à traduire oralement.

FRANÇAIS. — Exercices de conversation. Thèmes et versions,

mais oralement. Grammaire : versions et thèmes à faire par écrit.

MATHÉMATIQUES. — Éléments de géométrie; mesures des angles au moyen du rapporteur; tracé des figures planes et description des solides; théorie des quatre opérations de l'arithmétique; proportions; règles de trois; Problèmes résolus de tête plutôt qu'avec la plume.

HISTOIRE NATURELLE. — Classification appliquée aux règnes animal et végétal. Ostéologie et organes de la circulation. De la vie des animaux vertébrés et des insectes. Des oiseaux. Études des plantes et des petits insectes apportés en classe par les élèves.

HISTOIRE. — Histoire ancienne. Généralités sur les peuples d'Orient. Continuation de l'histoire de la Grèce jusqu'à Alexandre le Grand.

GÉOGRAPHIE. — Exposé général des matières qui doivent être enseignées dans la Realschule.

ÉCRITURE. — Dessin d'imitation. Chant, chœurs à plusieurs voix.

CLASSE DE QUATRIÈME

RELIGION

ALLEMAND. — Lecture de morceaux choisis en prose et en vers. Principes de grammaire : syntaxe jusqu'à la théorie de la période. Traité de la ponctuation. De la conjugaison des verbes irréguliers, récitation de quelques poésies, conversations, petites narrations.

LATIN. — Des parties du discours variables. Règles les plus importantes de la syntaxe. Exercices de mémoire. (Les élèves composent tous les quinze jours)

FRANÇAIS. — Grammaire. Premiers principes. Versions traduites oralement. Thèmes faits par écrit. Exercices de conversation. Traduction et récitation des morceaux les plus faciles du cours de littérature de Noël et Laplace.

MATHÉMATIQUES. — *Géométrie :* Théorèmes sur les figures planes et rectilignes. *Arithmétique :* règles de trois composées, d'intérêt et d'escompte. Calcul de tête.

HISTOIRE NATURELLE. — Zoologie : organes de la digestion, de la circulation et de la respiration. Classes des reptiles, des poissons et des animaux articulés. Botanique : notions générales, classification des plantes suivant le système de Linné.

HISTOIRE. — Histoire romaine, jusqu'à la chute de l'empire d'Occident.

GÉOGRAPHIE. — Étude détaillée de l'Europe.

ÉCRITURE. — Dessin d'imitation. Dessin linéaire appliqué au tracé des figures géométriques et aux ornements à contours rectilignes.

CHANT. — A plusieurs voix.

CLASSE DE TROISIÈME

RELIGION.

ALLEMAND. — Lecture et analyse de morceaux choisis : *Jeanne d'Arc*, de Schiller. Étude de la prosodie allemande. Vers à faire. Narrations orales. Révision des éléments de la grammaire. Syntaxe.

LATIN. — Fin de la grammaire. Choix de thèmes et versions. Lecture de Cornelius Nepos, *Epaminondas et Alcibiade*. Exercices de mémoire, devoirs par écrit. Thèmes faits oralement.

FRANÇAIS. — Suite de la grammaire. Versions orales et thèmes par écrit. Lecture et traduction de morceaux tirés du cours de littérature de Noël et Laplace. Exercices de mémoire. Conversation et thèmes oraux.

ANGLAIS. — Phrases détachées formées avec des mots prononcés par le professeur et répétés par les élèves. Petit cours de langue anglaise à apprendre. Traduction orale et écrite des exercices du cours.

MATHÉMATIQUES. — Géométrie : les polygones réguliers et le cercle, figures équivalentes, mesure des surfaces planes et des corps solides.

Realschule d'Elberfeld

2ᵉ DIVISION

L'arithmétique pratique, 2 heures par semaine ; algèbre, 4 heures ; géométrie, 4 heures ; chimie, 4 heures ; physique, 2 heures ; allemand, 2 heures ; français, 2 heures ; écriture, 2 heures ; dessin à main levée, 5 heures ; dessin linéaire, 2 heures.

1ʳᵉ DIVISION

Algèbre, 2 heures ; trigonométrie, logarithmes, 6 heures ; stéréotomie, 6 heures ; physique, 4 heures ; chimie et minéralogie, 2 heures ; allemand, 2 heures ; architecture, 2 heures ; dessin à main levée, 5 heures; dessin de machines et de monuments, 6 heures. — En hiver: expériences au laboratoire, 6 heures; travail dans l'atelier, 6 heures.

COURS DE SIX MOIS APPELÉ *SELECTA*

Mécanique, 3 heures ; géométrie analytique et questions nouvelles de géométrie, 3 heures; physique, 3 heures; chimie, 3 heures; dessin à main levée, 6 heures; dessin de machines et monuments, 8 heures.

Programme de la Realschule ou Höhere Bürgerschule de Carlsruhe

L'école a sept classes, pour lesquelles les cours suivants sont établis :

RELIGION. — 2 heures par semaine dans toutes les classes.
LANGUE ALLEMANDE. — 4 ou 5 heures dans les premières et 3 dans les dernières.
LANGUE FRANÇAISE. — 5 heures dans les premières, 4 heures dans les autres.
LANGUE ANGLAISE. — 3 heures dans les 4 dernières.
LANGUE LATINE. — 4 ou 5 heures dans les 5 premières, 2 à 3 dans les autres.
ARITHMÉTIQUE. — 4, 3 et 2 heures.
GÉOMÉTRIE. — 1, 3, 2, 2, 2 dans les 5 dernières classes.
ALGÈBRE. — 1, 2, 3, 3, dans les 4 dernières classes.
GÉOGRAPHIE. — 3, 2, 2, 2, 1 dans les 5 premières.
HISTOIRE. — 2 heures dans les 5 dernières.
HISTOIRE NATURELLE. — 2 dans les 5 premières.
PHYSIQUE. — 3, 2, 2 dans les 5 dernières.
CHIMIE. — 2 heures dans les 2 dernières.
MÉCANIQUE ÉLÉMENTAIRE. — 2 heures dans la septième classe.
CALLIGRAPHIE. — 2 dans les 4 premières classes.
DESSIN A MAIN LEVÉE. — 2 heures dans toutes les classes.
DESSIN LINÉAIRE. — 2 heures dans les 3 dernières.
GYMNASTIQUE. — 2 heures dans toutes les classes.
CHANT. — —

2° GYMNASES

—

Tableau des classes faites au gymnase *Zum grauer Kloster* à Berlin, pendant le semestre d'hiver 1863-1864

SEXTA

ENSEIGNEMENT RELIGIEUX. — Histoire biblique, d'après la Genèse, le 1er chapitre du catéchisme, 3 heures par semaine.

HISTOIRE ET GÉOGRAPHIE. — Description générale des cinq parties du monde, 3 heures.

HISTOIRE NATURELLE. — Les mammifères, 2 heures.

ARITHMÉTIQUE. — Les quatre règles avec nombres concrets, 3 heures.

ALLEMAND. — Les quatre parties du discours; exercices de lecture et dictées, 3 heures.

LATIN. — Éléments de la grammaire; déclinaisons et conjugaisons régulières; lecture; thème, 10 heures.

DESSIN. — 2 heures.

ÉCRITURE. — 3 heures.

CHANT. — 3 heures.

QUINTA

ENSEIGNEMENT RELIGIEUX. — Histoire biblique de Moïse à Samuel; 2e chapitre du catéchisme, 3 heures.

HISTOIRE ET GÉOGRAPHIE. — Les parties du monde en dehors de l'Europe, 2 heures.

HISTOIRE NATURELLE. — Les oiseaux, 2 heures.

ARITHMÉTIQUE. — Les 4 règles avec nombres concrets, 3 heures.

ALLEMAND. — La phrase simple; dictées; exercices de lecture et de récitation, 2 heures.

LATIN. — Verbes déponents; pronoms; noms de nombre; gradation; adverbes; verbes anormaux, etc., 10 heures.

FRANÇAIS. — Éléments de la grammaire; lecture; thèmes, 3 heures.

DESSIN. — 2 heures.

ÉCRITURE. — 3 heures.

CHANT. — 3 heures.

QUARTA II

ENSEIGNEMENT RELIGIEUX. — Les trois premiers chapitres du catéchisme ;-livres historiques de l'Ancien Testament, depuis le livre de Josué, 2 heures.

HISTOIRE ET GÉOGRAPHIE. — Les pays de l'Europe hors l'Allemagne, 3 heures.

HISTOIRE NATURELLE. — Les animaux vertébrés, 2 heures.

MATHÉMATIQUES. — Les 4 règles fondamentales avec des fractions, 3 heures.

ALLEMAND. — Lecture de morceaux choisis; composition de la phrase ; dictées ; devoirs écrits ; exercices oraux, 3 heures.

LATIN. — Le *que* retranché; construction ; lecture de morceaux choisis ; thèmes, 10 heures.

FRANÇAIS. — Conjugaison régulière ; lecture de morceaux choisis; thèmes, 3 heures.

DESSIN. — 2 heures.

CHANT. — 2 heures pour les voix de dessus et d'alto.

QUARTA I

RELIGION. — Explication du catéchisme ; division des livres de la Bible ; lecture du Nouveau Testament, 2 heures.

GÉOGRAPHIE ET HISTOIRE. — Histoire et géographie de l'Allemagne, 3 heures.

ARITHMÉTIQUE. — Fractions décimales ; éléments de la géométrie, 3 heures.

ALLEMAND. — Lecture de morceaux choisis ; devoirs écrits, 2 heures.

LATIN. — Lecture de morceaux choisis ; thèmes écrits et improvisés, 10 heures.

GREC. — Flexion régulière du nom et de l'indicatif des verbes purs ; thèmes ; lecture de morceaux choisis, 6 heures.

FRANÇAIS. — Verbes réguliers et irréguliers ; lecture de morceaux choisis ; thèmes.

DESSIN. — 2 heures.

CHANT. — Deux heures de chant pour voix de dessus et alto.

TERTIA II

ENSEIGNEMENT RELIGIEUX. — La vie de Jésus d'après les Évangiles ; les actes des Apôtres, 2 heures.

HISTOIRE ET GÉOGRAPHIE. — Histoire romaine, 3 heures.

HISTOIRE NATURELLE. — Minéralogie, 2 heures.

MATHÉMATIQUES. — Les quatre opérations fondamentales, puis polynomes entiers et simples ; fractions, 4 heures.

Allemand. — Lecture et explication des poésies de Schiller, 2 heures.

Latin. — César, *Bellum gallicum*, l. V, VIII ; Ovide, *Métamorphoses* ; syntaxe des modes ; thèmes, 10 heures.

Grec. — 3e déclinaison ; modes du verbe ; verbes contractés et avec simple muette ; thèmes ; lecture de morceaux choisis, 6 heures.

Français. — Verbes irréguliers ; thèmes ; exercices oraux ; lecture de morceaux choisis, 3 heures.

Dessin. — 2 heures.

TERTIA I

Enseignement religieux. — Histoire du peuple juif ; explication des écrits historiques de l'Ancien Testament et des psaumes, 2 heures.

Histoire et géographie. — Depuis les croisades jusqu'à la Réformation ; géographie de l'Europe, 4 heures.

Histoire naturelle. — Coup d'œil jeté sur les trois règnes de la nature, 2 heures.

Mathématiques. — Puissances et racines ; proportions, 4 heures.

Allemand. — Lectures de poëtes et prosateurs allemands ; exercices oraux et écrits, 3 heures.

Latin. — Cicéron, *Catilinaires* I et II ; Ovide, *Métamorphoses* ; syntaxe des cas ; thèmes, 10 heures.

Grec. — Xénophon, *Anabase*, liv. I ; les formes irrégulières ; verbes terminés par une liquide ; thèmes, 6 heures.

Français. — Syntaxe de l'adjectif ; des temps ; verbes auxiliaires ; construction ; thèmes ; examens oraux ; lecture, 3 heures.

SECUNDA II

Enseignement religieux. — La vie de Jésus ; lecture des Évangiles, 2 heures.

Histoire et géographie. — De 1648 à 1815 ; géographie physique et politique, 4 heures.

Physique. — Propriétés générales des corps, 2 heures.

Mathématiques. — Equations du 1er et du 2e degré avec une ou plusieurs inconnues, 4 heures.

Allemand. — Explication des poëtes classiques allemands ; exercices oraux et écrits, 3 heures.

Latin. — Tite-Live, livre I ; Virgile, *Enéide*, 8e et 10e livre ; grammaire ; syntaxe du verbe ; thèmes, 10 heures.

Grec. — Xénophon, *Anabase*, livres I, V, VII ; Homère, *Odyssée*, liv. 3, 4 ; verbes irréguliers ; pronoms ; prépositions ; thèmes, 6 heures.

FRANÇAIS. — Syntaxe du subjonctif ; gérondif et participe ; régime des verbes ; infinitif ; pronoms ; thèmes ; exercices oraux; lecture, 3 heures.

SECUNDA I

ENSEIGNEMENT RELIGIEUX. — Lecture de l'Ancien Testament ; fondation et développement de la théocratie.

HISTOIRE ET GEOGRAPHIE. — Histoire romaine, 3 heures.

PHYSIQUE. — Chaleur et magnétisme, 2 heures.

MATHÉMATIQUES. — Trigonométrie plane, 4 heures.

ALLEMAND. — La topique et l'art de la disposition : exercices oraux et écrits, 2 heures.

LATIN. — Cicéron, *Divination* et 4ᵉ Livre des *Verrines*; Tite-Live, liv. XXX ; Virgile, *Énéide*, liv. I-IV ; discours; thèmes, 10 heures.

GREC. — Homère, *Odyssée*, liv. XXI-XXIV et IX-X ; Xénophon, *Helléniques*, 1 heure ; grammaire et thèmes, 6 heures.

HÉBREU. — Grammaire ; lecture, 2 heures.

FRANÇAIS. — Thèmes improvisés; lecture de morceaux choisis, 2 heures.

ANGLAIS. — Exercices oraux et écrits, Dicken's *Christmas Carol*, 2 heures.

ITALIEN. — Facultatif. Exercices grammaticaux ; Le Tasse, *La Jérusalem délivrée.*

CHANT.

PRIMA II

ENSEIGNEMENT RELIGIEUX. — Évangile de saint Jean, 2 heures.

HISTOIRE ET GÉOGRAPHIE.—Histoire moderne, 3 heures.

PHYSIQUE. — L'optique.

MATHÉMATIQUES. — Algèbre ; calcul des combinaisons ; des probabilités ; fractions continues ; équations indéterminées et réciproques, 4 heures.

ALLEMAND. —Lecture des Niebelungen ; histoire de la littérature depuis Lessing, 3 heures.

LATIN. — Horace, *Odes;* Tacite, *Annales,* liv. II, V; Cicéron, *Lettres; Discours;* thèmes, 9 heures.

GREC. — Thucydide, liv. I, ch. 100, fin, et liv. II; *Ajax* de Sophocle; Homère, *Iliade*, 6 heures.

HÉBREU. — 2ᵉ livre des Rois ; psaumes; exercices grammaticaux, 2 heures.

FRANÇAIS. — Thèmes improvisés, lecture de morceaux choisis, 2 heures.

ANGLAIS. — 2 heures.

ITALIEN. —

CHANT. —

PRIMA I

ENSEIGNEMENT RELIGIEUX. — Les dogmes ; histoire de la Réformation, 2 heures.

HISTOIRE ET GÉOGRAPHIE. — Histoire de Brandebourg, révision de l'ensemble de l'histoire et de la géographie, 3 heures.

PHYSIQUE. — L'optique, 2 heures.

MATHÉMATIQUES. — Révision des cours de Secunda et de Prima II, 4 heures.

ALLEMAND. — Lecture des Niebelungen ; psychologie, 3 heures.

LATIN. — Tite-Live, liv. XXXI-XXXIV ; Horace, *Odes*, liv. III, IV ; discours latins ; thèmes, 9 heures.

GREC. — Platon, *Phédon*, Sophocle, *Ajax* ; thèmes grecs, 6 heures.

HÉBREU. — Comme en Prima II, 2 heures.

FRANÇAIS. — Comme en Prima II, 2 heures.

ANGLAIS. —   —

ITALIEN. — 2 heures.

DESSIN.   —

CHANT.   —

GYMNASTIQUE. — 2 heures par semaine pour tous les élèves de l'établissement.

Indication des matières enseignées dans la classe Prima (classe la plus avancée) du gymnase de Pforta

LANGUE LATINE. — Cicéron, *Brutus* ; Horace, *Épitres* ; Tacite, *Annales* ; Horace, *Odes* ; Cicéron, *de Finibus*.

LANGUE GRECQUE. — Démosthènes, 3e *Olynthienne de Pace* ; 2e *Philippique* ; Platon, *Protagoras* ; Sophocle, *Trachiniennes*.

LANGUE ET LITTÉRATURE ALLEMANDES. — Histoire de la littérature ancienne et moderne.

HISTOIRE ET GÉOGRAPHIE. — Histoire du moyen âge ; les Hohenstauffen, jusqu'à la Réformation.

LANGUES VIVANTES. — Corneille, le *Cid* ; Molière, l'*Avare* ; l'anglais est facultatif.

PHYSIQUE. — Le magnétisme ; l'électricité ; l'électro-magnétisme ; la météorologie ; la chaleur.

MATHÉMATIQUES. — Théorie des équations du 1er et du 2e degré ; le cercle ; les séries supérieures ; les combinaisons ; les fonctions ; le binôme ; trigonométrie et stéréométrie.

Indication des matières enseignées dans la classe Prima (rhétorique) du Friedrich's-Gymnasium de Berlin

LANGUE LATINE. — Cicéron, *Epistolæ selectæ*, *Tusculanes* ; Tacite, *Annales* ; Horace, *Carmina*.

LANGUE GRECQUE. — Platon, *Criton*, *Lachès*, *Charmidès* ; Ménon, *Ménexène* ; Démosthènes, *Philippiques* ; Sophocle, Morceaux choisis ; Homère, *Iliade*, I, XII.

LANGUE ET LITTÉRATURE ALLEMANDE. — Histoire de la littérature, depuis la Réformation jusqu'à Klopstock ; lecture de morceaux choisis des principaux écrivains de cette période.

HISTOIRE ET GÉOGRAPHIE. — Histoire générale, à partir du moyen âge jusqu'en 1815 ; révision de l'histoire ancienne et de la géographie.

LANGUES VIVANTES. — Morceaux choisis de la *France littéraire*; l'anglais est enseigné dans la *Realschule* annexée à ce gymnase.

PHYSIQUE. — Le galvanisme ; la géographie et l'astronomie ; mathématiques ; l'acoustique et l'optique.

MATHÉMATIQUES. — Géométrie analytique et sections coniques ; géométrie descriptive ; équations du 3e degré; séries infinies; astronomie sphérique ; théorie des nombres ; calcul différentiel et intégral.

III. — UNIVERSITÉS

Tableau des cours de l'université de Frédéric-Guillaume, à Berlin, en 1872

1° FACULTÉ DE THÉOLOGIE

Professeurs ordinaires.

1. Dr TWESTEN. Exégèse du Nouveau Testament et théologie systématique.

2. Dr DORNER. Théologie systématique.
3. Dr SEMISCH. Théologie historique, histoire de l'Église, vie de Jésus.
4. Dr STEINMEYER. Théologie pratique, exégèse du N. T.
5. Dr DILLMANN. Exégèse de l'Ancien Testament.

Professeur honoraire.

6. Dr BRUCKNER. Théologie pratique, exégèse du N. T.

Professeurs extraordinaires.

7. Dr BENARY. Exégèse de l'Ancien Testament, langues sémitiques.
8. WATKE, licencié en théologie. Philosophie des religions.
9. Dr PIPER. Histoire de l'Église et archéologie chrétienne.
10. Dr MESSNER. Exégèse du N. T., introduction au N. T.
11. WEINGARTEN, licencié. Histoire de l'Église.
12. KLEINERT. Exégèse de l'Ancien Testament.

Privatdocenten.

13. Dr SCHMIDT. Histoire du dogme.
14. Dr PLATH. Histoire des missions protestantes.
15. MUCKE. Histoire de la théologie.
16. Dr SOMMATZSCH.   —
17. Dr HEINRICI.   —

2º FACULTÉ DE DROIT

Professeurs ordinaires.

18. Dr HEFFTER. Droit des gens, procédure, Code pénal.
19. Dr HOMMEYER. Droit allemand, histoire du droit.
20. Dr RUDORFF. Droit romain.
21. Dr BESELER. Droit public et droit privé, Code pénal.
22. Dr HEYDEMANN. Droit naturel, droit prussien.
23. Dr BRUNS. Droit romain.
24. Dr GNEIST. Droit civil, Pandectes.
25. Dr BERNER. Droit criminel, droit des gens.

Professeur honoraire.

26. Dr BORETUIS. Droit général et droit allemand.

Professeurs extraordinaires.

27. Dr V. HOLTZENDORFF. Droit public, droit politique, Code pénal.
28. Dr BARON. Droit romain.
29. Dr LEWIS. Droit allemand.
30. Dr BEHREND. Droit allemand, droit commercial.
31. D^r ECK. Droit romain.
32. Dr GIERKE. Droit allemand.

Privatdocenten.

33. Dr SCHMIDT. Droit romain, droit civil, histoire du droit.
34. Dr RUBO. Droit criminel, procédure.

3º FACULTÉ DE MÉDECINE

Professeurs ordinaires.

35. Dr JUNGKEN. Chirurgie.
36. Dr EHRENBERG. Histoire de la médecine, physiologie des insecticides.
37. Dr LANGENBECK. Chirurgie.
38. Dr REICHERT. Anatomie.
39. Dr ROMBERG. Pathologie et thérapie.
40. Dr MARTIN. Accouchements.
41. Dr BARDELEBEN. Chirurgie.
42. Dr WIRCHOW. Anatomie pathologique.
43. Dr FRERICHS. Pathologie et thérapie, médecine clinique.
44. D^r DU BOIS REYMOND. Physiologie.
45. Dr HIRSCH. Histoire de la médecine.

Professeurs extraordinaires.

46. Dr TRAUBE. Pathologie et thérapie.
47. Dr GURLT. Chirurgie.
48. Dr LIMAN. Médecine légale.
49. Dr SKRZEZKA. Médecine légale.
50. Dr EBERT. Maladies des enfants et des femmes.
51. Dr MEYER. Pathologie et thérapie.
52. Dr ROSENTHAL. Physiologie.
53. Dr HARTMANN. Anatomie.
54. Dr SCHWEIGGER. Maladies des yeux.
55. Dr LEWIN. Maladies de poitrine.
56. Dr ALBRECHT. Maladies des dents.

57. Dr WESTPHAL. Maladies mentales.
58. Dr MUNK. Physiologie.
59. Dr WALDENBURG. Pathologie générale et spéciale.
60. Dr LUCAS. Maladies des oreilles.
61. Dr SCHULTZEN. Pathologie, thérapie.

Privatdocenten.

62. Dr SCHÖLLER. Accouchements.
63. Dr LAUER. Chirurgie, histoire de la médecine.
64. Dr RAVOTH. Chirurgie.
65. Dr BERGSON. Pathologie et thérapie.
66. Dr VALENTINER. Hydrologie, hydrothérapie.
67. Dr KUSTELLER. Accouchements.
68. Dr ERHARD. Guérison des maux d'oreilles.
69. Dr MITSCHERLICH. Chirurgie.
70. Dr TOBOLD. Maladies du cou et de la poitrine.
71. Dr EULENBURG. Pathologie et thérapie.
72. Dr GUTTMANN. —
73. Dr ZULZER. Matière médicale.
74. Dr LIEBREICH. —
75. Dr WOLFF. Chirurgie, anatomie.
76. Dr SENATOR. Maladies des voies urinaires.
77. Dr COHNSTEIN. Accouchements.
78. Dr PINEUS. Maladies cutanées.
79. Dr FALK. Médecine légale et histoire de la médecine.
80. Dr SANDER. Maladies mentales.
81. Dr BUSCH. Chirurgie, anatomie.
82. Dr QUINCKE. Pathologie.
83. Dr RIESS. Empoisonnements.
84. Dr HIRSCHBERG. Maladies des yeux.
85. Dr FRAENTZEL. —
86. Dr MENDEL. —

4° FACULTÉ DE PHILOSOPHIE

Professeurs ordinaires.

87. Dr RAUMER. Histoire des sciences politiques.
88. Dr RANKE. Ne fait plus de cours.
89. Dr RÖDIGER. Langues orientales.
90. Dr TRENDELENBOURG. Philosophie.
91. Dr ROSE. Minéralogie.
92. D^r OHM. Mathématiques supérieures.
93. Dr DROYSEN. Histoire.

94. Dr KUMMER. Mathématiques supérieures.
95. Dr HAUPT. Philologie classique et allemande.
96. Dr DOVE. Physique.
97. Dr BRAUN. Botanique.
98. Dr HELMHOLZ. —
99. Dr LEPSIUS. Antiquités égyptiennes.
100. Dr HELWING. Histoire et science financière.
101. Dr MOMMSEN. Antiquités romaines.
102. Dr MÜLLENDORF. Langue et littérature allemandes.
103. Dr CURTIUS. Philologie classique.
104. Dr PETERS. Anatomie et zoologie.
105. Dr HORMS. Philosophie et sciences naturelles.
106. Dr HOFMANN. Chimie.
107. Dr VEIERSTRASS. Mathématiques supérieures.
108. Dr BEYRICH. Philologie classique.
109. Dr WAGNER. Finances et économie politique.
110. D^e WEBER. Sanscrit.
111. Dr HUBNER. Archéologie romane.
112. Dr TOBLER. Langues romanes.

Professeurs extraordinaires.

113. Dr KRONECKER. Mathématiques supérieures.
114. Dr BONITZ. Philologie classique.
115. Dr HOTHO. Histoire de la littérature, esthétique.
116. Dr MASSMANN. Ancien allemand, langue et littérature.
117. Dr MICHELET. Philosophie.
118. Dr ERMAN. Physique.
119. Dr POGGENDORF. Physique.
120. Dr PETERMANN. Langues orientales.
121. Dr RIEDEL. Économie nationale.
122. Dr SCHOTT. Langues tartares finnoises, langues asiatiques.
123. Dr WERDER. Philosophie.
124. Dr GRUPPE. —
125. Dr RAMMELSBERG. Chimie.
126. Dr GEPPERT. Philologie.
127. Dr DIETERICI. Langues orientales.
128. Dr ALTHAUS. Philosophie.
129. D^e KIEPERT. Géographie.
130. Dr SCHNEIDER. Chimie.
131. Dr STEINTHAL. Recherches étymologiques.
132. Dr FÖRSTER. Astronomie.
133. Dr FRIEDLANDER. Sciences économiques.
134. Dr KOCK. Botanique.
135. Dr QUINEKE. Physique.

136. Dr BAEYER. Chimie.
137. Dr BELLERMANN. Théorie et pratique de la musique.
138. Dr ROTH. Géologie.
139. Dr MULLACH. Philologie classique et grec moderne.
140. Dr SONNENSCHEIN. Chimie.
141. Dr THOMÉ. Mathématiques supérieures.
142. Dr WICKELHAUS. Chimie.
143. Dr ORTH. Philosophie.
144. Dr GARCKE. Botanique et pharmacie.

Privatdocenten.

145. Dr SCHULTZ. Climatologie.
146. Dr MORCKER. Rhétorique, philosophie pédagogique.
147. Dr WETZSTEIN. Langues sémitiques.
148. Dr HOPPE. Mathématiques et philosophie.
149. Dr HAARBRUCKER. Langues sémitiques.
150. Dr GERSTACKER. Entomologie.
151. Dr DUHBRING. Économie politique.
152. Dr JOHANTGEN. Sanscrit.
153. Dr HASSEL. Histoire.
154. Dr BASTIAN. Ethnologie.
155. Dr KNY. Botanique.
156. Dr OPPENHEIM. Chimie.
157. Dr SELL.   —
158. Dr ASCHERSON. Botanique.
159. Dr SADEBECK. Minéralogie.
160. Dr HEYDENMANN. Philologie et archéologie.
161. Dr LOSSEN. Géographie.
162. Dr WARBOURG. —
163. Dr TUTJEN. Chimie.
164. Dr GRIMM. L'art italien et la peinture.
165. Dr GROTH. Minéralogie.
166. Dr SCHOLL, Philologie.
167. Dr PINNER.   —
168. Dr LAROCHE.   —
169. Dr BRALUSCHECK. Philologie.
170. Dr JABRUCCI. Langue italienne.
171. Dr SOLLY. Langue anglaise.
172. Dr MICHAELIS. Sténographie.
173. Dr NEUMANN. Maître de danse.

174. Dr PERTZ. Bibliothécaire.
175. Dr KONES.   —
176. Dr ASCHERSON. —

Cours professés à l'université de Berlin pendant le semestre d'hiver 1865-1866

1° FACULTÉ DE THÉOLOGIE

Professeurs ordinaires.

Dogmatique spéciale, 6 heures par semaine.
Théologie du Nouveau Testament, vie de Jésus-Christ, 5 heures.
Histoire du règne de Dieu jusqu'à Jésus-Christ, 1 heure.
Introduction explicative de l'Ancien Testament, 5 heures.
Explication des psaumes, 5 heures.
La vie de Jésus-Christ. Critique des évangiles, 2 heures.
Histoire de l'Église jusqu'à la Réformation, 6 heures.
Exercices de catéchisme et de prédication, 2 heures.
— — 2 heures.
Théologie pratique, 5 heures.
Les Symboles œcuméniques, 1 heure.
Théologie symbolique, 5 heures.
Introduction à la critique du Nouveau Testament, 5 heures.

Professeurs extraordinaires.

Explication du livre des Juges, 1 heure.
Explication de la Genèse, 5 heures.
La vie et la doctrine de saint Paul, 1 heure.
Explication de l'Épître aux Romains, 5 heures.
Encyclopédie et méthodologie, 2 heures.
Histoire de l'Église, première partie, 5 heures.
Archéologie et patristique, 1 heure.
Homilétique (théorique et pratique), 2 heures.
Histoire biblique, 4 heures.
Dogmatique, 1 heure.
Explication d'Isaïe, 6 heures.
Introduction aux livres de l'Ancien Testament, 5 heures.

Privatdocenten.

Explication de la Genèse, 5 heures.
L'inspiration des prophètes, 2 heures.
Explication d'Isaïe, 2 heures.
Histoire du culte israélite, 2 heures.
Grammaire chaldaïque et syriaque, 2 heures.

Explication des trois Épîtres de saint Paul.

Histoire des dogmes chrétiens, 5 heures.

Théologie symbolique, 1 heure.

Explication des passages dogmatiques de l'Ancien et du Nouveau Testament.

Histoire de l'Église, première partie, 5 heures.

Histoire des dogmes chrétiens, 5 heures.

2°. FACULTÉ DE DROIT

Professeurs ordinaires.

Psychologie criminelle, 1 heure.

Droit naturel, philosophie du droit, 4 heures.

Droit criminel, 4 heures.

Procédure criminelle, 2 heures.

Droit des gens, 2 heures.

Droit allemand privé, droit commercial, 5 heures.

Exercices pratiques, 1 heure.

Pandectes, 1 heure.

Droit pratique des Pandectes, 6 heures.

Histoire du droit anglais, 1 heure.

Droit d'héritage des Romains, 2 heures.

Droit civil commun et prussien, 4 heures.

Droit public allemand et prussien, 4 heures.

Droit canonique, 4 heures.

Droit prussien, 1 heure.

Encyclopédie et méthodologie du droit, 3 heures.

Droit civil de Prusse, 4 heures.

Histoire de l'Empire et du droit germanique, 4 heures.

Histoire des États provinciaux en Allemagne, 3 heures.

Explication du IVe livre de Gaius, 2 heures.

Histoire du droit romain, 5 heures.

Instituies et antiquités du droit romain, 5 heures.

Professeurs extraordinaires.

Histoire et état actuel de la Confédération germanique, 3 heures.

Droit commun de la Prusse, 4 heures.

Droit civil français, 4 heures.

Droit conjugal catholique et protestant, 1 heure.

Droit civil de Prusse, 4 heures.

Droit canonique protestant et catholique, 4 heures.

Droit ecclésiastique et canonique, 1 heure.

La peine de mort, 1 heure.

Droit criminel commun et de Prusse, 4 heures.
Procédure criminelle française, 2 heures.
Droit public allemand, droit des princes, 2 heures.
Droit des gens, 3 heures.
Explication pratique sur le droit criminel, 1 heure.

Privatdocenten.

Droit de Prusse, 1 heure.
Histoire du droit romain, 1 heure.
Instituts et antiquités du droit romain, 4 heures.
Droit civil de Prusse, 1 heure.
Droit féodal, 1 heure.
Droit privé germanique, 4 heures.
Droit commercial, maritime et de change, 4 heures.
Histoire du droit romain en Allemagne, 1 heure.
Histoire de l'Empire et du droit germanique, 4 heures.
Droit de succession en Prusse, 1 heure.
Jurisprudence des Pandectes, 1 heure.
Antiquités du droit romain, 5 heures.
Rapports entre l'État et l'Église, 1 heure.
Droit ecclésiastique et conjugal, 4 heures.
Droit public de Prusse, 3 heures.
Droit public et canonique, 1 heure.
Justice privée des Romains, 2 heures.
Droit de succession des Romains, 3 heures.
Droit de change moderne en Allemagne, 1 heure.
Droit privé, droit féodal germanique, 4 heures.
Droit commercial et maritime en Allemagne, 4 heures.
Explication du *Speculum saxonicum*, 2 heures.
Histoire de l'Empire et du droit germanique, 4 heures.
Interprétation des solutions des digestes, 1 heure.
Encyclopédie et méthodologie du droit, 3 heures.

3° FACULTÉ DE MÉDECINE

Professeurs ordinaires.

Sur quelques découvertes faites par les naturalistes, 1 heure.
Physiologie expérimentale, 5 heures.
    —   —   1 heure.
    — comparée microscopique, 1 heure.
Histoire générale de la médecine, 1 heure.
Pathologie et thérapie, 3 heures.
Clinique médicale, 6 heures.

Maladies du système nerveux, 5 heures (à la Charité).
Pratique médicale, 6 heures (à la Polyclinique).
Histoire des maladies populaires, 1 heure.
Histoire générale de la médecine, 3 heures.
Pathologie et thérapie, 5 heures.
Des Hernies, 2 heures.
Chirurgie générale et spéciale, 4 heures.
. Clinique de chirurgie et d'ophthalmologie (à la Charité), 5 heures.
Expériences de chirurgie et d'anatomie, 3 heures.
Obstétrique, 4 heures.
Clinique d'accouchement, 6 heures (à la Charité).
Exercices pratiques d'accouchement.   —
Les médicaments excitants, 2 heures.
Matière médicale, 6 heures.
Ostéologie, 1 heure.
Anatomie du cerveau et de la moelle épinière, 1 heure.
Anatomie générale, 6 heures.
Structure du corps humain (au microscope).
Exercice pratique d'anatomie.
Encyclopédie et méthodologie de la médecine, 2 heures.
Pathologie et thérapie générale, et leur histoire, 4 heures.
Matière médicale (expérimentale).
Cours pratique d'anatomie et de pathologie au microscope,
     6 heures.
. Cours pratique d'ostéologie pathologique, 6 heures.

Professeurs extraordinaires.

Sur les lunettes, 1 heure.
Ophthalmologie, 2 heures.
          —   2 heures.
Clinique d'ophthalmologie, 6 heures.
Cours pratique d'ophthalmologie expérimentale.
Chirurgie générale, 6 heures.
Opérations chirurgicales sur les cadavres.
Proclinique, maladies des enfants, 6 heures.
Erreurs de la médecine moderne, 1 heure.
Hygiène.
Cours théorique et pratique d'ophthalmiatrie, 4 heures.
Anatomie des organes des sens, 1 heure.
Ostéologie et syndesmologie du corps humain, 3 heures.
Hygiène publique, 1 heure.
Médecine légale, 3 heures.
Dissection médico-légale, 6 heures.
Sur les nerfs, 2 heures.

Clinique des maladies de nerfs, 6 heures.
Toxicologie, 2 heures.
Médecine légale, 3 heures.
Dissection médico-légale, 6 heures.
Pathologie et thérapie, 1 heure.
Auscultation, 4 heures.
Clinique, auscultation et percussion (à la Charité).
Fractures et luxations, 2 heures.
Application de bandages, 3 heures.

Privatdocenten.

Maladies des dents et de la bouche, 2 heures.
Expériences sur les dents et leur guérison, 6 heures.
Expériences chirurgicales et d'ophthalmologie.
Rédaction des prescriptions, 2 heures.
Pathologie et thérapie spéciales, 6 heures.
Maladies vénériennes, 2 heures.
Maladies cutanées, 2 heures.
Clinique des maladies d'enfants, 2 heures (à la Charité).
Maladies des oreilles, 1 heure.
Sur la responsabilité morale, 1 heure.
Pathologie des maladies vénériennes, 1 heure.
Chirurgie, 6 heures.
Médecine légale, 2 heures.
Maladies des femmes, 2 heures.
Art obstétrical (théorie et pratique), 4 heures.
Sur les bains et les eaux thermales, 2 heures.
Rédaction des prescriptions, 3 heures.
Effets physiologiques des gaz, 3 heures.
Toxicologie, 3 heures.
Répétition d'ostéologie et physiologie.
Théorie et pratique de l'obstétrique, 4 heures.
Opérations obstétricales.
Clinique des maladies cutanées et vénériennes, 3 heures.
Emploi du laryngoscope.
Les maladies du cœur.
Percussion, auscultation, 3 heures.
Auscultation, percussion et laryngoscope, 4 heures.
Chirurgie générale et spéciale, 5 heures.
Physiologie de la génération animale, 1 heure.
Physiologie des nerfs et des muscles, 4 heures.
Sur les hernies, 1 heure.
Expériences sur la poncture.
Sur les vices héréditaires,

Chirurgie générale et spéciale, 4 heures.
Auscultation, percussion, etc.
Diagnostic, 2 heures.
Emploi médical de l'électricité, 1 heure.
Physiologie expérimentale, 2 heures.
Divers sujets de physiologie.
Ophthalmologie, 3 heures.
Emploi de l'ophthalmoscope.
Diagnostic des abnormités de l'œil.
Théorie et pratique de l'obstétrique, 4 heures.
Opérations obstétricales.
Sur les eaux thermales, 2 heures.
Répétitions de pharmacologie.
Position des viscères dans le corps humain, 1 heure.
Sur le laryngoscope, 1 heure.
Laryngoscope, auscultation, inhalation, etc.
Guérison de la folie, maladies du cerveau, 2 heures.

4º FACULTÉ DE PHILOSOPHIE

Professeurs ordinaires.

Explication d'Eschine, *oratio in Ctesiphontem*, 2 heures.
Paléontologie, 5 heures.
Antiquités grecques, 6 heures.
Botanique, 1 heure.
Botanique spéciale, 4 heures.
Cryptogames.
Météorologie, 1 heure.
Physique expérimentale, 4 heures.
Histoire grecque, 4 heures.
Archéologie, 2 heures.
Mythologie grecque.
Économie nationale, 4 heures.
Science financière, 4 heures.
Eschyle : *les Perses,* 4 heures.
Plaute : *Miles gloriosus,* 4 heures.
Politique et économie politique.
Principes de l'économie politique.
Logique et métaphysique, 4 heures.
Économie politique, théorie des finances, 4 heures.
Chimie organique, 1 heure.
Chimie expérimentale, 3 heures.

Explication des discours de Lysias, 2 heures.
Histoire des poëmes d'Homère, 2 heures.
Explication de l'*Odyssée*, 2 heures.
Surfaces du 4ᵉ ordre, 1 heure.
Mécanique analytique, 4 heures.
Histoire d'Égypte, 1 heure.
Grammaire des hiéroglyphes, 3 heures.
Explication des monuments égyptiens, 1 heure.
Expériences de physique.
Physique expérimentale, 5 heures.
Explication de Tite-Live, l. 41, 1 heure.
Inscriptions latines, 4 heures.
Explication des monuments de l'ancien allemand, 1 heure.
Histoire de l'ancienne poésie allemande, 4 heures.
Explication de Tacite, *Germania*, 4 heures.
Analyse des nombres déterminés, 3 heures.
Zoologie générale et spéciale, 6 heures.
Zootomie, 4 heures.
Exercices historiques.
Histoire moderne d'Angleterre et de son parlement, 4 heures.
Histoire de la politique, 1 heure.
Langue syriaque, 1 heure.
Grammaire des langues sémitiques, 1 heure.
Explication des Psaumes, 5 heures.
Principes de la grammaire arabe, 3 heures.
Langue perse comparée au sanscrit.
Cristallographie, 1 heure.
Minéralogie, 6 heures.
Aristote : *Éthique, à Nicomaque*, l. VI, 2 heures.
Psychologie, 4 heures.
Histoire de la philosophie, 5 heures.
Théorie des fractions analytiques, 6 heures.
Équations algébriques, 6 heures.

Professeurs extraordinaires.

Histoire de la philosophie moderne, 2 heures.
Logique, 4 heures.
Histoire générale de la philosophie au xviiᵉ siècle, 4 heures.
Théorie des déterminantes, 2 heures.
Algèbre, 4 heures.
Calcul différentiel, 4 heures.
Géographie physique et histoire de la Méditerranée, 3 heures.
Expériences au microscope.

Botanique des plantes médicinales, 6 heures.
Pharmacognosie, 4 heures.
Explication de quelques auteurs arabes, 1 heure.
Grammaire arabe, 3 heures.
Explication de la Genèse, 5 heures.
Théorie des phénomènes géographiques, 3 heures.
Mécanique analytique, 1 heure.
Histoire de l'astronomie, 2 heures.
Théorie du mouvement des planètes et des comètes, 4 heures.
Exercices archéologiques, 1 heure.
Histoire de la sculpture grecque, 1 heure.
Économie nationale, 4 heures.
Plaute : *Epidicus*, 2 heures.
Études philologiques, 1 heure.
Histoire de la littérature latine, 4 heures.
Mythologie grecque, 3 heures.
Exercices de paléographie.
Paléographie latine, 3 heures.
Histoire naturelle des glumacées, 1 heure.
Système des plantes médicinales, 6 heures.
Exercices d'anatomie et de physiologie, 4 heures.
Géographie ancienne, 3 heures.
Botanique, maladies des plantes, 4 heures.
Science agronomique, 1 heure.
Exercices historiques, 1 heure.
Histoire d'Allemagne, 4 heures.
L'art du chant (religieux), 2 heures.
Composition musicale, 4 heures.
Pédagogie, 2 heures.
Explication des *Niebelungen*, 6 heures.
Exercices de lecture des manuscrits.
Logique, encyclopédie des sciences philosophiques, 4 heures.
Histoire de la philosophie, 4 heures.
Histoire du nouveau monde, 2 heures.
Géographie et ethnographie de l'Europe, 4 heures.
Langue chaldéenne, 1 heure.
Histoire des Arméniens, 3 heures.
Histoire générale de la physique depuis Galilée, 2 heures.
Théorie de l'électricité, 1 heure.
Physique appliquée aux mathématiques. Acoustique, 4 heures.
Métallurgie chimique, 3 heures.
Principes de l'analyse qualitative et quantitative, 1 heure.
Chimie expérimentale, 6 heures.
Pharmacie, 3 heures.
Expériences chimiques, 8 heures par jour.

Langue turque, 3 heures.
Principes de la psychologie des peuples. 1 heure.
Philosophie de la langue, grammaire générale, 4 heures.
Caractère des langues indo-germaniques, 4 heures.
Histoire universelle des arts, 5 heures.
Explication de Kalidasa (*Sacountala*), 2 heures.
Grammaire sanscrite, 3 heures.
Grammaire zend où grammaire Pâli, 2 heures.
Explication du Rigveda et de l'Atharvaveda.
Cours de sanscrit, de zend, ou de Pâli.
Sur l'art dramatique, 1 heure.
Psychologie et anthropologie, 3 heures.

Privatdocenten.

Chimie organique expérimentale, 4 heures.
Expériences de chimie organique, 6 heures.
Sur Scleiermacher, 1 heure.
Logique et encyclopédie des sciences philosophiques, 1 heure.
Sur les limites de la philosophie et de la poésie, 1 heure.
Sur Henry Carey, économiste politique de l'Amérique, 1 heure.
Logique et métaphysique, 4 heures.
Économie politique, 4 heures.
Histoire de la civilisation moderne, 5 heures.
Zoologie agronomique, animaux nuisibles à l'agriculture, 3 heures.
Entomologie, 3 heures.
Explication du Coran, 2 heures.
Dialectes sémitiques.
Calcul différentiel, 4 heures.
Géométrie analytique, 4 heures.
Explication du Bhagavadgita.
Grammaire sanscrite de Panini, 3 heures.
Grammaire Hindoustane ou Pâli, 2 heures.
Philosophie indienne.
Satires de Juvénal, 2 heures.
Syntaxe de la langue latine, 1 heure.
Lucrèce : *De rerum natura*, 2 heures.
Exercices de rhétorique, 2 heures.
Philosophie de la nature des anciens (Aristote), 4 heures.
Histoire des universités allemandes, 1 heure.
Systèmes de philosophie moderne depuis Kant, 4 heures.
Chimie expérimentale, 6 heures.
Démosthènes : *Olynthiennes* (en latin), 1 heure.
Horace : *Épîtres*, 4 heures.

Physique appliquée, acoustique, optique, etc., 3 heures.
Géologie générale, 5 heures.
Sur la salubrité du climat italien, 1 heure.
Climatologie médicale, 2 heures.
Zoologie générale, 2 heures.
Histoire naturelle des entozoaires, 1 heure.
Entretiens sur la chimie.
Histoire de la chimie, 1 heure.
Partie qualitative et quantitative de la chimie analytique, 3 heures.
Chimie médico-légale, 3 heures.
Expériences chimiques (8 heures par jour).
Théorie des irrigations et du drainage, 1 heure.
Principes de l'agriculture, 3 heures.
Soins à donner aux bestiaux, 3 heures.
Sur les revenus et les dépenses (tenue des livres).

LECTURES DE LANGUES VIVANTES :

Histoire de la littérature italienne, 3 heures.
Grammaire italienne, 2 heures.
Cours d'italien et de français.
Sténographie allemande, 2 heures.
Cours de sténographie allemande, anglaise, française et italienne.
Grammaire perse et langue zend (en polonais), 2 heures.
Langue turque, explication du Kirk Vezer, 3 heures.
Cours pratique des langues persane et turque.
Histoire de la littérature anglaise jusqu'au xvi° siècle, en anglais, 1 heure.

Il s'est donc fait, d'après ce tableau donné par M. Minssen, 386 cours à l'université de Berlin pendant le semestre de 1865-1866.

IV. — ÉCOLES SPÉCIALES

POUR LE COMMERCE ET L'INDUSTRIE

Cours de l'académie royale de commerce de Berlin

TROIS CLASSES D'ÉTUDIANTS : *chimistes, mécaniciens, constructeurs de navires.*

Chimie, minéralogie, technologie chimique.
Construction.
Science des machines.
Science des ornements et dessin.
Technologie mécanique.
Constructions navales.
Mathématiques.

Physique.
Arts plastiques.
Théorie de la mécanique.
Géométrie.
Photochimie et optique photographique.
Économie nationale.
Géologie, botanique.

École commerciale de Leipzig

PREMIÈRE CLASSE

LUNDI. Mathématiques, technologie, arithmétique, français, dessin, connaissance des marchandises, 7 heures.

MARDI. Géographie, allemand, anglais, histoire, chimie, 6 heures.

MERCREDI. Français, allemand, chimie, technologie, économie, science du commerce, italien, 7 heures.

JEUDI. Tenue des livres, technologie, anglais, mathématiques, calligraphie, 6 heures.

VENDREDI. Droit commercial, géographie, arithmétique, français, correspondance commerciale, 6 heures.

SAMEDI. Italien, anglais, allemand, histoire, 5 heures.

En tout 30 heures.

DEUXIÈME CLASSE

LUNDI. Anglais, science du commerce, français, arithmétique, histoire, allemand, 6 heures.

MARDI. Français, physique, science du commerce, calligraphie, mathématiques, 6 heures.

MERCREDI. Anglais, géographie, arithmétique, italien, dessin, 7 heures.

JEUDI. Allemand, mathématiques, histoire, français, physique, italien, 6 heures.

VENDREDI. Anglais, science du commerce, français, géographie, calligraphie, arithmétique, italien, 7 heures.

SAMEDI. Anglais, allemand, mathématiques, physique, 4 heures.

En tout 34 heures.

TROISIÈME CLASSE

LUNDI. Allemand, mathématiques, anglais, français, calligraphie, arithmétique.

MARDI. Histoire naturelle, anglais, arithmétique, géographie, histoire, calligraphie, français, 7 heures.

MERCREDI. Histoire naturelle, français, allemand, anglais, mathématiques, calligraphie, 6 heures.

JEUDI. Calligraphie, allemand, anglais, arithmétique, dessin, 6 heures.

VENDREDI. Arithmétique, français, allemand, anglais, géographie, calligraphie, histoire, 7 heures.

SAMEDI. Français, mathématiques, histoire naturelle, calligraphie, 4 heures.

École industrielle municipale (Gewerbeschule) de Berlin

Religion, allemand, français, anglais, histoire, mathématiques, physique, chimie, travaux chimiques au laboratoire, histoire naturelle, dessin, géométrie, chant, gymnastique, géographie, lecture, arithmétique.

École commerciale de filles, à Leipzig

PREMIER COURS

LUNDI. Anglais, tenue des livres, grammaire française.
MARDI. Arithmétique commerciale, calligraphie, lecture et con-
versation française.
MERCREDI. Dessin, géographie et histoire, droit commercial.
JEUDI. Tenue des livres, correspondance allemande.
VENDREDI. Economie domestique, correspondance et conversa-
tion française.
SAMEDI. Calligraphie, arithmétique commerciale.

DEUXIÈME COURS

LUNDI. Tenue des livres, anglais.
MARDI. Grammaire française, arithmétique commerciale, corres-
pondance allemande.
MERCREDI. Dessin, calligraphie, droit commercial.
JEUDI. Anglais, histoire et géographie commerciales.
VENDREDI. Lectures françaises, tenue des livres, économie do-
mestique.
SAMEDI. Arithmétique commerciale, calligraphie, grammaire
française.

V. — ÉCOLES SPÉCIALES SUPÉRIEURES

INSTITUTS POLYTECHNIQUES

Programme des études de l'Académie Thérésienne, à Vienne

ÉCOLE PRÉPARATOIRE

DEUX CLASSES

Les élèves qui se présentent à cette école doivent savoir lire,
écrire et compter.

Dans les deux classes on enseigne la religion, l'allemand, l'orthographe, l'écriture, l'arithmétique et les premiers principes du latin. Dès qu'ils sont suffisamment préparés, ils entrent au gymnase.

GYMNASE

Tous les élèves du gymnase ont par semaine trois' leçons de français et deux de dessin. Ceux qui viennent de la Hongrie, de la Pologne ou de la Croatie ont en outre par semaine douze leçons de leur langue maternelle.

Tous commencent l'étude de l'italien en cinquième. Les plus capables et les plus appliqués peuvent y joindre celle de l'anglais.

PREMIÈRE CLASSE

Religion, latin, allemand, géographie, arithmétique, géométrie, histoire naturelle.

DEUXIÈME CLASSE

Religion, latin, allemand, histoire et géographie, arithmétique, géométrie, histoire naturelle.

TROISIÈME CLASSE

Religion, latin, allemand, grec, histoire et géographie, arithmétique, histoire naturelle, principes de physique.

QUATRIÈME CLASSE

Religion, latin, allemand, grec, histoire et géographie, arithmétique, géographie, physique.

CINQUIÈME CLASSE

Religion, latin, grec, allemand, histoire et géographie, algèbre, géométrie, histoire naturelle.

SIXIÈME CLASSE

Comme dans la cinquième, sans aucun changement.

SEPTIÈME CLASSE

Latin, grec, allemand, histoire et géographie, algèbre, géométrie, physique, logique.

HUITIÈME CLASSE

Comme dans la septième, et de plus la psychologie.

ÉTUDES DE DROIT ET DE SCIENCES POLITIQUES

PREMIÈRE ANNÉE

Histoire de l'empire d'Allemagne et du droit allemand, histoire d'Autriche, philosophie pratique universelle, Institutes de Justinien et histoire du droit romain.

DEUXIÈME ANNÉE

Procédure civile romaine, Pandectes, droit allemand général, droit canonique, droit philosophique, résumé des sciences de jurisprudence.

TROISIÈME ANNÉE

Droit civil autrichien, droit pénal autrichien, procédure pénale, sciences politiques.

QUATRIÈME ANNÉE

Procédure civile autrichienne, droit commercial, sciences politiques, statistique de l'Autriche.

Outre ces études, qui sont obligatoires, les élèves peuvent encore étudier : le droit des gens, la législation de l'Allemagne, le code des mines, le droit féodal autrichien, l'économie politique (au point de vue de l'Autriche), les doctrines de l'administration autrichienne, la statistique des États européens, la médecine légale, quelques points d'histoire.

École royale polytechnique de Bavière, à Munich

Fondée en 1833, réorganisée en 1868 ; elle a 5 divisions : 1° division générale, 191 étudiants ; 2° ingénieurs, 219 étudiants ; 3° architecture, 58 étudiants ; 4° mécaniciens, 48 ; 5° chimie industrielle, 79.

COURS DE L'ANNÉE 1872

Professeurs ordinaires.

Dr BAUERFEIND, Directeur de l'école. Géodésie et science de l'ingénieur.

LECTURE (3 heures par semaine). Récitation de poëmes appris par cœur.

ALLEMAND (3 heures par semaine). Etudes des parties du discours, les prépositions, exercices sur les premières difficultés de l'orthographe.

FRANÇAIS (4 heures par semaine). Traduction de morceaux faciles, étude de la conjugaison des verbes auxiliaires.

GÉOGRAPHIE (2 heures par semaine). Etude de la géographie générale de l'Allemagne au moyen des cartes muettes.

CALCUL ÉCRIT (3 heures par semaine). Les quatre règles avec des exercices.

DESSIN (2 heures par semaine). Tracé des lignes droites, verticales et horizontales, quelques têtes.

ÉCRITURE (3 heures par semaine). Exercices d'écriture courante, modèles à copier.

TRAVAIL DES MAINS (4 heures par semaine). Apprendre à broder et à marquer.

4ᵉ CLASSE. — *Deux divisions.*

RELIGION (2 heures par semaine). Explication de l'Ancien et du Nouveau Testament, cantiques.

LECTURE (4 heures par semaine). Récitation de poëmes comme dans les classes précédentes.

ALLEMAND (3 heures par semaine). Etudes des principales parties du discours, la syntaxe et quelques petites compositions sur des sujets donnés.

FRANÇAIS (4 heures par semaine). Lecture et traduction de morceaux faciles, conjugaison des verbes irréguliers.

CALCUL ÉCRIT (2 heures par semaine). Les quatre règles avec des exercices un peu plus difficiles.

GÉOGRAPHIE (2 heures par semaine). Les quatre parties du monde avec les divisions principales.

HISTOIRE NATURELLE (1 heure par semaine). Les oiseaux.

HISTOIRE (2 heures par semaine). Histoire ancienne en détail.

DESSIN (2 heures par semaine). Figures.

ÉCRITURE (2 heures par semaine). Ecriture courante et abréviations.

CHANT (2 heures par semaine). Choraux et chants à deux voix.

TRAVAUX DES MAINS (4 heures par semaine). Broder, marquer, broder au plumetis.

3ᵉ CLASSE. — *Deux divisions.*

RELIGION (2 heures par semaine). Commencement du grand catéchisme.

LECTURE (2 heures). Les anciens poëtes, morceaux en prose.

ALLEMAND (3 heures). Etude de la syntaxe, quelques compositions, littératures graduées.

FRANÇAIS (5 heures). Conjugaison des verbes irréguliers, traduction de quelques morceaux faciles de la *Chrestomathie* de Ru-
dolphe.

ANGLAIS (2 heures). Prononciation, premiers éléments de grammaire.

CALCUL ÉCRIT (2 heures). Les fractions avec des problèmes.

GÉOGRAPHIE (2 heures). L'Europe en général et détails sur l'Allemagne.

HISTOIRE NATURELLE (2 heures). Les amphibies, les poissons,
éléments de la botanique.

ÉCRITURE (2 heures). Ecriture courante et abréviative.

DESSIN (2 heures). Têtes, ornements, arbres, fleurs, etc.

CHANT (2 heures). Choraux à une voix, continuation des exercices à deux voix.

TRAVAIL DES MAINS. Coudre, broder, marquer.

2e CLASSE. — *Deux divisions.*

RELIGION (2 heures). . Histoire des douze apôtres, catéchisme
détaillé.

ALLEMAND (4 heures). Continuation de la syntaxe et compositions
littéraires.

FRANÇAIS (6 heures). Syntaxe, lecture, compositions littéraires
sur des sujets donnés, compositions françaises.

ANGLAIS (3 heures). Syntaxe, traduction, compositions faciles et
conversation en anglais.

CALCUL ÉCRIT (2 heures). Règles de société, d'alliage, d'intérêt, etc.

HISTOIRE (3 heures). Histoire de l'Allemagne au moyen âge.

GÉOGRAPHIE (2 heures). Etudes de l'Afrique, de l'Asie, de l'A-
mérique et de l'Australie.

HISTOIRE NATURELLE (2 heures). Suite des familles en zoologie
et continuation de la botanique.

DESSIN (2 heures). Ornements, groupes, éléments de perspective
et ombre.

CHANT (2 heures). Choraux, chant à 2 et 3 voix, musique d'église,
avec les deux divisions de la 1re classe.

TRAVAIL DES MAINS (2 heures). Broder, marquer, raccommoder
la dentelle.

1re CLASSE. — *Une division.*

RELIGION (2 heures). Histoire de l'Église, lecture et explication
des Évangiles.

ALLEMAND (2 heures). Correspondance allemande, correspondance du genre élevé, histoire de la littérature allemande.

FRANÇAIS (5 heures). Conversation en français, lecture et récitation de morceaux en vers tirés de Racine, Corneille, etc., morceaux en prose de Mérimée, Cousin, Guizot, Lamartine, etc.

ITALIEN (2 heures). Commencement de la grammaire et premiers exercices.

ANGLAIS (2 heures). Conversation en anglais, compositions faciles sur des sujets donnés.

CALCUL ÉCRIT (2 heures). Règles de société, d'alliage, de proportion, avec problèmes.

HISTOIRE NATURELLE (2 heures). Familles en botanique, premiers éléments de minéralogie.

PHYSIQUE (2 heures). Propriétés générales des corps solides, liquides et gazeux.

DESSIN (2 heures). Dessin à la bosse, perspective et ombres.

CHANT (2 heures). Les deux classes supérieures sont réunies et exécutent de la musique d'ensemble.

TRAVAIL DES MAINS (2 heures). Marquer, dessins de broderies, d'après les inspirations de chaque élève.

CLASSE SUPÉRIEURE

RELIGION (2 heures). Cette classe est presque toujours réunie à la précédente. Questions plus approfondies.

ALLEMAND (2 heures). Règles de la poésie, quelques compositions en vers sur des sujets donnés, étude générale de la littérature allemande aux XVIe, XVIIe et XVIIIe siècles.

FRANÇAIS (4 heures). Lecture des principaux écrivains, étude de la *Mérope* de Voltaire, des *Lettres persanes*, d'ouvrages de Fénelon, La Harpe, etc.

ITALIEN (2 heures). Tacite, la *Chrestomathie* de Stendler.

ANGLAIS (2 heures). Lecture courante des meilleurs auteurs.

PHYSIQUE (2 heures). Chaleur, lumière, électricité, galvanisme et électro-magnétisme.

GÉOGRAPHIE (2 heures). Géographie politique, mathématique et commerciale des cinq parties du monde.

DESSIN (2 heures). Exercices à la bosse, compositions idéales.

CHANT. Cette classe est réunie aux précédentes: on exécute des morceaux d'ensemble, des messes en musique, des oratorios.

FIN DE L'APPENDICE.

TABLE DES MATIÈRES

APPENDICE.

Programmes des établissements de tous les degrés.

I. — ENSEIGNEMENT PRIMAIRE.

II. — ENSEIGNEMENT SECONDAIRE.

1o *Realschulen.*

2o *Gymnases.*

1. D'apres M. Minssen, ouvrage cité.
2. Donnés par M. Baudouin.

Paris. — Imprimerie Viéville et Capiomont, 6, rue des Poitevins.

Lightning Source UK Ltd.
Milton Keynes UK
UKHW010806131218
333948UK00014B/870/P